Eva Zeltner   **Halt die Schnauze, Mutter!**

D1694831

Eva Zeltner

Halt die Schnauze, Mutter!

Überforderte Eltern und Lehrpersonen

Zytglogge

Dank an alle, die zur Entstehung dieses Buches beigetragen haben, an Robert Tobler für sein Mitdenken und an Bettina Kaelin für ihr engagiertes Lektorat.

Copyright   Zytglogge Verlag, 2005

Lektorat   Bettina Kaelin
Korrektorat   Monika Künzi, Jakob Salzmann
Satz und Gestaltung Zytglogge Verlag, Roland E. Maire
Druck   fgb · freiburger graphische betriebe
                   www.fgb.de
ISBN 3-7296-0705-7

Zytglogge Verlag, Schoren 7, CH-3653 Oberhofen am Thunersee
info@zytglogge.ch · www.zytglogge.ch

Inhalt

I   Von der Schwierigkeit, mit Kindern und Jugendlichen klarzukommen

Wer hätte nicht gern schon mal einen Teenager an die Wand geklatscht – und eine Prinzessin zurückerhalten?

Nina Scheu

Schlimme Kinder, hilflose Eltern: Droht ein Erziehungs-GAU?

Drohungen, Verbote, Strafen: Nichts und niemand scheint die Jugendlichen heute an ihren vielfältigen Untaten hindern zu können. Zuallerletzt die eigenen Eltern. Und so berichten die Medien täglich neue Horrorgeschichten von vandalischen und gewalttätigen Kids – sogar von Killerkindern –, kurz: von einer heranwachsenden Generation, welche Erwachsene das Fürchten lehrt. Im Moment führen Londons Jugendliche die Rangliste der bizarrsten Gewaltaktionen an. Happy Slapping heisst eins der neusten Freizeitvergnügen: Gleichaltrige oder andere Passanten werden vor laufender Kamera niederschlagen. Aus purer Langeweile. Gefilmt wird die Tat mit dem Handy und dann im Internet veröffentlicht, und weil sich die Teenager gegenseitig übertreffen wollen, werden die Angriffe immer brutaler. Inzwischen hat das ‹Happy-Virus› bereits auf die Schweiz übergegriffen.

Während die Menschheit das Weltall erobert und global kommuniziert, droht der Umgang mit Kindern und Jugendlichen immer mehr zum Problem zu werden. Man spricht bereits von einem Erziehungsnotstand. ‹Was ist nur mit unsern Kindern los?›, titelte schon 1992 eine Zeitung. Angemessener wäre wohl eher die Frage: ‹Was ist nur mit unserer Gesellschaft los?›

Lauthals wird allenthalben die sinkende Geburtenrate beklagt, die bereits vorhandenen Kinder und Jugendlichen werden dagegen weiterhin als Plage wahrgenommen. Erwachsene fürchten sich zunehmend vor den Hoffnungsträgern der Zukunft: vor dem eigenen Nachwuchs.

Seit Menschengedenken werden die Vetreter der jungen Generation kritisch unter die Lupe genommen. Schon auf mesopotamischen Tonscherben stand ein Klagelied über die damaligen Pubertierenden. Ungaublich frech, enthemmt und rücksichtslos sei sie, die Jugend jener Epoche. Die

Vorwürfe gleichen sich seit Jahrtausenden, vermutlich seit es zivilisierte Gesellschaften mit jeweils verbindlichen Werten, Normen und Umgangsformen gibt.

Trotzdem wirken die Anschuldigungen zu Beginn unseres Jahrhunderts alarmierender. Denn die kindlichen Störefriede und Vandalen wollen so gar nicht ins Bild der partnerschaftlichen Erziehungsideale ihrer Eltern passen. Die heutige Jugend wächst mit einer Palette an Freiheiten, Bildungsmöglichkeiten, Freizeit- und Unterhaltungsangeboten auf, wie sie keine Generation zuvor kannte, nicht einmal ihre antiautoritär erzogenen Eltern und die jugendlich-dynamischen Grosseltern, die so genannten Babyboomer. Statt dankbar zu sein und aus dem vielfältigen Angebot an Lebensplänen das richtige anzupeilen, entziehen sich viele Halbwüchsige den wachsenden Anforderungen an Eigenverantwortung und Durchhaltevermögen. Anders gesagt: Sie liebäugeln mit der Kür und verweigern die anstrengende und ungeliebte Pflicht. Ist die heutige Jugend aber wirklich so schlimm? Oder sind ihre Eltern pädagogische Nieten?

Das Gute vorweg: Die Mehrzahl der Mütter und Väter und die Mehrheit ihrer Kinder sind besser als ihr Ruf. Trotz des Misslingens manch elterlicher Bemühungen und verzweifelter Mütter und Väter, trotz desinteressierter, unmotivierter Schüler und ausgebrannter Lehrpersonen: Die Kinder von heute sind zwar in einigem anders als jene von gestern, aber nicht schlechter. Die Mehrzahl wird ihr Dasein weder hinter Gittern verbringen noch als Erwachsene unangenehm auffallen. Sie und ihre Eltern sind lediglich dabei, sich an eine ständig verändernde, nicht unbedingt familienfreundliche Umwelt anzupassen. Die Natur als freies Spielfeld ist verschwunden. Die ‹heile› Grossfamilie zerfallen. Der gemeinsame Mittagstisch mit seinen Austauschmöglichkeiten der fliegenden Verpflegung auf der Strasse gewichen. Die sexuellen Spannungen der Pubertät beginnen immer früher. Die anhaltende Verunsicherung infolge Neustrukturierungen am Arbeitsplatz wirkt sich auch auf das Familienleben aus. Unsere Gegenwart ist unbestritten eine aufregende und herausfordernde Zeit. Doch die Veränderungen folgen Schlag auf Schlag. Wohnortswechsel, Leistungsdruck, Angst um Jobverlust, Prestigedenken, der Zwang zur Kommunikation (dank Handy und Mails): alles zugleich und alles nonstop. Das Gewohnte unterliegt einem immer kürzeren Verfallsdatum. Zeitgeistgurus bestimmen, was wir essen, wie wir wohnen, uns kleiden und was wir konsumieren sollen. Die Globalisierung ändert unsere Identität. Und eine zunehmende Infantilisierung erschwert das Erwachsenwerden. Doch seien wir ehrlich – ohne die Errungenschaften moderner Technik oder gar in einer anderen Epoche möchten die wenigsten von uns leben.

Resultate von Umfragen ergeben, dass im Gesamten das Vertrauen zwischen den Generationen besser ist denn je. Das stimmt zuversichtlich und zeigt, dass Eltern nicht durchwegs die Versager sind, als die sie gerne dargestellt werden – oder als die sie sich selbst oft fühlen.

Ausserdem wissen kritische Zeitgenossen, dass Medien Skandalträchtiges bevorzugen, da ‹good News› auf weniger Interesse stossen und Jugendliche keine Lobby haben. Sonst kämen doch auch mal erfreuliche, innovative Aktionen der Heranwachsenden aufs Tapet.

Trotz positivem Denken geben aber viele Jugendliche zu Sorgen Anlass, denn ihr – für andere bedrohliches – Verhalten scheint vielen Kids ganz normal. Die Kritik am elterlichen Engagement und an den Auswüchsen ihrer unerzogenen Rangen nimmt zu. Wie steht es also wirklich um die Eltern-Kind-Beziehung? Und erleben wir doch einen Erziehungsnotstand?

Statt von Notstand würde ich von überforderten Eltern und gravierenden Erziehungsmängeln sprechen. Die Ursachen der Überforderung liegen jedoch nur teilweise in einer vorsätzlich unadäquaten Beziehung zum Kind, sondern ebenso am Zeitgeist, der unser Denken und unseren Lebensstil beeinflusst und dem wir weder entrinnen können noch wollen.

Zeit ist Geld und Geld ist Macht und Macht macht Spass. Schneller, höher, weiter. Das wird vielen Kindern mit der Nestlémilch eingeflösst. Keine Musse, keine Ethik – who cares? Die Sekunde drängt. Starke Ellbogen sind besser als ein schwaches (mitleidiges) Herz. Diese Philosophie zieht sich durch die Politik, durch die Medien, die Familien und herrscht schon in vielen Kinderzimmern. Empathie ist out, auf dem Egotrip lebt sichs bestens.

Manche Eltern bleiben im Marathon nach Erfolg auf der Strecke. Mütter und vor allem Väter sind mit ihrem Job und ihren eigenen Problemen vollauf beschäftigt. Für die Kinder bleibt dies nicht ohne Folgen. Sie entwickeln Verhaltensweisen, die als auffällig und störend empfunden werden. Dabei spiegeln sie nur, was die Erwachsenenwelt ihnen vorlebt.

Alle Eltern möchten das Beste für ihre Kinder, doch viele wissen nicht, was dieses Beste ist. Sie lieben ihre Kinder, aber sie verwechseln Liebe oft mit ständiger Nachgiebigkeit. Mit ihrem an sich gut gemeinten Fehlverhalten tragen sie ungewollt bei zur steigenden Zahl von aufsässigen und problematischen Jugendlichen. Die emotionale Abgebrühtheit und die Zerstörungslust vieler Kids wird gesteigert durch die sparsam dosierte Zuwendung, welche die elterliche Agenda erlaubt: terminierte Streicheleinheiten. Erleben schon Babys und Kleinkinder von ihren Eltern zu wenig stressfreie Aufmerksamkeit und die emotionale Gewissheit, erwünscht und geliebt zu sein, können die Sensibleren später irgendwann zu Symptomträgern einer Gesellschaft verkommen, die über ihre seelischen und anderweitigen Ressourcen lebt – die Auswirkungen jedoch an ihre Kinder delegiert.

Durch das aufmüpfige und verunsichernde Verhalten der eigenen Kinder sind zunehmend mehr Mamas und Papas arg gebeutelt. Manche zermürbt die Mitverantwortung am Verhalten der Sprösslinge, andere erfasst ein lähmendes Präventionsbedürfnis aus lauter Angst vor dem, was laut Hörensagen an noch Schlimmerem auf sie zukommen könnte. Jedenfalls werden Erziehungs- und Elternberatungsstellen mit Tipps für motivierte oder vom täglichen Einsatz bereits aufgeriebene Eltern gut besucht. Im Moment sind z. B. Triple-P-Kurse (Positive Parenting Program mit verhaltenspsychologischem Ansatz) ein Renner, doch werden sie schon von allerallerneusten Erziehungsmodellen konkurriert.

So weit, so gut, aber sind pädagogisch-psychologische Feuerwehrübungen die langfristige Lösung eines Problems, das Tieferliegendes aufzeigt? Ist es nicht viel beängstigender, wenn immer mehr Mütter und Väter mit immer weniger Kindern schon nach kurzer Zeit das Handtuch werfen und mit dem Nachwuchs nicht mehr ein noch aus wissen?

Elternsein ist heute oft ein fast unlösbarer Auftrag. Hin- und Hergerissen zwischen Familie und Karriere/Beruf, unter dem Damoklesschwert der Entlassung und einem Werte- und Erziehungspluralismus, in dem anything goes, können und dürfen Mütter und Väter nicht für sämtliche Probleme ihrer Söhne und Töchter allein verantwortlich gemacht werden.

Elternsein fordert den ganzen Menschen und ist alles andere als ein Feierabendplausch. Kinder bis zum Flüggesein oder noch länger begleiten – und ausgerechnet Problem-Jungerwachsene entlassen ihre Eltern nicht so bald aus der Verantwortung – ist ein jahrelanger Prozess, in dem alle Beteiligten voneinander lernen, profitieren und Jung und Alt sich (hoffentlich) weiterentwickeln. Jedes Kind ist – wie jeder Elternteil – ein Unikat, eine einmalige Persönlichkeit. Schon deswegen existieren keine Rezepte, die bei allen Eltern, Kindern und Jugendlichen funktionieren können. Es gibt höchstens ein paar grundlegende Verhaltensweisen im Umgang mit dem Nachwuchs, die sich mehrheitlich bewähren. Aber auch sie sind kein Wundermittel, das sämtliche Schwierigkeiten und Störungen verhindern wird. Bei bereits aus dem Rahmen gefallenen Heranwachsenden können sie jedoch vielleicht helfen, weitere Eskalationen zu vermeiden.

Der Hauptanteil der so genannten Erziehungsaufgabe besteht mehr denn je aus Fantasie, am besten in einer kreativen, partnerschaftlichen Auseinandersetzung mit den uns Anvertrauten. Zugleich müssen eigene Reaktionen und Verhaltensmuster immer wieder überdacht und – wo nötig – verändert werden. Erziehen ist ein Mix aus Nehmen und Geben, gegenseitigem Erfahrungszuwachs, wachsender innerer Stärke und einer Riesenportion Humor.

Es ist eine der wesentlichen und auch anspruchsvollsten Aufgaben der Verantwortlichen, ihre Kinder mit den vielen positiven Möglichkeiten (Freizeitangebote, Weiterbildung etc.), aber auch mit den Verlockungen (Werbung, Label- und Kaufsucht, Konsumismus etc.) und Gefahren (Drogen, Kriminalität, Sekten etc.) auf möglichst umfassende Art vertraut und ihnen von klein an Mut zur eigenen Persönlichkeit, zu Eigenverantwortung, Zivilcourage, Empathie und Kritikfähigkeit in allen Bereichen des Lebens zu machen.

Als Beratende im Hintergrund können Mütter und Väter ihren Kids helfen, einen für sie gangbaren Weg in einen gewünschten Beruf zu suchen, und an ihren Schwierigkeiten Anteil nehmen. Grosse Anforderungen an Eltern, die oft selber um ihre Arbeitsstelle kämpfen und sich körperlich und seelisch verschlissen fühlen. Begleiten und gleichzeitig ablösen: ein weiterer hoher Anspruch an Mütter und Väter von Adoleszenten. Ausserdem ist es ein Paradox, dass immer öfter Eltern, die ‹alles für ihre Kinder tun›, die besonders gute Eltern sein wollen, sich mit besonders harten Pubertätskrisen konfrontiert sehen.

Wenn Eltern und viele Lehrpersonen das Gefühl haben, an ihrem Anspruch und an der mangelnden Einsicht der Kinder zu scheitern, ist das keine Schande. Mut zum Scheitern tönt zwar provokativ und alles andere als zeitgeistig. Dabei ist es ein Fortschritt, wenn Eltern und Lehrende zu sagen wagen: «Ich weiss nicht mehr weiter, ich bin am Ende.» Aus jedem Scheitern kann ein Neuanfang werden, wenn wir bereit sind, daraus zu lernen.

Seit kurzem wird uns wieder bewusst, dass das Zusammenleben ohne ethische Ausrichtung nicht funktionieren kann. Wir verkommen sonst zu eigensüchtigen ‹Das-Beste-für-mich-der-Rest-für-die-andern-Neurotikern›, geplagt von Missgunst und einem ständigen Gefühl der Benachteiligung.

Im pluralistischen Wertedschungel haben in erster Linie die Eltern ihren Kindern grundlegende Orientierungshilfen zu vermitteln. Kein leichter Auftrag! Denn fehlt der eigene innere Kompass, empfinden dies manche Erwachsenen – statt als Chance – als permanente Überforderung. Und doch: Ohne eine Ausrichtung auf ein paar wenige, dafür tragende Werte ergibt weder Erziehung noch unser zwischenmenschliches Verhalten auf die Dauer einen Sinn.

Mein Wunsch ist es, mit diesem Buch den engagierten, besonders aber den durch die alltäglichen Anforderungen belasteten, sich überfordert fühlenden Eltern und Lehrpersonen Mut zu machen, das Zusammensein mit der jungen Generation trotz allfälligen Problemen in erster Linie als bereichernde Zeit zu verstehen. Und den Nachwuchs durch die verschiedenen Entwicklungsphasen mit dem gebotenen Ernst, aber ebenso mit viel Humor und einer gewissen Gelassenheit zu begleiten. Mut, Wesentliches von Belanglosem zu trennen und jedem Kind mit Vertrauen zu begegnen. Denn auch heute gilt: Das Zusammensein mit Kindern und Jugendlichen macht Freude und verbessert die Lebensqualität von Eltern und Lehrenden. Bedingung ist, sie müssen Kinder wirklich mögen (frei nach Loki Schmidt, ‹Als Schule noch Freude machte›, 2005).

Zwischen Vorurteil und Realität

Die Ursache der auffallend vielen Kinder mit anhaltenden oder zeitweiligen Verhaltensstörungen ist für die Anhänger konservativer politischer und religiöser Lager in erster Linie der in ihren Augen eklatante Familienzerfall. Postmoderne Eltern: eine Art Freiwild. Am meisten gejagt – allen gegenteiligen Beteuerungen zum Trotz, nach wie vor – die berufstätige, als karrieregeil apostrophierte Mutter, die ihre Kinder ausserhäuslichen Betreuungsstätten ausliefert. Bei so viel Egoismus wundert die ewiggestrigen Familienverklärer dann höchstens, dass fern des heimischen Herds betreute Kinder nicht noch übler geraten.

Langzeitstudien haben jedoch zur Genüge bewiesen, dass Kinder, die Krippen, Horte und Ganztagsschulen besuchen, nicht auffälliger sind als andere, sofern ihre Betreuenden kinderliebend und kompetent sind und das Klima zu Hause stimmt. Die Mehrzahl der Krippenbuben und -mädchen ist sogar in sozialen Kompetenzen und puncto Selbständigkeit reinen Muttersymbiose-Kindern überlegen.

Hätten die Hüter der bürgerlichen Familienromantik Recht, gäben Söhne und Töchter aus quasi intakten Fassadenfamilien kaum je zur Besorgnis Anlass; während sich Geschiedene, Patchwork-Eltern und Alleinerziehende ausschliesslich mit Problemkids herumschlagen müssten. Kleine und grosse Sorgenkinder finden sich aber in allen Schichten und Familienformen – nicht nur bei sozial Benachteiligten. Und längst nicht alle haben ausländische Eltern.

Immer mehr Paare verzichten ohnehin auf Kinder. In Deutschland ist die durchschnittliche Kinderzahl auf 1,3 gesunken. Ihre Betreuung ist längst nicht mehr nur Privatsache, sie liegt ebenso im Interesse der Wirtschaft. Frauen wollen Beruf und Kinder unter einen Hut bringen. Sie sind nicht länger gewillt, eine mehrjährige Kinderaufzuchtpause einzulegen, mit dem Preis, auf dem Arbeitsmarkt später nicht mehr gefragt zu sein. Und weil nicht jede Familie auf Grosseltern zurückgreifen kann, die als Babysitter einspringen, erst ein kleiner Teil der Väter Erziehungsurlaub machen will oder kann, ist der Staat gefordert. Sonst wird es in ein paar Jahrzehnten mit der Altersrente vorbei sein. Das sind inzwischen Gemeinplätze, aber für Politiker sind familienergänzende Betreuungsangebote noch immer nicht Chefsache.

In der Schwierigkeit, geeignete und erschwingliche Krippen-, Hortplätze und Ganztagesschulen zu finden, liegt bereits eine der Quellen elterlicher Überforderung.

Eine andere ist die ständige Verunsicherung durch immer neue Erziehungsmethoden. In erster Linie aber mangelt unzähligen Eltern die Erfahrung mit Kindern, da sie sich, bis sie ihr erstes Baby haben, in einer weit gehend kinderlosen Umgebung bewegen.

Da Kinder und Jugendliche immer häufiger als frech, rücksichtslos, arrogant, rambohaft, lernresistent und aggressiv eingestuft werden, wird der Ruf nach einer stärkeren Verantwortung der Eltern sogar bei Politikern laut. Auch Lehrer und Lehrerinnen fordern vermehrt elterliches Engagement in Sachen Einüben sozial verträglicherer Verhaltensweisen. Der bekannte deutsche Gewaltexperte Christian Pfeiffer ist ebenfalls der Ansicht, Eltern hätten sich eingehender um ihren Nachwuchs zu kümmern.

Nur allzu gern schieben aber die in ihrer Elternehre Gekränkten die eigenen Versäumnisse den Lehrpersonen in die Schuhe. Und während beide Gruppen sich über die Unterlassungen der Gegenseite streiten, werden die dreisten Gören und Bengel grösser und zügelloser, bis sie mit miesen Noten, schlechtem Leumund und ohne Hoffnung auf eine Lehrstelle die als ätzend empfundene Schule verlassen. Was nun? Wie konnte es so arg kommen?

Verständlich, die rettende Vision unzähliger überforderter Eltern: weg vom Kampfplatz Kinderzimmer, hin zur Eltern-Kind-Harmonie; Ende der Dreikäsehochtyrannei, dafür Schmusekuschelheiterkeit. Kinder als Sonnen- und Freudenspender. Auch für Alleinerziehende, Manager und Mehrfachbelastete ein verlockender Gedanke. Da gibt man gern mal zusätzlich ein paar Lohnprozente aus, um die kleinen Biester zum Strahlen zu bringen. So beginnt Verwöhnung, doch einmal, zweimal, dreimal ist keinmal. Wer es sich aber durchgehend so einfach macht, der hat die Cleverness der Dreikäsehochs und die Paschamentalität der Adoleszenten unterschätzt.

Fast alle Tabus scheinen heute gebrochen – auch in den Familien: Kinder bestimmen ganz selbstverständlich sämtliche Spielregeln, vom TV-Konsum bis hin zum Autokauf. Verlassen die Eltern ihre Sklavenposition nicht rechtzeitig, werden die nicht subito sich fügenden Mütter, neuerdings sogar Väter, unversehens von ihren Sprösslingen drangsaliert.

Die Umkehrung der Rollen und Regelvorgaben in der Eltern-Kind-Position ist in der Tat bedenklich, liegt aber gesellschaftlich im Trend. Sie hat unter anderem mit fehlenden Leitlinien, unreifem Vorbildverhalten, Schwäche und falscher Wertegewichtung zu tun, nebst beruflichem Druck, finanziellen und emotionalen Schwierigkeiten der Eltern, sich auch mal hart auf hart mit ihren Kindern auseinander zu setzen. Viele Mütter und Väter haben selber in der Kindheit wenig Geborgenheit erlebt – wie sollen sie denn wissen, dass Liebe nicht ‹alles erlauben und nichts verweigern› heisst?

Zudem haben Kinder in vielen Minifamilien einen fast kultischen Status. Die oft im wörtlichen Sinn erkaufte Liebe ihrer Früchtchen ist für Eltern umso unverzichtbarer, als sie den Paschas und Prinzessinnen nicht die kleinste Frustration zutrauen und sich den Kinder- und Jugendlichendiktatoren freiwillig unterwerfen.

Durch dieses viel zu frühe Auf-sich-selbst-Geworfensein behindern sie die Bildung einer dem Entwicklungsstand gemässen Eigenständigkeit der Söhne und Töchter, die, von klein an überfordert und total verunsichert, ihre Eltern sukzessive in eine Art moderne Sklavenhaltung drängen. Bei einer Mehrheit der Mütter und Väter kriegt diese immer stärker herausgeforderte Duldsamkeit und Toleranz jedoch mit der Zeit Risse und die Stimmung kann plötzlich massiv umschlagen.

Die ‹Kinder-alles-machen-lassen-Haltung› ist ein Selbsttäuschungsmanöver, ein Sich-draus-Halten, vielleicht um seine (wohlverdiente) Ruhe zu haben, um weder Geschrei noch Tränen ertragen zu müssen. Diese Scheintoleranz setzt sich mit dem Kind nicht wirklich auseinander, die Erwachsenen suchen lediglich einen Weg des geringsten Widerstandes. Sie sehnen sich nach dem vielbeschworenen Elternglück. Und Laisser-faire bewirkt fürs Erste erstaunliche Scheinerfolge. Die kleinen Teufelsbraten geben sich zufrieden, liebkosen ihre Eltern und ein Schein-Friede kehrt ein. Denn die Abstände bis zur nächsten Attacke auf die elterliche Standfestigkeit (Sabine will dies, Kevin jenes, aber subito!) verkürzen sich, die Kids fordern aggressiver, und die Ansprüche steigen. Elternglück ist nur selten auf die schnelle und bequeme Tour zu haben, wenn überhaupt!

Gründe für die elterliche Schwäche gibt es viele, hauptsächlich die Befürchtung, als rückständig, ja autoritär zu gelten. Autoritäre Menschen erziehen repressiv, mit Angst, Disziplin, Strafen und Härte. Autoritäre Eltern herrschen, ihre Kinder haben ohne Widerspruch zu gehorchen. Also genau das, was Eltern nicht mehr tun wollen – und auch nicht sollen. Moderne Eltern bemühen sich um natürliche Autorität, kraft ihrer Persönlichkeit. Im Unterschied zu autoritär wird diese Haltung autoritativ genannt. Sie möchte beim Kind Einsicht und Verantwortung für das, was es tut, wecken; das braucht viel Geduld, gelingt aber, nebst Rückschlägen, mit der Zeit immer besser.

Die Kehrseite der allgemeinen Laxheit und Strukturlosigkeit ist jedoch ein Zufrüh und Zuviel an Entscheidungsfreiheit und Urteilsvermögen. Denn welcher Zweijährige will schon schlafen gehen, wenn die Eltern um 22 Uhr noch mit ihm in der Kneipe sitzen? Natürlich will er dabei sein, auch wenn er vor Erschöpfung überdreht oder quengelig ist. Welches siebenjährige Kind verzichtet ‹aus Einsicht› auf ein spannendes TV-Programm? Welcher 12-jährige Teenager wird nicht bis in die frühen Sonntagmorgenstunden das Discofeeling auskosten wollen? Ferner: Wie lernen Kinder mit anderen teilen, wenn ihnen die Eltern dies nicht vorleben? Wie begegnen sie echten Gefahren, wenn das Motto stets ‹Learning by doing› heisst? Trotz der vollmundig gepriesenen partnerschaftlichen, in Wahrheit allerdings verwöhnend-bequemen Einstellung den Kindern gegenüber blicken viele Mütter und eine Reihe Väter völlig verstört auf Knirpse und Teenies, welche mit der ihnen von klein an aufgezwungenen Freiheit der Selbstentscheidung weder umgehen noch davon profitieren können. Immer häufiger ärgern sich die allzu grosszügigen Eltern inzwischen über permanente Klagen aus Kindergarten und Schule, noch mehr als über das untragbare Benehmen der Teenager ihnen gegenüber, und sogar an Polizeibesuche und Bussen haben sich immer mehr Mütter und Väter zu gewöhnen.

Am Anfang war das Jein

Warum nur haben so viele Eltern Mühe, dem Quengeln und Trotzen kleiner Kinder und der Opposition der grösseren ohne schlechtes Gewissen standzuhalten? Sie fürchten, durch Unnachgiebigkeit die Liebe ihrer Kinder zu verlieren. Warum aber wollen Eltern eigentlich, dass ihre Kinder sie lieben?

In der modernen Eltern-Kind-Gemeinschaft spielt die geringe Kinderzahl eine Rolle. Je weniger Kinder, desto kostbarer erscheint das Einzelkind,

16

desto stärker fürchten Eltern seinen Verlust und desto mehr steht es im Brennpunkt der elterlichen Zuwendung. Da nicht selten Mütter allein erziehend, Väter auch in intakten Familien wochenweise abwesend sind, konzentriert sich die emotionale Bindung auf die Heranwachsenden. Kinder haben dann psychisch die Funktion des Partners zu ersetzen und die Liebe der Mutter zu erwidern. Viele Töchter, besonders aber Söhne dienen ihren Müttern als Solarien der Seele und haben die Funktion des Tröstenden und Geborgenheit Spendenden zu erfüllen. Mütter erzwingen durch diese symbiotische Haltung eine direkte Rollenumkehr in der Eltern-Kind-Beziehung. Kindern wird unter allen Umständen das Ausleben negativer Emotionen verunmöglicht: Sie sollen weder traurig noch enttäuscht, frustriert oder missmutig sein. Unerwünschte Gefühlsäusserungen beziehen die Mütter auf ihr Verhalten und vermeiden deshalb jede Auseinandersetzung mit ihren Kids. Kinder sind die einzigen Liebesobjekte, die, im Gegensatz zu Partnern und Partnerinnen, Mutter und Vater nicht freiwillig verlassen können, da sie jahrelang von ihnen abhängig sind. Es soll aber klar gesagt werden: Wir Eltern haben kein Recht zu verlangen, dass unsere Kinder uns partout lieben. Und wir dürfen sie auch nicht durch dauernde Nachgiebigkeit bestechen. Eltern, die alles unternehmen, um ihre Kinder ‹glücklich› zu sehen, üben auf sie einen emotionalen Terror aus. Und das ist das Gegenteil von echter Liebe.

Dies mag eine (aber nicht die einzige) Erklärung sein, weshalb immer weniger Eltern das kurze Wort ‹Nein› aussprechen, ohne es gleich doch noch in ein ‹Ja› umzubiegen. Statt dass es heisst: «Nein, aus dem und dem Grund bleibt es dabei; nein und nochmals nein», wird umgebogen: «Nein – jein – ja.» Diese kleine Änderung, oft allzu unbedacht dahingesagt, macht, so sie sich gewohnheitsmässig einschleift, die verbalen Botschaften unklar. Jein ist eine typische Doppelbotschaft, ein so genanntes Double-bind. Mutter sagt zwar nein, aber meint sie nicht eigentlich ja?

Das für Eltern manchmal unerklärlich provokative Verhalten von Jugendlichen lässt sich nicht selten bis in die Kindheit zurückverfolgen, antrainiert und gefördert von Erwachsenen, die den Forderungen ihrer Wonneproppen einerseits mal einen Riegel schieben, andererseits die kindliche Seele nicht frustrieren möchten. Kleine Rohrspatzen und Heulbojen erweichen mit ihren Tränen nicht nur Mutterherzen, sie lassen auch mütterliche Schuldgefühle im Nu zu Gebirgen anwachsen. Ein Phänomen, das viele

Mütter kennen, vor allem berufstätige. Es sind oft Eltern, die an Überperfektion leiden und darum des Guten zu viel tun. Mit unabwägbaren Folgen und unangenehmen Überraschungen im Teenageralter.

Bei Pubertierenden sind angemessene elterliche Entscheidungen noch schwieriger zu treffen. Aber mit ihnen kann man versuchen, im gegenseitigen Gespräch das Pro und Kontra abzuwägen oder getroffene Entscheidungen zu begründen, ausser die Kids seien von klein an gewöhnt, mit aggressivem Verhalten die Eltern zu beherrschen und sich einen Deut um ihre Vereinbarungen zu scheren.

Christa, allein erziehend und berufstätig, hat eine knapp 14-jährige Tochter, Ulrike. Diese will unbedingt in den Sommerferien mit ihrer Freundin und mit zwei Jungs aus der Klasse ein paar Tage an einem See baden, rudern und in zwei Zelten übernachten. Die anderen Eltern hätten alle ihre Erlaubnis gegeben.»Bitte, Mami, sonst steh ich ganz doof da, bitte, ich bin alt genug, um zu wissen, was sich gehört, oder etwa nicht?« Ulrike, für ihr Alter gross und früh pubertierend, ist sehr eigenständig und mehr oder weniger gewohnt, selber zu entscheiden und zu tun, was ihr beliebt. Ihre Mutter Christa findet das auch erfreulich, doch sie hat einige Grundsätze, die sie nicht über Bord wirft. Einer heisst: Nicht vor 15 mit Jungs allein übernachten.

Sie verbietet Ulrike die Teilnahme mit dem Hinweis, bei grosser Nähe sei schnell passiert, was niemand möchte. Sie versteht zwar Ulrikes Enttäuschung, doch für ein nicht gewolltes Kind sei sie nun wirklich noch zu jung.

Ulrike schmollt und versteht die Welt und die Mutter mit ihrer Moral aus der Saurierzeit nicht mehr. Es folgt eine heftige Auseinandersetzung mit Türeschlagen und Mutterbeschimpfung, doch Christa bleibt bei ihrem Verbot.

– In mancher Situation gibt es – wie hier – keine ‹richtige› Lösung. Christa, allein verantwortlich für ihr Kind, will kein Risiko eingehen, und eine Vielzahl von Eltern würden wohl ähnlich handeln.

– Andere Mütter hätten aber ans offene Mutter-Tochter-Verhältnis und ans Verantwortungsgefühl der Tochter appelliert und sie mit einem Vertrauensbonus gehen lassen. Als echtes Zeichen von Verantwortungsübergabe. Bei einer 14-Jährigen allerdings nur zu empfehlen, wenn sie seelisch sehr gefestigt und selbstsicher ist.

- Wankelpädagoginnen hätten den Badeplausch zuerst verboten, sich aber durch den heftigen Wutanfall der Tochter trotz eigener Bedenken erweichen und umstimmen lassen.
- Laisser-faire-erziehende Mütter hätten gesagt: «Geh, du machst ja doch, was du willst. Pass wenigstens auf!»
- Eine kleine elterliche Minderheit hätte kurz und bündig gesagt: «Sonst noch was? Spinnst du eigentlich?»

Die Reaktionen sprechen für sich und zeigen die Kommunikationsmuster dieser Familien.

Insgeheim erwarten Mädchen in diesem Alter eigentlich ein Verbot, weil sie – trotz Aufmüpfigkeit – wünschen, dass sich ihre Eltern noch ein bisschen um sie kümmern.

Wer jedoch ohne stichhaltige Gründe über den Kopf eines Teenagers hinweg bestimmt, weckt in Jugendlichen nichts als Wut und Hass. Und sind die Argumente der Kinder wirklich schlüssig, dann sollen Eltern auch mal einen Entscheid zurücknehmen und einen Kompromiss eingehen können; kommt darauf an, wie innerlich reif ihr Kind ist. Standhalten ist nicht zu verwechseln mit Sturheit.

Trotzdem: Die vielen Nein, die als tägliche Wortverdrehung auf unzählige Kinder prasseln und ein Ja bedeuten, verhindern nicht nur jede Frustrationstoleranz, sie wirken im Sinne einer Konditionierung aggressiven Verhaltens gegen die Eltern.

Ohne Tränen und Geschrei geht es bei der Verweigerung kindlicher Spontanwünsche ohnehin selten. Eltern, die an ihrem Nein festhalten, sind keine hartherzigen, kinderfeindlichen Monster, sie erfüllen selbstverständlich zwischendurch gern den einen und anderen Wunsch, aber sie denken, bevor ihnen ein Ja oder ein Nein über die Lippen rutscht. Wichtig ist das vor allem bei Kleinkindern. Zugleich soll der direkte Blickkontakt zu den Kleinen gesucht werden, am wirkungsvollsten auf ihrer Augenhöhe. Denn auch wenn Kindertränen allen Eltern das Herz zerreissen und kindliche Trotzanfälle (noch dazu vor Publikum) schwer auszuhalten sind: Eltern, die zuerst nein gesagt haben, sollten nur in begründeten Fällen nachgeben.

Ein Vater kommt mit seinem laut heulenden knapp dreijährigen Sprössling aus einem grossen Spielwarengeschäft. Der Bub möchte die ‹coole Lok›, mit der er soeben gespielt hat, behalten. Mitten auf dem belebten Gehsteig kauert sein Vater nieder und erklärt ihm knapp und verständlich, dass er jetzt nichts kauft. Auch er habe vieles gesehen, das er möchte, doch jetzt hätten sie kein Geld dafür. «Wir suchen aber gleich einen Platz, wo wir unser mitgebrachtes Sandwich essen und die Geschichte vom kleinen Drachen weitererzählen.» Der Junge nickt schliesslich und trottet an der Hand seines Vaters weiter.

Kinder internalisieren schnell, dass bei ihren Eltern weder eine Regel, ein Verbot noch eine Erlaubnis oder ein Versprechen gilt. Dieses Kipp-Muster fordert geradezu zum Ignoriertwerden auf. Das ‹Nein-Ja-Spiel› hat nur eine einzige Regel, welche ausschliesslich die Strategie des Kindes belohnt. Bei Kleinkindern kann der Schaukeleffekt im ersten Moment zwar Wunder wirken und den Eltern eine zermürbende Szene ersparen. Doch bald wird aus dem ‹Spiel› Ernst, unversehens befinden sich Mama und Papa unter der Fuchtel ihrer Buben und Mädchen. Echt bemühend, die wachsende Tyrannei der älter und unverschämter werdenden Racker – auf Dauer für beide Seiten verlustreich.

Mütter und Väter verlieren nicht nur Glaubwürdigkeit und Nerven, sondern sie werden ihrer Aufgabe nicht mehr gerecht. Die Buben und Mädchen wachsen mit einem unrealistischen und deshalb ungesunden Allmachtsgefühl nebst völliger Desorientiertheit auf – und den Eltern nicht nur bildlich über den Kopf. Sie stossen kaum je auf begründeten Widerstand, und wenn, bricht er bei ihren Wutanfällen sofort zusammen. Sie ufern aus, weil sie nirgends Halt finden.

Weil derart verzogene Kleinkinder meist überhaupt keine Kontinuität, keine Essenszeiten, Gute-Nacht-Zeremonien und andere regelmässige Tagesstrukturen und Rhythmen kennen, kreieren sie unversehens eigene Rituale, die täglich haargenau wiederholt werden müssen. Eine verbreitete, vergleichsweise harmlose Variante solch bizarrer Abläufe: Auto fahren, bis der Tiefschlaf die Schreihälse ausser Gefecht setzt.

Mit zunehmendem Alter eskaliert dieser Machtkampf – denn um einen solchen handelt es sich ja je länger, je mehr. Beispiel: Ein zweijähriges Mädchen schläft zu Hause nur ein, wenn beide Eltern neben ihm sitzen und sie Mutters oder Vaters Ohrläppchen kneten und es an einem elterlichen Finger saugen kann. Aufwand, nebst unbequemer Haltung: mindestens eine Dreiviertelstunde.

Trotz ihrer zur Schau getragenen Autonomie vermissen auch Jugendliche ein Minimum an gültigen Regeln und elterlicher Standfestigkeit. Sie suchen und finden das Fehlende dann bei Gleichaltrigen.

Es ist daher wichtig, als Mutter oder Vater kraft seiner Ich-Stärke die Balance im Drahtseilakt zwischen Gewährenlassen und Grenzensetzen zu finden. Ein Dilemma, das jede Erziehung junger Menschen begleitet. Wer sich auf Dauer dieser Herausforderung entzieht, stürzt eines Tages gnadenlos ab. Sei es, weil sie/er sich zu unbeherrschter Tat hinreissen lässt und/oder weil die Kids die Achtung vor den schwachen Erwachsenen verlieren und diese immer bedenkenloser attackieren. Nach dem Motto: Was ich will, krieg oder tu ich, koste es, was es wolle. Auf deine Meinung pfeif ich sowieso.

Darum empfiehlt es sich: keine falschen Hemmungen, keine Angst, ein schlechter Elter zu sein – lieber rechtzeitig professionelle Hilfe bei Fachleuten suchen. Rechtzeitig heisst: Sobald Mütter und/oder Väter an ihre eigenen Grenzen stossen und aggressive Impulse gegen die eigenen Kinder verspüren. Und das kann erstaunlich früh sein.

Je mehr übrigens pausenlos auf kleine Kinder eingeredet und eine Massnahme zwanghaft gerechtfertigt wird, desto schneller prallen Elternworte an den Söhnen und Töchtern ab wie Regen an einem imprägnierten Mantel. Nie können sich derart verunsicherte Buben und Mädchen auf ein elterliches ‹Indianerehrenwort› verlassen, nichts, was Mutter und Vater sagen, ist unbedingt auch so gemeint. Schwammig und doppelzüngig ist ihre Rede. Das Ja wird unversehens zum Nein, ein gegebenes Versprechen gebrochen. Papa hat – wie schon oft – keine Zeit für eine gemeinsame Aktion, Mama hat den Gang zum Friseur schon wieder dem versprochenen Zoobesuch vorgezogen – da ist auch der ‹Trostmüll›, den manche der Geprellten aus schlechtem Elterngewissen dann erhalten, kein Ersatz. Besonders wenn die Zu- und Absagen den sensiblen Bereich des elterlichen Zeitmanagements betreffen. Kinder merken sich rasch einmal: Aha, ich bin meinen Eltern nicht mal eine Stunde Fussballspiel, eine Radtour, einen Zoobesuch oder einen gemeinsamen Spielabend wert – ihre Geschäfte oder Hobbys haben Vorrang.

Weshalb sollen Söhne und Töchter den gedankenlos plappernden Wankel-Eltern dann aber abnehmen, dass ihr «Ich hab dich doch so lieb» unabdingbar gilt? Bedeuten nicht alle Versprechen – je nachdem – das Gegenteil? Zuletzt wirken Elternworte abgegriffen, total bedeutungslos und werden überhört.

Die kalte Dusche kommt für die Eltern, wenn sie die Wirkungslosigkeit ihrer verbalen Doppelbödigkeit endlich erkennen. Wie aber wollen sie Söhne und Töchter mit ihren phänomenalen Sensorien für Metabotschaften dann überzeugen, dass – abgesehen von wenigen Ausnahmen – ihr Wort plötzlich gilt?

Viele Eltern bemühen sich um eine ‹partnerschaftliche› Beziehung schon zu kleinen Kindern und überfordern diese. Verstehen und erklären, diskutieren, abwägen und Kompromisse schliessen setzt gewisse kognitive Fähigkeiten voraus, die sich erst entwickeln müssen.

Statt Klarheit und Voraussehbarkeit bestimmt Unberechenbarkeit weithin den Umgang mit Kindern und Jugendlichen. Es ist ein Agieren aus dem Bauch, bei dem wenig reflektiert, umso gedankenloser aber geredet wird. Wankelpädagogik laviert zwischen Gewährenlassen, Verwöhnung, Gleichgültigkeit und – irgendwann sind die Eltern am Ende ihrer Geduld – Gewalt. Erst hüst, dann hott. Keine Leitlinien, keine Regeln, kein Rahmen, kein Halt, keine Konsequenz. Und dies alles aus Liebe?

Es kann – so abgedroschen es klingt – nicht genug wiederholt werden: Eine wankelpädagogische, der kindlichen Entwicklung nicht gerecht werdende sowie eine desinteressiert wirkende, die Kinder sich selbst überlassende Erziehung verunsichern Jungen und Mädchen zutiefst. Werden anfangs aus naiver Überzeugung, später aus Bequemlichkeit beide Augen zugedrückt, fehlt ein stabiler Boden samt einem Koordinatensystem, nach dem die Kids sich orientieren und woran sie sich halten können. Wo aber nichts als verbindlich gilt, ist alles möglich.

Emotionales Vakuum

Leo, 12, geht in die sechste Klasse. Beide Eltern arbeiten. Sie verlassen das Haus, wenn Leo noch schläft. Er ist selbständig, steht pünktlich auf und bereitet sich eine Ovo. Das sei gesund, behauptet Mami. Dann holt er eine Videokassette und träumt zu Szenen von Kriegs- oder Horrorfilmen. Er liebt vor allem Action, wo Blut fliesst. Leo ist ein Freak und vergisst beim Spiel alles um sich herum. Deswegen ist er auch schon zwei Stunden zu spät zur Schule gekommen. Der Lehrer hat eine schriftliche Entschuldigung verlangt. Mutter war ein bisschen misstrauisch, hat aber schliesslich geglaubt, dass ihm schlecht war. Das kann er allerdings nicht nochmals bringen.

Im Unterricht schweifen seine Gedanken ab, denn er befindet sich immer noch beim letzten Kampf, bei dem der Held den Gegner flachlegt und mit einem Flammenschwert verschmort. Er möchte stark sein oder ein guter Schüler, aber er ist weder noch, er ist nicht mal knapper Durchschnitt, hat der Lehrer den Eltern gesagt.

«Leo», reisst ihn der Lehrer aus seinen Fantasien, «kannst du uns die Lösung verraten?» Leo erwacht in einer anderen Realität, bei einem auf-gebrachten Lehrer. «So wirst du nie was Ordentliches, pass bitte einmal auf, elende Schlafmütze.» Die Klasse lacht. Leo gibt sich einen Ruck, hat den Anschluss jedoch längst verpasst und kehrt zurück in seine Welt, wo er siegt, Kinder nicht in die Schule müssen und jeder tun kann, was er möchte.

Manchmal, denkt er, wärs doch schön, die Eltern würden sich mehr um ihn kümmern, wie im Urlaub, den sie nach Möglichkeit in einem Beach Bungalow an einem exotischen Strand verbringen.

Um diesen jährlichen Familienplausch zu gewährleisten, arbeiten seine Eltern sehr viel. Mutter und Vater haben denn auch nur wenig Zeit für ihn. Sie arbeiten, shoppen oder schlafen, hie und da kommen Freunde. Am Wochenende ists ihm eher peinlich, die ganze Familie skatet gemeinsam oder geht baden, im Winter Ski fahren. Leo möchte lieber mit seinen Kol-legen boarden, aber Mutter sagt: «Du bist genügend allein, am Sonntag gehörst du in deinem Alter noch zu uns.»

Seine Familie wirkt auf Aussenstehende modern, mustergültig, eine rich-tige Vorzeigefamilie. Die Eltern fielen aus allen Wolken, könnten sie in Leos Seele blicken.

Leo möchte später Computerspiele herstellen, jedenfalls was Faszinie-rendes, aber wenn er sich in der Schule nicht bessert, hat er keine Chancen. Zudem hasst er die Schule, oft hat er die Aufgaben schlecht gemacht oder vergessen. Die Eltern legen Wert auf gute Noten, aber ohne den Sohn wirk-lich zu unterstützen. Der Vater meint: «Du bist doch schlau genug, aber viel-leicht liegts auch am Lehrer. Er ist zu wenig streng. Wir melden dich jetzt in einem Lernstudio an. Wenn das nicht hilft, kommst du in eine Privat-schule.»

So weit der Vater. Doch beim Jungen sind neue Gespenster aufgetaucht: Lernstudio, Privatschule ...

Leo ist emotional vernachlässigt und wohlstandsverwahrlost. Das viele Al-leinsein wirkt sich negativ auf seine Schulleistungen, seine Arbeitshaltung aus. Obwohl er zu oft und zu lange sich selbst überlassen ist, treibt er sich weder auf der Strasse herum noch klaut er in Warenhäusern. Er gehört auch keiner Gang an, Gewalt fasziniert ihn mehr virtuell als real. Der Junge hat jede Menge Konsumgüter, und doch fehlt ihm einiges. Er ist schüch-tern, hat keine Kollegen, keinen Freund, denn er gilt wegen seiner schuli-schen Misserfolge als Klassendepp. Leo lebt isoliert in seiner Parallelwelt, in der er sich ein eigenes Nest baut.

Die sich selbst überlassenen Kinder beruflich erfolgreicher Eltern leiden nicht selten unter einer Anzahl von Störungen, die zum Teil durch den ge-sellschaftlichen Kontext ausgelöst werden: dem Phänomen, das beschöni-gend Erfolg und Lifestyle genannt wird. Wir Westeuropäer unterliegen einerseits einem zunehmenden Prestigedenken und Leistungsdruck bei sin-kender psychischer Belastbarkeit, andererseits glauben wir, mithalten zu müssen am immensen Freizeit-, Sport- und Unterhaltungsangebot. War-um eigentlich?

Wie Leo sind viele Jugendlichen zwischen 11 und 20 verunsichert, ein-sam, haben zu wenig Vertrauen in ihre Fähigkeiten und in die Zukunft. Sie leiden an sich und der Umwelt, doch ihr Leiden wird nicht oder zu spät erkannt.

Manche Eltern sind für dieses bedauerliche Phänomen mitverantwort-lich. Zeitgeist, Alltagshektik und Schwäche, die allgemeine Desorientierung oder die eigene geringe Selbstgewissheit, die fehlende Kraft und Ausdauer, den Kindern nicht allein durch materielle Zuwendungen Liebe zu zeigen, können zwar jedes Versagen erklären, doch sie entschuldigen es nicht. Schuldzuschreibungen und ein schlechtes Gewissen sind dennoch das Allerletzte, was Eltern hilft, diesen Zustand zu ändern. Es entmutigt sie endgültig, und aus Wut über sich selbst verharren sie in ihren Fehlhaltungen oder sie verhalten sich aggressiv gegenüber anderen. Manche beschuldigen ihr Schicksal, gebessert wird nichts.

Als Eltern werden wir alle irgendwann an unseren Kindern ‹schuldig›, doch statt uns stets als ‹Opfer› widriger Umstände zu sehen, haben wir den eigenen Anteil an den Schwierigkeiten der Kinder zu akzeptieren. Ja zur Schuld heisst: ja zur eigenen Verantwortung.

Opfer von Ereignissen, die nicht unbedingt zu verhindern sind, werden zuerst jene Kids, denen feste Ansprechpersonen fehlen. Bei der jüngsten Generation mehren sich darum die psychischen Folgen unglücklicher Konstellationen infolge mangelnder elterlicher Einfühlung, Gedankenlosigkeit oder Egozentrik.

David ist ein cooler 14-Jähriger, der eine absolute Alphastellung in der Klasse innehat. Seine lockeren Sprüche sind unverschämt bis witzig und seine Frechheiten machen auch vor Erwachsenen nicht Halt. Der Junge ist gescheit, aber infolge früherer Schuleschwänzereien ein mittelmässiger Schüler. Gibts unter den Jungen Zoff, ist David sicher dabei.

Dieser abgebrüht wirkende Junge sass eines Tages so still und abwesend in der Schule, dass die andern Jungs erstaunt fragten, was mit ihm los sei. Die Klasse hatte in einer Randstunde für die Heimpsychologin einen Baum zu zeichnen. David weigerte sich zuerst. «Ich kann keinen Baum», sagte er, während andere höhnten, das sei doch nur der Scheiss-Baumtest, sie hätten den schon viermal (!) machen müssen. Nach einer halben Stunde stand ein derart kümmerliches, kahles Bäumchen an Davids unterem Blattrand, dass einem beim Anblick fast die Tränen kamen. Auch David hatte Tränen in den Augen, als er mir das Blatt reichte. «Der Baum steht neben einem Haus und bekommt von dorther warm», kommentierte er unaufgefordert.

Nach ein paar Tagen fragte ich ihn, ob er jemanden habe, mit dem er seine Probleme besprechen könne. Energisch schüttelte er den Kopf: «Ich brauche niemanden, ich komme allein klar. Die Erwachsenen haben mich alle enttäuscht. Sobald man sie kennt, verduften sie und jemand anders steht da. Das ertrage ich nicht.»

Sind Mütter oder Väter selbst zu einem regelmässigen Kontakt zu ihren Kindern nicht in der Lage, müssen diese die Gründe für den elterlichen Rückzug genau kennen und verlässliche Stellvertreter erhalten, die sie nicht einfach akzeptieren müssen, sondern denen sie vertrauen wollen.

Für moderne und speziell für allein erziehende Eltern ist es eine Quadratur des Kreises, Job, Kind, soziale Konflikte und den Restposten Privatleben unter einen Hut zu bringen. Eine grosse Zahl Väter und Mütter kann die berufliche Beanspruchung nicht nach dem Stundenplan ihrer Kinder richten. Aber von Zeit zu Zeit haben diese absolute Priorität: Sie müssen spüren, dass es einen Menschen gibt, dem ihre Person alles andere als gleichgültig ist. Sonst kommt das Gefühl auf, von den Eltern verlassen worden zu sein.

Ein Defizit an echter elterlicher Nähe und Geborgenheit kann sich auch verschlüsselt zeigen, in Angstzuständen und skurrilen Hilferufen.

Die Eltern des 15-jährigen Sebastian, der in der Schule gute Leistungen erbringt, Volleyball und Klarinette spielt, einen grossen Freundeskreis hat, sind beunruhigt, weil ihr Sohn seit dem achten Lebensjahr jede Nacht zu ihnen ins elterliche Bett kriecht und durch nichts zur Rückkehr ins eigene Zimmer zu bewegen ist. Er habe Angst, im Erdgeschoss zu schlafen, da er sich vor Einbrechern fürchte. Abgemacht ist, dass wenigstens das Wochenende den Eltern gehört. Dann lädt Sebastian einen Freund ein oder verbringt die Nacht bei einem Kollegen. Der Junge kann nicht allein sein, auch tagsüber kriegt er ohne Gesellschaft Angstzustände. Nun fragen sich die Eltern, ob dieses Verhalten noch normal sei, im Übrigen drohe ihrem Sexleben eine ernste Krise.

Vermutlich hat Sebastian ein Problem, das nur mit therapeutischer Hilfe angegangen werden kann. Die Ursache seiner massiven Ängste sind keineswegs die vorgeschobenen Einbrecher. Die Eltern haben schon mit ihm das Zimmer getauscht, ihm das Blaue vom Himmel versprochen, wenn er im eigenen Bett bleibe. Nicht einmal die dünne Matratze am Boden im Elternzimmer hat sich als Abschreckung erwiesen.

Möglicherweise handelt es sich hier um ein frühkindliches Trauma, ein Primärtrauma, das weder Sebastian noch seinen Eltern bewusst ist. Ein geeigneter Jugendlichentherapeut oder eine Psychologin könnte ihm aber helfen, seine Alleinschlafphobie zu überwinden.

Übergänge von einer Entwicklungsphase in die nächste können ebenfalls regressive Verhaltensweisen auslösen. Die Halbwüchsigen fallen dann auf eine frühere, kleinkindliche Stufe zurück. Sie haben ein starkes Bedürfnis nach Nähe, Kuscheln und Bemuttertwerden. Bei älteren Kindern ‹legitimieren› vor allem Krankheiten vermehrte emotionale Zuwendung. Wird ihnen diese gewährt, bedeutet das für Pubertierende, die schlappmachen, eine kurze Verschnaufpause im Entwicklungsstress. Rückfälle in derart altersuntypisches Verhalten dauern im Allgemeinen nur kurze Zeit.

Ein anhaltendes, der Entwicklung des Kindes unangepasstes Verhaltensmuster wie jahrelang im Elternbett schlafen sollte man daher nicht derart lange anstehen lassen. Möglich aber auch, dass ein Elternteil einen Sekundärgewinn aus dem dritten Bettgenossen zieht.

Zu meinem Erstaunen habe ich verschiedene verheiratete Mütter kennen gelernt, die in Elternrunden erklärten, ihr 13-, 16- oder gar 17-jähriger Sohn schlafe erst seit kurzem im eigenen Zimmer, vorher sei er jede Nacht zu ihnen gekommen, will heissen ins Elternbett. Nach ihrer Auffassung waren die Söhne im Übrigen vollkommen ‹normal›, und so hätten sie sich auch nicht den Kopf zerbrochen über deren nächtliche Besuche.

Ihre beiden Söhne kämen jede Nacht ins Elternbett, schon seit Jahren, berichtete eine voll berufstätige, sehr erfolgreiche Mutter, deren Mann ein eigenes Geschäft hat. Zuerst sei der ältere (14) eingestiegen, seit kurzem wolle der zehnjährige auch nicht mehr allein schlafen. Zum Glück sei ihr Bett für alle gross genug!

Bei so viel Offen- und Gelassenheit im Umgang mit diesen doch eher unüblichen Schlafgewohnheiten können mit ziemlicher Sicherheit inzestuöse Übergriffe ausgeschlossen werden. Die Frage bleibt aber, wer wie davon ‹profitiert›, wenn ein halb erwachsener Sohn zwischen Mama und Papa liegt und jeden sexuellen Kontakt zwischen den Eltern verunmöglicht.

In Urzeiten war es üblich, dass sich eine Familie nachts ums Feuer aneinander schmiegte und sich gegenseitig wärmte und schützte. Aber hier und heute mutet eine so nahe nächtliche Bettgemeinschaft in einem geräumigen Einfamilienhaus doch ziemlich atavistisch an. In den vorliegenden Beispielen könnte das Verhalten der Söhne eher ein Versuch sein, sich nachts ein wenig von der Wärme zu holen, die ihnen tagsüber fehlt.

Psychoanalytiker könnten auch eine Art Ödipuskomplex bemühen: Der Sohn bewacht die Mutter und verwehrt dem väterlichen Penis den Zutritt zu ihr.

Vielleicht handelt es sich in einigen Fällen ganz einfach um eine Angewohnheit, die sich nach und nach eingependelt hat, auf Kosten der schwachen Eltern. Auch hier wagen sie nicht, endlich einen Punkt zu setzen.

Von Töchtern habe ich bisher noch nicht gehört, dass sie freiwillig im Teeniealter im gleichen Bett wie die Eltern übernachten wollen. Möglich, dass sie ihre Kuscheleinheiten bei der besten Freundin finden.

Wenn einem Jugendlichen die emotionale Verankerung fehlt, fällt er in ein Loch. Wir alle haben zu lernen, in sämtlichen Lebensbereichen aus der Fülle der Angebote auszuwählen, Bedürfnisse je nachdem länger aufzuschieben, auf Lockvogelangebote zu verzichten. Doch immer mehr Menschen leiden unter emotionaler Leere und Langeweile und beginnen, dieses Loch mit käuflichen Surrogaten zu stopfen. Eine Schlägerei anzetteln oder sich zudröhnen sind Ersatzhandlungen von Jugendlichen wie konsumieren und einkaufen. Letzteres verschlingt viel Geld. Banken figurieren als Rettungsanker. Doch steigt die Zahl der Adoleszenten, denen Kredite zum Verhängnis werden. Sie verschulden sich auf Jahre hinaus.

In begüterten Kreisen werden die Schulden häufig teilweise oder ganz von den Eltern bezahlt. Schon Thomas Mann stiftete einen Teil seines Nobelpreisgeldes, um die Weltreiseschulden seiner beiden Zwillinge Erika und Klaus zu begleichen. Klaus, das zweitälteste der Dichterkinder, litt trotz häufiger grosszügiger finanzieller Unterstützung fast exemplarisch unter seelischen Mangelerscheinungen und einer Form der emotionalen Verkümmerung (Deprivation), wie sie vor allem bei Söhnen und Töchtern berühmter Väter und in patriarchalisch strukturierten und/oder von im Gesellschaftskarussell tonangebenden Familien anzutreffen sind. Der schwule Klaus Mann war literarisch hoch begabt, befreite sich aber nie vom ambivalenten Verhältnis zum übermächtigen ‹Zauberer›, seinem ebenfalls homosexuell veranlagten Vater. Klaus wurde opiumabhängig und endete mit

Suizid. Ein tragisches Schicksal ereilte auch die hoch begabte Annemarie Schwarzenbach, eine nahe Freundin von Erika und Klaus Mann.

Was der Volksmund schon immer wusste: Geld (Luxus) allein macht nicht glücklich. Was aber treibt Menschen an, über ihre Verhältnisse zu leben, immer noch teurere, auffälligere Dinge zu kaufen? Den trendigsten Flachbildschirm, das schnittigste Cabrio, den allerexklusivsten Schick aus einer Promi-Boutique in New York. Ein neues Gesicht ohne Falten, einen ewig jungen Körper. Ausgefallene Trekkings. Schickimicki-Drogen. Um über sich selbst hinauszuwachsen? Seine Grenzen zu spüren? Um sich Bewunderung und auch Neid zu sichern? Um aus der Masse herauszustechen? Aus Lust am Experiment, am Abenteuer? Vielleicht von allem etwas.

Doch bei immer mehr Zeitgenossen verbirgt sich dahinter die Sehnsucht nach dem einzigen Luxus, den zu finden manche Menschen ein Leben lang vergeblich umtreibt: Liebe und Freundschaft, Geborgenheit und innere Beheimatung bei einem Du. Mehr als ihnen bewusst ist, steckt hinter der Konsum-Gier der Wunsch, aus ihrem emotionalen Vakuum befreit zu werden.

Niemand wird seines Besitzes oder seiner Schönheit wegen wirklich geliebt, höchstens beneidet. Die bezahlten Zuwendungen (Coach, Masseur, Therapeut) sind für viele Erwachsene nichts als Ersatz für eine echte Beziehung. Mit allen käuflichen Surrogaten bleibt bei Alt und Jung der Hunger nach echter Zuneigung letztlich ungestillt. SMS-Botschaften und Handygeplauder dienen der Ortung im Freundeskreis, dem Austausch von Informationen und Klatsch, doch sie täuschen über die wachsende innere Vereinsamung und Isoliertheit hinweg, unter der viele Menschen leiden, darunter immer jüngere Kinder und Jugendliche.

Trennung und Scheidung ohne Loyalitätskonflikt

Viele Menschen erleben schon in jungen Jahren familiäre Neuorientierungen: Todesfälle, Scheidungen, das Zusammensein mit nur einem Elternteil oder das Sicheinlebenmüssen in eine Patchworkfamilie. Halbgeschwister bedrohen vielleicht die Stellung eines Einzelkindes, anfangs meist Unbekannte ersetzen Mutter und Vater. Für Kinder und Jugendliche ist die Trennung der Eltern wie ein Orkan, der ihnen das Dach über dem Kopf wegreisst. Eine eigentliche Klimakatastrophe.

Diese dramatischen Einbrüche im Leben können die Eltern-Kind-Beziehung nachhaltig und traumatisch belasten. Den meisten Eltern ist das bewusst, und doch schaffen es nicht alle, den Kindern die Botschaft zu vermitteln: Mutter und Vater vertragen sich leider nicht mehr, aber euch betrifft das nicht, Mama und Papa lieben euch genau wie zuvor. Im Alltag zeichnen sie allzu oft ein negatives Bild des abwesenden Elternteils. Wird zum Beispiel ein Kind vor dem Besuch beim Vater von seiner Mutter mit Verwünschungen über ihren Ex eingedeckt, gerät es in einen schweren Loyalitätskonflikt. Ebenso, wenn Mütter jedes Gespräch über den Kindsvater abblocken. Die Kinder wissen, dass ihre Eltern sich nicht mehr vertragen, doch das heisst nicht, dass der oder die andere einen fiesen Charakter haben muss, also ein böser Mensch ist. Sich auseinander leben ist keine Schande, es braucht dazu aber immer zwei Personen. Ausserdem lieben Kinder Mutter und Vater. Wer den andern Elter ablehnt, lehnt auch einen Teil des Kindes ab.

Spannungen zwischen den Eltern beunruhigen alle Kinder. Sie fühlen sich latent verunsichert, und nicht wenige geben sich selbst die Schuld an den Unstimmigkeiten zwischen Vater und Mutter. Beziehungsprobleme sollen deshalb in einer den Kindern verständlichen, ruhigen Art offen und ehrlich mit ihnen angesprochen werden, um sie dann auf die Trennung der Eltern schonend vorbereiten zu können. Schaffen Eltern das Auseinandergehen mit Hilfe einer Mediation, teilen sie sich einvernehmlich das Sorgerecht, erziehen sie die Kinder nach ähnlichen Grundsätzen, ist das Besuchsrecht ohne Streit geregelt – und verklemmen sie es sich, die Kinder gegen den anderen Elternteil aufzuwiegeln, fühlen sich Buben und Mädchen nach Scheidungen manchmal besser als zuvor in der Phase der elterlichen Spannungen.

Es kommt darauf an, den Kindern zu versichern, dass sie am Scheitern der Paarbeziehung oder am Tod eines Elternteils keine Schuld tragen und dass man sich trotz dieses Schicksalsschlags um das Kind kümmert und es lieb hat wie zuvor.

Auf diesem Gebiet haben vor allem so genannte Löwenmütter noch einiges an Kompromissbereitschaft nachzuholen, denn momentan leiden immer mehr Väter, denen von ihren Exfrauen mit allen rechtlichen Mitteln der Kontakt zu ihren Kindern untersagt wird. Nach Scheidungen waren bis anhin Mütter mehrfach im Nachteil, heute sind Väter stärker benachteiligt.

Früher, als Scheidungen relativ selten und von der Kirche geächtet waren, wurden Scheidungskinder in der Schule stigmatisiert. Sie wurden gemieden, und das war für sie eine zusätzliche seelische Belastung. Mittlerweile wird jede zweite Ehe geschieden, und die Hälfte aller Schüler hat getrennt lebende Eltern.

So genannt intakte Familien sind heute weder die Norm noch gelten sie als Garant für eine gute häusliche Atmosphäre. Väter und Mütter, die zusammenleben, sind nicht deswegen schon gute Eltern, so wenig wie getrennte Paare, die sich nicht mehr vertragen, deswegen auch schlechte Eltern sein müssen. Soziale Eltern (Adoptiv- oder Pflegeeltern) können fremden Kindern ebenfalls ein gleichwertiger Elternersatz sein und übernehmen immer öfter die Verantwortung an Stelle eines blutsverwandten (biologischen) Elternteils. Es gibt todunglückliche Kindheiten in ‹heilen› Familien und relativ unbeschwerte trotz geschiedener Eltern.

Die familiären Hintergründe sind heutzutage genauso vielgestaltig wie die Erziehungsstile: Neben intakten oder geschiedenen Familien, allein erziehenden Müttern und Vätern leben immer mehr Eltern in Wohngemeinschaften oder in Patchworkfamilien mit eigenen und fremden Kindern. Die Familie von heute hat das ehemals rigide Fassadenmuster gesprengt. Familie ist, wo Erwachsene und Kinder sich gegenseitig unterstützen, achten und lieben. Für die meisten Kinder bleiben aber Mutter und Vater nach wie vor die wichtigsten Bezugspersonen.

Fast schon eine ideale Scheidung hat das folgende Paar zustande gebracht:

Johanna und Andrin galten als Traumpaar, doch nach 15-jähriger Ehe spürten sie, dass sie sich auseinander gelebt hatten. Nach wie vor hatten sie sich gern, doch die Leidenschaft war verflogen. Immer wieder versuchten sie neu zu beginnen, schon den Kindern zuliebe, doch eines Tages fassten sie unabhängig voneinander den Entschluss, dass eine Scheidung für beide das Beste wäre. Sohn und Tochter, damals 8- und 10-jährig, wurden von beiden Eltern gemeinsam informiert. Jetzt leben sie bei der Mutter, können aber jederzeit den Vater besuchen, der ganz in der Nähe wohnt. Regelmässige gemeinsame Familientage wurden von Anfang an garantiert, denn die Differenzen zwischen Johanna und Andrin berühren das Familienleben nicht. Zudem wollen sie gute Freunde bleiben und alle Geburtstage sowie Weihnachten, wenn irgend möglich, zusammen mit den Kindern feiern. Ist Johanna auswärts beruflich sehr beansprucht, wohnen die Kinder beim Vater. Und alles ohne hässliches Gezänk und böse Worte.

Den beiden Geschwistern wird der schädliche Loyalitätskonflikt, das Hin- und Hergerissensein zwischen den Eltern, erspart. Sie dürfen offen dazu stehen, dass sie beide Eltern brauchen – und lieben.

Wo ein derart harmonisches Auseinandergehen nicht möglich ist – leider der häufigere Fall –, hätte der mit den Kindern lebende und für sie sorgende Elternteil ihnen nach jeder Art von Trennung besondere Zuwendung entgegenzubringen. Nur übersteigt das die Kraft mancher Eltern. Sie sind selber am Boden zerstört und es bleibt wenig Energie für andere, selbst wenn es die eigenen Kinder sind. Manchmal hilft es, wenn sie sich bewusst machen, dass die Kinder sie jetzt in noch stärkerem Mass brauchen.

Jedes Kind wünscht sich eine tragfähige Beziehung zu beiden Elternteilen. Das fördert seine Identitätsfindung. Geschiedene und/oder allein erziehende Mütter wissen das und versuchen oft, dem Kind den Vater zu ersetzen, bis sie unter dieser Doppelbelastung zusammenbrechen. Der Anspruch ist schon rein biologisch unerfüllbar. Ist der Vater nicht gewillt, seine Aufgabe zu übernehmen, was leider oft von den Exfrauen absichtlich verhindert wird, ist ein ebenbürtiger Ersatz zu suchen. Ab einem gewissen Alter (in Deutschland ab 12 Jahren) sollten Kinder daher mit entscheiden dürfen, ob sie nach einer Trennung bei Mutter oder Vater oder abwechslungsweise bei beiden leben möchten.

Melanie ist eine junge Mutter, die nach der Scheidung mit den beiden 3- und 5-jährigen Buben allein lebt, den Kindern eine gute Mutter sein und zugleich den Vater ersetzen will. Zu ihrem geschiedenen Mann hat sie ein sehr gespanntes Verhältnis. Sie gibt ihm die alleinige Schuld am Scheitern der Ehe. Melanie überfordert sich total mit den beiden Buben und ihrem Anspruch, Mutter und Vater sein zu wollen. In der Familie herrscht denn auch das reine Chaos. Die Brüder streiten fast ununterbrochen, Melanie findet keine ruhige Minute und reagiert mit monotoner Stimme sowohl auf die

Zärtlichkeiten der beiden wie auf ihre Herausforderungen. Besonders der ältere Bub will immer wieder wissen, wo denn Vati sei.

«Er ist weg», sagt die Mutter.

«Warum?»

«Er ist einfach gegangen.»

«Warum?»

«Einfach so.»

«Wann kommt er wieder?»

«Nie mehr.»

«Warum?»

«Schweig endlich, verdammt, du nervst mich mit der blöden Fragerei!»

Solange Melanie nicht ruhig darüber sprechen kann, dass ihr Mann und sie sich trennten, weil sie dauernd stritten, dass der Vater die Söhne aber genauso lieb hat wie vorher, sie später auch zu ihm auf Besuch dürfen, wird sich vor allem der ältere die Schuld am Verschwinden des Vaters geben. Das drückt sich in Attacken gegen den kleinen Bruder aus, der dann ebenfalls aggressiv wird.

Hier ist eine Begleitung der Mutter durch einen Menschen, der sie stützt, zu dem sie Vertrauen haben kann, unumgänglich. Melanie gibt ihr Bestes für die Kinder und ist ihrer Aufgabe doch nicht gewachsen, weil sie

- die Kränkung durch die Scheidung nicht verarbeitet hat,
- den Buben auch den Vater ersetzen will,
- und das Verhältnis vor allem zum älteren Sohn negativ gefärbt ist.

Der wichtigste Grundstein zum Aufbau einer belastbaren Persönlichkeit sind Selbstvertrauen und ein einigermassen positives Selbstbild. Von besonderer Bedeutung ist dabei eine echte Beziehung zwischen Eltern und ihrem Nachwuchs. Eltern, die sich genügend Zeit für ihre Kinder nehmen, Väter, die regelmässig mit ihren Töchtern und Söhnen spielen, Sport treiben, an ihrem Alltag teilhaben, vermitteln ein vorbildhaftes Vaterbild und den Söhnen ein positives männliches Identifikationsmodell. Das kann auch bei getrennt lebenden Eltern funktionieren. Ein einvernehmliches Auseinandergehen hat sehr mit dem Erspüren kindlicher Bedürfnisse zu tun.

Besonders jüngere Kinder fühlen sich verloren und desorientiert, wenn ihnen niemand beisteht und hilft, sich in der Welt zurechtzufinden. Sie brauchen den direkten Bezug zu den Eltern oder deren Stellvertretern. Bald ahmen sie die Betreuenden nach, lernen so, was gut, was böse ist, die Regeln des Tagesablaufs und den Rhythmus von Jahreszeiten. Sie erleben alljährlich wiederkehrende Feste, Gastfreundschaft, Alleinsein, Höhen und Tiefen des Alltags, Streit und/oder Zärtlichkeit zwischen Erwachsenen und wie Menschen mit Frustrationen und Widerständen umgehen; oder auch, dass nach einer Trennung kein Elternteil ganz aus ihrem Beziehungsfeld verschwindet.

Überbehütung, Verwöhnung und Einzelkind-Situation

Eine folgenschwere pädagogische Haltung ist die schon erwähnte Overprotection, die sich in Verwöhnung äussert. Verwöhnung ist ein echter Fallstrick für unzählige Eltern. Vor lauter Besorgtheit wagen sie keine rechtzeitige Durchtrennung der symbiotischen Nabelschnur, um die Kontrolle über die jungen Menschen zu behalten, die längst selbständig sein und Verantwortung für ihr Handeln übernehmen müssten. Symbiose beeinträchtigt – wie das andere Extrem, die zu frühe Selbständigkeit – ein gesundes Selbstvertrauen und verzögert das Erlernen sozialer Kompetenzen.

Da ist zum Beispiel die verwöhnte Tochter, die immer zuerst die besten Bissen aus den Schüsseln pickt, ehe Mutter, Vater und Freunde schöpfen dürfen.

Dort sind Eltern, die ihrem 13-Jährigen spätnachts noch die Mathe-Aufgaben machen, weil er den ganzen Abend Schlagzeug gespielt hat (obschon Besuch da war); die Gäste dürfen bei der Suche nach richtigen Lösungen gleich mithelfen.

Eine weitere Mutter beklagt sich, dass sie ihrem 14-jährigen Sohn nach dem Duschen immer die Frottiertücher auflesen müsse.

Eltern, die selber alles andere als wohlhabend sind, bezahlen ihren 12-jährigen Girlies Handyrechnungen von mehreren hundert Franken, damit sie im Fanrausch 500-mal für ihren Superstar votieren können, weil das Schweizer Fernsehen seinem Publikum mal wieder ein paar musikalische Jungtalente zum Verheizen vorwirft.

Pubertierende Schnösel lümmeln sich auf den wenigen Stühlen bei Vernissagen, während ältere Menschen sich auf ihre Gehhilfen stützen. Die verwöhnten Kids verinnerlichen von klein an: Erst komme ich und dann die anderen.

Schon Erstklässler quittieren die Aufforderung zu einer gemeinsamen Aufgabe mit einem «Mach ich nicht» oder «Fick dich» (Focus 2005). Darüber hinaus können die Schulneulinge oft weder einen Stift halten noch zuhören und schon gar nicht warten, bis sie drankommen.

Überbetreute Kinder werden systematisch zu Egoisten verzogen, die unsanft auf die reale Welt kommen, wenn sie in Schule oder Lehre versagen, weil die Mama bei einer Aufnahmeprüfung nicht neben ihnen sitzen und die Lösung einflüstern darf und die Teenager selbständiges Arbeiten nicht kennen. Sie haben vor allem gelernt, im Mittelpunkt zu stehen und ohne jede Anstrengung oder lästigen Bedürfnisaufschub das im Moment Begehrte zu erhalten – was brauchen sie mehr? Sehr viel, und dies müssen sie sich später nach Niederlagen selber aneignen.

Haben sie in der Schule schlechte Zensuren, rennen die Eltern (sogar mit Anwalt) zur Lehrperson und werfen ihr parteiische Beurteilung und mangelnde Förderung ihres sensiblen und hoch begabten Kindes vor. Es sind jene Eltern, die von der Schule erwarten, was sie selber versäumt haben. Sie wünschen, dass ihre Supertochter oder ihr Wunderjunge dank dem Engagement der Unterrichtenden, aber ohne die geringste eigene Anstrengung ins Gymnasium eintreten kann. Viele derart verpiepäppelte Kids verstehen nach ihrer ersten grossen Niederlage, etwa einer verpatzten Prüfung, die Welt nicht mehr, und ihr aufgeblähtes Ego schrumpft.

Selbstvertrauen kann aber nur entstehen, wenn Eltern dem Nachwuchs bei Schwierigkeiten und Konflikten beistehen, statt ihm alle Unannehmlichkeiten aus dem Weg zu räumen. Unabdingbar für eine gesunde Entwicklung ist deshalb, Kinder mit Frustrationen vertraut zu machen und ihnen zu helfen, Niederlagen und Enttäuschungen aus eigener Kraft auszuhalten. Auch für Kids gilt: Durch die Erkenntnis, dass ohne eigenes Zutun der Erfolg ausbleibt, wächst bei einigen der Wille, sich zu behaupten und ohne elterliche Schützenhilfe gegen Widerstände anzugehen. Die brachliegenden Fähigkeiten werden mobilisiert, und der kleinste Erfolg macht die Jungs und Mädchen selbstsicherer.

Litten früher viele Halbwüchsige unter einem zu strengen und unnachgiebigen Elternregime, beobachten wir heute das Gegenteil: Immer mehr

Kinder und Teenager sind seelisch und körperlich verweichlicht und verwöhnt. Ihre Frustrationstoleranz ist so niedrig, dass sie jedem Misserfolg ohne die geringste Gegenstrategie ausgeliefert sind und sich nicht selten nur durch Gewalt gegen noch Schwächere die nötige Selbstachtung verschaffen können. Andere resignieren total und ziehen sich hilflos zurück, in eine Welt der Tagträume und imaginierten Parallelwelten.

Gesunde Ich-Stärke entwickelt sich nur durch Überwinden von Widerständen und Niederlagen und – zum Trost: Manchmal kommt bei Jugendlichen der Ansporn zum persönlichen Einsatz erst nach einem Versagen. Eltern dürfen dem Nachwuchs zu seiner ganzheitlichen Entwicklung von klein an ein individuell dosiertes Mass an Verantwortung und Selbständigkeit nicht vorenthalten. Vertrauen sie den Jungs und Mädchen auch mal eine schwierige Aufgabe an, fühlen die sich stolz. Jeder hundertprozentige Einsatz ist ein Baustein für ein gutes Selbstwertgefühl (das Gefühl: Ich kann mich auf mich selbst verlassen). Enttäuschungen können und dürfen deswegen von den Eltern nicht immer verhindert werden, auch wenn es ihnen fast das Herz bricht. Kleine Kinder sind auf der Basis elterlicher Zuwendung durchaus in der Lage, den Umgang mit Frustrationen zu lernen. Es stärkt ihr seelisches Immunsystem.

Die geschiedene, teilzeitlich berufstätige Mutter des 14-jährigen Mittelschülers Peider beklagt sich über ihren Sohn, der trotz überdurchschnittlicher Intelligenz extreme Schulschwierigkeiten habe, keine Aufgaben mache, nicht aufstehe, wenn sie ihn nicht mehrmals dazu auffordere, unglaublich faul sei, zu Hause herumhänge oder permanent Musik höre. Ausser etwas Leichtathletiktraining zeige er keine Initiative. Wenn sie ihm etwas sage, wisse sie nie, ob er überhaupt zuhöre. Sie mache sich grosse Sorgen um seine Zukunft und fürchte, er werde vom Gymnasium fliegen. In der Primarschule waren Aufgaben und Prüfungen kein Thema. Peider sei damals ein fröhlicher und lebhafter Junge und stets einer der Besten seiner Klasse gewesen. Nun müsse er mehr arbeiten und drücke sich, wo er nur könne. Der Vater kümmere sich auch um den Jungen, aber nicht um die Schule. Ihm sei es egal, ob Peider studiere oder nicht.

Diese Mutter will quasi doppelt das Beste und meint es so gut, dass ihre Ermahnungen, Hinweise, Vorwürfe ununterbrochen wie ein Wasserfall auf den Jungen niederprasseln. Sie redet ohne Punkt und Komma. Auf die Frage, ob sie nicht glaube, dass die Ursache der Leistungsverweigerung an ihrer Logorrhoe (Dauergeschwätz) liegen könne, gibt sie unumwunden zu, das sei ihre Schwäche, aber wenn sie ihn nicht dauernd ermahne, habe Peider im Gymi keine Chance. Je aktiver die Eltern, desto passiver die Kinder.

Es wird Folgendes vereinbart: Sie erklärt ihrem Sohn, sie würde in Zukunft keine Verantwortung mehr für seine Schulaufgaben übernehmen, ihn weder tadeln noch ermahnen, am Morgen wecke sie ihn nur einmal, kurz: sie übergebe in Zukunft ihm die Alleinverantwortung und werde sich nicht mehr um seine Angelegenheiten kümmern. Es gehe schliesslich um seine Zukunft. Wenn er die Mutter aber brauche, sei sie nach wie vor für ihn da. Sie unterschreiben beide diese Abmachung und wollen sich daran halten wie an einen Vertrag.

Schon nach 14 Tagen ist Peider wie verwandelt. Seine Mutter hat sich an die Vereinbarung gehalten und der Junge sich endlich selbständig die Zeit einteilen und ohne mütterliches Dauergequassel seine Schularbeiten und sportlichen Trainings machen können. Peiders Antriebslosigkeit verschwindet erstaunlich rasch. Hier ist die Problematik offenkundig und die Mutter sehr kooperativ, daher der rasche Erfolg.

Länger dauerte es beim verwöhnten Geri, der sich weigerte, bei der Hausarbeit auch nur minimal mitzuhelfen. Hier war es auch seine Mutter, Alenka, die schliesslich die Nase voll hatte.

Seit Wochen bittet Alenka den 13-jährigen Geri vergeblich, wenigstens das Geschirr in die Küche zu tragen oder mal den Müll wegzuräumen, die schmutzige Wäsche nicht einfach im Zimmer zu verstreuen, nach dem Training Brot und Salat einzukaufen, das Lavabo zu reinigen, den Tisch zu decken und um ähnliche kleine Mithilfen im Haushalt. Jedes Mal folgt Geris gleiche Entschuldigung: «Sorry Mama, ich habs ehrlich vergessen, wird nicht mehr vorkommen.» Und ebenso oft Alenkas stereotype Reaktion: «Das allerletzte Mal, hörst du, ich machs nicht länger für dich.» Sie schimpft vor sich hin, droht mit Streik und macht dann alles selbst. Dasselbe Ritual. Seit Wochen. Nicht, dass er sie je offen ausgelacht hätte. Dazu ist er zu anständig; er glaubt ihr einfach nichts, nimmt ihre Worte nicht ernst, schliesslich hat er seit seiner Kindheit noch nie Konsequenzen erfahren müssen.

Geris Vater ist beruflich viel abwesend, in seiner kurz bemessenen Freizeit will Alenka ihm keine Hausarbeiten zumuten. So sagt denn der Sohn bald: «Papa tut auch nichts. Männer sind halt keine Hausfrauen.»

Alenka beklagte sich im Elternforum, wo sie den (schon vierfach erprobten) Rat erhielt: «Streike, wenns sein muss, eine ganze Woche. Koche nur noch für dich und allenfalls für deinen Mann. Bevor dein Geri verhungert, wird er sich an die Arbeit machen. Auf keinen Fall gibst du auf, sonst wird er nie erwachsen. Und werde nicht weich, werde unter keinen Umständen weich!» Diese Methode hat – bei aller Berechtigung – einen Fehler: Sie überfährt den Sohn mit einer neuen Taktik, ohne ihn zu informieren.

Alenka kam es sauer an, doch sie blieb hart. Als Geri, wie gewohnt, sich an den gedeckten Tisch setzen wollte, war der leer bis auf einen Zettel: «Bin bei einer Freundin. Du musst für dich allein schauen.» Am zweiten Abend bekam der Junge einen Wutanfall, schimpfte seine Mutter eine Schlampe, doch die erwiderte kühl, sie sei nicht seine Haushälterin, er habe vergessen einzukaufen. Nach vier Tagen beschwerte sich Geri, er habe nichts Sauberes mehr zum Anziehen. «Tut mir Leid, aber es lag nichts von dir im Wäschekorb.» Nachdem sich der Sohn eine Woche von den schrumpfenden Beständen aus dem Kühlschrank ernährt hatte, kochte Alenka für sich und den heimkehrenden Vater ein reichhaltiges Essen. Geri freute sich zu früh. «Endlich tickst du wieder normal», sagte er. Da explodierte Alenka, und sie erklärte ihm erstmals den Tarif.

Bald darauf war Geri bereit, seinen Anteil an den Hausarbeiten regelmässig zu übernehmen; ein Vertrag wurde aufgesetzt und von Mutter und Sohn unterschrieben. Dieser Vertrag ist ein Kompromiss und gibt beiden Parteien Gelegenheit, ihre Bedingungen zu stellen.

Überbehütung (Overprotection) ist häufig bei Einzelkindern zu beobachten. Im Moment schrumpft ja der Kindersegen jährlich weiter, und die seinerzeit exotische Einkindfamilie ist nicht mehr mit dem Klischee ‹verwöhntes Einzelkind› gebrandmarkt. Sie ist in gewissen Kreisen bald die Norm. Trotzdem: Für Kinder ist ein Aufwachsen mit Geschwistern der natürliche Trainingsplatz, mit Neid, Eifersucht, Konkurrenz, aber auch mit der besonderen Art von Geschwistersolidarität und -rivalität vertraut zu werden.

Wenn Geschwister fehlen, sollen Kinder früh mit anderen Kindern verschiedenen Alters zusammenkommen. Buben und Mädchen reagieren auf ihresgleichen anders als auf Erwachsene; es fördert ihre soziale Kompetenz, sie lernen Rücksicht zu nehmen, fair zu streiten, auf andere zu hören, aber auch, sich zu behaupten, sofern sachkundige Erwachsene diese Prozesse begleiten.

Übernehmen Mutter oder Vater die Stelle von Bruder und Schwester, geschieht dies nicht immer zum Wohl der Söhne und Töchter. Eltern gehören – ob es ihnen gefällt oder nicht – erstens einer anderen Generation an, zweitens nehmen sie auch eine andere Stellung im Familiengefüge ein. Sie sind nun einmal nicht Geschwister, nicht Erika und Frank, sondern Mama und Papa, das heisst Vorbilder.

Moderne Eltern verpassen zudem häufig den Zeitpunkt, ihren Kindern altersgerechte Aufgaben und Verantwortungsbereiche zu übergeben, ihnen mehr zuzutrauen und dadurch ihr Selbstvertrauen zu stärken. Hätte Geris Mutter ihn schon früher konsequent zur Erledigung der kleinen Aufträge angehalten, mit ihm verhandelt, er hätte sich nicht so lange gedrückt. Doch jeder Konflikt mit dem Sohn war ihr zu anstrengend. Aber: lieber eine harte Auseinandersetzung mit anschliessender Klärung als ein frustrierendes Durchschummeln, was auf die Dauer mehr mütterliche Energie frisst.

Psychische Auffälligkeiten bei Kindern sind weit verbreitet, einerseits, weil Konsequenz, Alltagsstrukturen und Förderung der Kinder manchen Eltern zu aufwändig und schwierig scheinen und daher schnell als antiquiert und autoritär abgetan werden, anderseits, weil die angestrebte partnerschaftliche Zusammenarbeit mit Kindern und Jugendlichen Zeit braucht. Und die fehlt fast allen.

Für viele Eineltern-Einkindfamilien werden zusätzliche Betreuungsmöglichkeiten wie der Einbezug der Grosseltern, vor allem aber Krippen, Horte und Ganztagesschulen immer wichtiger. Der Nachwuchs berufstätiger Eltern und geschwisterlos aufwachsende Kinder gehören nebst intensivem Kontakt mit Mutter und Vater in eine Gemeinschaft verschiedener Individuen. Schon nur, damit sie nicht bei Schuleintritt als unselbständige Püppchen und Prinzen auffallen, einfach dastehen oder losplärren, bis ihnen jemand hilft.

Der Rektor einer grossen deutschen Gesamtschule berichtet, eine wachsende Zahl von Schulanfängern könne weder selbständig die Schuhe binden noch ihre Jacken zuknöpfen (!). Immer mehr Mütter bestünden darauf, ihre Erstklässler bis ins Klassenzimmer zu begleiten, ihnen beim Schuhe wechseln und Ausziehen der Jacken zu helfen, sie auch nach Schulschluss wieder abzuholen. Ein deutscher Unterstufenlehrer, in dessen Klasse derartige Unsitten um sich griffen, verlangte von den Gluckenmüttern, sich von ihren Söhnchen vor dem Schulhaus zu trennen, und fragte dann einen Jungen, wie dies für ihn gewesen sei: «Wir haben auf dem ganzen Weg geweint», war seine Antwort. Viele dieser Kinder können sich in der Schulgemeinschaft nirgends einordnen, weil sie bisher immer erste Geige spielen durften und dann in der Klasse vom Sonderstatus zum Problemfall werden.

Laut einer repräsentativen Studie aus Braunschweig fiel 2004 im Kindergarten – trotz Overprotection – schon jedes fünfte Kind wegen Aggressivität, Hyperaktivität, Aufmerksamkeitsschwäche, Ruhelosigkeit auf – in einem Ausmass, das die Psychologen als klinisch bedeutsam einstuften. Sieben Prozent gingen bereits zu einem Therapeuten (Geo 3/2004). Braunschweig ist jedoch überall. Und falsche elterliche Besorgtheit fördert die Entwicklung zum Problemkind.

Kinder mit solchen Störungsbildern haben später in der Schule, hauptsächlich im sozialen Umgang, Schwierigkeiten und wenig Erfolgserlebnisse, das liegt auf der Hand. Ebenso, dass weitere Erziehungsfehler oder ein wenig kindgerechtes Milieu zu den gehäuft vorkommenden Verhaltensauffälligkeiten beitragen. Statt aber Eltern generell zu Sündenböcken zu stempeln, muss die Schule heute vermehrt hinnehmen, dass gewisse familiäre und gesellschaftliche Prozesse nicht rückgängig gemacht werden können und die Folgen der unzureichenden Erziehungskompetenz vieler Eltern von den Lehrpersonen einen zusätzlichen Aufwand erfordern.

In kinderreichen Familien haben Kinder ohnehin einen anderen Stellenwert. Sie werden nicht weniger geliebt, aber sie kriegen nie diesen exklusiven Status, der heute manchem Einzelkind zukommt.

Das automatische Kinder-Vergleichen der Erstgeborenen und einzigen Lieblinge liegt daher im Trend. Mütter, die ihre Babys zur Elternberatung bringen, eifern bereits um die Wette, welches Kind am exklusivsten (Baby-

Dior-Body, Söckchen von Nike ...) angezogen ist, im elegantesten, teuersten, protzigsten und schwersten Kinderwagen liegt und, und. Für Sozialhilfeempfängerinnen sehr frustrierend. Das schönste Baby aber ist zum Glück immer noch das eigene. Eine Menge Eltern, sofern sie es sich irgendwie leisten können, neigen dazu, schon die Kleinsten zu intellektuellen Leistungen anzustacheln, vor allem aber werden viele der Wonneproppen bis zum Gehtnichtmehr verwöhnt und gehätschelt.

Den Lieblingen darf es äusserlich an nichts fehlen. Kinderzimmer verwandeln sich in kleine Spielwarenläden und Lernstudios. Angeschafft wird das am raffiniertesten Beworbene. Obs für die Entfaltung der kommenden Generation notwendig ist, zeigt sich erst später. In den meisten Fällen stehen Preis und Aufwand in keinem Verhältnis zum Erfolg.

Was kleine Kinder im Besonderen, aber auch grössere Jungs und Mädchen dagegen zu ihrem Wohlbefinden dringend benötigen, sind, je nach ihrem Naturell, eine Portion Kuscheln und genug seelische Streicheleinheiten, echtes Interesse und Zeit. Sie wollen sich sinnlich spürbar angenommen fühlen.

Mit einer Ausnahme: Hände weg von Pubertierenden! Da können besonders Söhne extrem abweisend reagieren. Sie sind nun junge Männer, die sich von Mama ablösen müssen. Und auch die Töchter dürfen keinesfalls mit der besten Freundin verwechselt werden. All dies gilt auch in grösseren Familien. Doch die Gefahr einer zu starken Eltern-Kind-Symbiose ist bei Ein-Kind-Familien erhöht.

Zusammenfassend können wir über verwöhnte Kinder und Jugendliche festhalten:
- Vertrauen und liebevolle Zuwendung ist der Stoff, den alle Menschen zum Leben brauchen. Nichts leichter, als ein Kind zu lieben und von ihm geliebt zu werden, meinen unzählige Eltern – und tappen in eine Falle. Liebe heisst nicht Verwöhnung. Liebe ist nie symbiotisch, sondern respektiert gegenseitige Distanz. Kinder sind keine Rückversicherung fürs Alter und kein Solarium für die Gegenwart. Verwöhnung hat viele Gesichter und behindert die Entwicklung zur Empathie und Autonomie.
- Viele Eltern schenken ihren Kindern alles, was finanziell tragbar ist, nicht, um diese zu erfreuen, sondern, um sich selber von einer eingehenden Beschäftigung mit dem Nachwuchs zu entlasten. Würden sie sich fra-

gen, warum ihr Kind immer wieder Neues fordert, würden sie erkennen, dass es vielleicht lieber mehr persönliches Engagement von ihnen möchte.

– Bei anderen Eltern dreht sich dagegen alles Denken und Sorgen um ihr Kind. Es hat kaum Raum, selbständig zu atmen. Ununterbrochen wird es bevormundet. So lernt es seine eigenen Bedürfnisse und Fähigkeiten nie kennen.

– Jammern Mütter von Kleinkindern, sie hätten keine Minute Zeit für sich, könnten weder telefonieren noch eine Zeitung lesen, müssten jede Nacht ihrem Zweijährigen fünfmal Tee bringen, dann liegt das an ihrer ambivalenten Einstellung. Sie haben ihre Kleinen daran gewöhnt, rund um die Uhr zur Verfügung zu sein. Ein Kind merkt rasch, dass sich seine Mutter nach jedem angekündigten Bedürfnisaufschub miserabel fühlt. Es braucht dann nur genügend laut ‹aufzudrehen›.

– Eltern, die für ihre Kinder alles tun, nur um deren Liebe nicht zu verlieren, züchten eigentliche Subito-Kids. Diese entwickeln ein Gefühl von Allmacht, nehmen die Worte der Erwachsenen nicht ernst und werden erst zu kleinen, später zu grossen Tyrannen. Subito-Kids sind keine zufriedenen Kinder. Halt- und grenzenlos wachsen sie in einem luftleeren Raum auf und wissen nicht, woran sie sich orientieren können. Wir müssen damit rechnen, dass sie zu gefühlsflachen, an Äusserlichkeiten sich messenden jungen Erwachsenen werden.

– Emotionale Verwöhnung äussert sich als emotionale Unterdrückung. Alleinerziehende oder Eltern in konfliktreichen Beziehungen unterliegen der Versuchung, ihr Kind als eigenen Seelenwärmer zu benützen. Ausserdem ertragen sie nicht, es mal wütend oder traurig zu sehen. Wer sein Kind liebt, will es doch glücklich machen, ein ganz normaler Wunsch. Doch Eltern können ihm negative Erfahrungen nicht ersparen, es nicht vor jeder Frustration schützen oder ihm positive Gefühle aufzwingen, die es gar nicht hat. Das ist nicht Liebe, sondern Eigenliebe. Weil wir die Welt mit den Augen von uns Erwachsenen sehen und nicht aus dem Blickwinkel der Kinder, lassen wir sie ihre wahren Emotionen oft nicht ausleben, verweigern ihnen das Recht auf Wut, Missmut, Trauer, Hass, indem wir sie gleich mit Geschenken beschwichtigen. Eltern müssen lernen, Tränen und Wutausbrüche ihrer Kinder – ohne Angst vor kindlichem Liebesverlust – auszuhalten. Darf ein Kind seine echten Gefühle ausdrücken – selbst, wenn sie gegen die eigenen Eltern gerichtet sind –, macht es eine entscheidend wichtige Erfahrung: Mutter und Vater lieben mich auch dann, wenn ich ‹böse› bin. Ich darf auch meine negativen Emotionen zeigen, nicht nur das ‹Lieb-Kind-Gesicht›.

– Jedes gesunde Kind versucht, Grenzen zu übertreten. Schliesslich will es explorieren und die Welt erobern. Problematisch wird dieses Verhalten erst, wenn alle Grenzen nachgeben und es bald keine mehr gibt.

– Selbstverständlich brauchen Kinder Trost von Eltern oder andern Vertrauenspersonen. Doch sie müssen ihre Gefühle zuerst mal erleben und ausleben dürfen, genau wie Erwachsene dies auch tun. Nicht alle Kinder reagieren auf vorschnelle Beschwichtigungen ihrer tröstenden Mutter so treffend wie die Dreijährige, die rief: «Lass mich doch einmal weinen!»

– Genauso wichtig ist es, auch lustvolle Zeiten mit den Kindern zu erleben. Im Freien, auf einer Radttour, im Zelt, zu Hause beim Spielen, aber ebenso bei weniger angenehmen Tätigkeiten. Wer aus dem Aufräumen ein Wettrennen macht, aus dem Zähneputzen ein Spiel, ein kurzes abendliches Ritual beim Zubettgehen pflegt, erspart sich Ärger und schont seine Nerven.

– Konsequenz ist nicht Sturheit. Sturheit zeigt sich darin, dass keine Ausnahme möglich ist, eine Regel mehr bedeutet als ihr Sinn. Es schadet keinem Kind, wenn mal diese, mal jene Grenzüberschreitung erlaubt wird. Im Gegenteil, es braucht einen notwendigen Ausgleich als Balance. Das kapiert jedes Kind und freut sich über den Regelbruch. Nur sollten Ausnahmen als solche klar deklariert sein.

– Kinder und Jugendliche werden generell unterschätzt. Damit nehmen wir sie nicht ernst. Sie sind viel schlauer, als wir glauben. Kids wünschen verantwortungsbewusste Eltern, die emotionale Geborgenheit bieten, aber auch Anforderungen stellen, diese begründen, mit sich verhandeln lassen und dadurch Kooperation, Selbsttätigkeit und Kompetenz ihrer Töchter und Söhne stärken. Wir müssen ihnen nicht alles abnehmen, sie nicht immer schonen und einschränken wollen. Geben wir den jungen Menschen Gelegenheit zur Selbstverantwortung, trauen wir ihnen mehr zu und erwarten wir Kritik, aber auch Einsicht von ihnen – sofern sie nicht nur alters-, sondern auch reifemässig dazu imstande sind.

Symptomträger Kind

Im Zeitalter der Political Correctness musste es ja so kommen. Bis vor kurzem wetteiferten Eltern um das besonders ‹besondere› Kind. Ob frühreif, hoch begabt, legasthenisch, fettsüchtig (Adipositas) oder anorektisch: Hauptsache, es hat ein Symptom mit einem bedeutungsvoll klingenden Namen. Erst dadurch unterscheidet es sich von den gewöhnlichen, frechen Rotznasen und Gören, die unter den Sammelbegriff ‹Problemkinder› fallen. Inzwischen gibts manch gut klingende Bezeichnung für Auffälligkeiten im Kindes- und Jugendalter. Angefangen bei den in esoterischen Kreisen beliebten ‹Indigo-Kindern›, die eine spezielle Botschaft an die Menschheit haben sollen (vor allem aber sind sie erziehungsschwierig), bis hin zu den weniger exotisch anmutenden ADS-Kindern, die an einem Aufmerksamkeitsdefizitsyndrom leiden.

Die eigenen Buben und Mädchen mögen ebenfalls Probleme haben und machen, doch sie sind selbstredend im Gesamten aussergewöhnlich originelle Kids. Der Begriff ‹verhaltensoriginell› wurde für kurze Zeit sogar ernsthaft als Bezeichnung für verwahrlost und verhaltensauffällig verwendet.

Nun siegt die Vernunft wieder über Political Correctness und Euphemismus und man nennt Störungen beim Namen. Das ist nicht diskriminierend oder verächtlich, sondern ehrlich.

Motorische Unruhe, Ticks aller Schweregrade, Angstattacken, mangelndes Körpergefühl, Distanzlosigkeit, Aufmerksamkeitsschwäche, depressive Verstimmungen, Migräne, Allergien etc.: Sie sind keine Merkmale besonderer respektive auserwählter Kinder, sondern einer delikaten Disposition. Seltener handelt es sich primär auch um neurologische Phänomene oder sind die Auffälligkeiten eine Folge falscher Behandlung.

Suchtverhalten tritt schon bei Schülern und Schülerinnen auf. Mädchen und Jungs entscheiden sich immer früher, wie Schlote zu qualmen, und immer mehr 12- bis 14-Jährige saufen sich am Wochenende so zu, dass sie erst auf einer Krankenstation wieder zu sich kommen. Auch die Jugendgewalt bereitet Lehrpersonen und Politikern Sorge, und manche Halbwüchsige haben nie gelernt, echte Verantwortung zu übernehmen. Eine beträchtliche Anzahl Eltern haben kaum mehr als eine vage Ahnung, wo und mit wem sich ihre Teenies am Wochenende aufhalten. Sind Mütter und Väter abwesend, werden Wohnungen zu Discos umfunktioniert, es wird gesoffen, was das Zeug hält. In einem Nest der USA steckten sich neulich ohne Wissen der Eltern eine erhebliche Anzahl Jugendlicher mit einer Geschlechtskrankheit an – die Eltern aus dem Mittelstand hatten nichts von den ‹Orgien› geahnt – die Freizeit ihrer Kids interessierte sie nicht.

Die Leichtigkeit des Seins ist trotz materieller Schlaraffenumgebung vielen heutigen Kindern und Jugendlichen fremd. Das zeigen Untersuchungen über die seelische Verfassung der jungen Generation. Mehr und mehr sehr junge Menschen leiden an psychosomatischen oder psychopathologischen Symptomen.

Gut die Hälfte aller Drittklässler im Kanton Zürich benötigt psychologische Hilfe oder Stützunterricht, und über drei Millionen US-Jugendliche machen jährlich einen Suizidversuch. In der Schweiz steigt die Selbstmordrate im Kindes- und Jugendalter jährlich an.

Studien belegen, dass unter Problemkids kein Unterschied besteht zwischen Kindern aus sozial besser oder schlechter gestellten Elternhäusern, intakten oder Scheidungsfamilien (jede zweite Familie in den USA ist geschieden). Bei den mannigfaltigen Störungen handelt es sich um ein Zeitphänomen, das oft auch Erwachsene erfasst.

Für alle Eltern gilt: Die Qualität der Mütter und Väter, ob berufstätig oder nicht, liegt, wie bereits mehrfach erwähnt, im emotionalen Bereich. Eltern, die ihren Kindern Urvertrauen und eine Sicherheitsbasis vermitteln, Halt und Richtlinien im mitmenschlichen Zusammenleben, sind Eltern, bei denen sich Kinder geborgen fühlen können.

Mütter und Väter sollen sich dieser wichtigen Aufgabe nicht entziehen, nach dem unausgesprochenem Motto: Ich liebe Kinder, zu grosses Engagement dagegen: nein danke. Diese gefährliche Haltung wird durch unsere Lebenseinstellung gefördert, die Unannehmlichkeiten, so gut es geht, ausklammert. In Bezug auf Kinder und Jugendliche handelt es sich aber um eine Vogel-Strauss-Pädagogik: Was nicht sein darf, sehe ich nicht. Das mag so lange gehen, bis selbst einäugige Eltern bemerken, dass mit ihrem Kind etwas nicht stimmt.

Die Schwierigkeit, die Krisen der eigenen Söhne und Töchter rechtzeitig zu erkennen, wird verstärkt durch das eigene Involviertsein in die familiäre Konstellation. Es fehlt die nötige Distanz, auch zum eigenen Beitrag. Ein Mangel, der zu dramatischen und tragischen Situationen führen und nicht nur die Jugendlichen, sondern auch deren Eltern lange Zeit belasten kann.

In letzter Zeit mehren sich leider Konflikte und Auseinandersetzungen mit derart renitenten, bockigen, oft pathologisch alles verweigernden Jungen und Mädchen, dass nur noch therapeutische und/oder nacherzieherische Massnahmen durch speziell erfahrene und geschulte Pflegefamilien die jungen Menschen vor dem Abrutschen – im Extremfall vor einer kriminellen Laufbahn – bewahren können. Mit derart schweren Fällen sind sowohl die Schule als auch das Elternhaus hoffnungslos überfordert.

Der familiäre Hintergrund dieser Kids ist mehrheitlich alles andere als kinderverträglich. Und sie fallen durch ihr problematisches Verhalten immer früher aus dem Rahmen. Alkohol, harte Drogen, psychisch schwer gestörte Eltern, finanzielle Probleme, wechselnde Partner der Eltern, sehr junge Alleinerziehende und psychische Erkrankungen im familiären Umfeld verunmöglichen diesen schwerstgestörten Kindern ein halbwegs normales Aufwachsen. Es gibt sogar Fünfjährige, die sich umbringen wollen, Vier- bis Sechsjährige, die alles kurz und klein schlagen, von unbändigem Hass und einer unvorstellbaren Zerstörungswut befallen. Kinder ohne verbale Sprache, ohne Bindungsfähigkeit, deren Eltern so überfordert sind, dass sie sich nicht noch um ein schwieriges Kind kümmern können. Sie kommen schon mit sich selber und ihrem Schicksal nicht zurecht.

Es gibt in Zürich bisher eine (!) pädagogische Einrichtung mit speziell ausgebildeten Pflegeeltern – Sozialpädagoginnen, Lehrpersonen und Psychologinnen –, die sich einsetzen, um den schwer gestörten Kindern ganz langsam zu Selbstvertrauen und zum Aufbau einer Beziehung zu verhelfen. Leider existieren erst wenige Plätze, aber weit über hundert Anmeldungen (Projekt ‹eins zu eins› mit Schule, im Kinderheim Grünau, Zürich).

Um in Zukunft den Bau von mehr psychiatrischen Einrichtungen und Gefängnissen zu verhindern und diesen psychisch schwerstgeschädigten Kindern rasch bessere Entwicklungsbedingungen zu ermöglichen, muss die Erfassung und Behandlung von verhaltensauffälligen Kindern früher einsetzen können. Eine sensibilisiertere Wahrnehmung in Kindergärten, Schulen und schulpsychologischen Diensten ist so unabdingbar wie genug therapeutische Einrichtungen, in denen die zu kurz Gekommenen nebst Therapie die vermisste Beheimatung, genügend Aufmerksamkeit, Unterstützung und die seelischen Voraussetzungen für eine positive Weiterentwicklung erhalten.

Hilfsprojekte braucht es auch für gestrandete Eltern. Wenn irgend möglich, muss ihre Beziehung zu den Kindern nachgeholt, vertieft und die elterliche Verantwortung gefordert und gestärkt werden. Ein langwieriges, teures Unterfangen. Trotzdem lohnt es sich für jede Regierung, mehr Geld in Einrichtungen zur Heilung als in solche für Bestrafung zu investieren.

II Die (un)heimliche Macht der Worte

Vom allzu sorglosen Umgang mit Wörtern

Sprache ist eine Visitenkarte des Menschen. Auf Grund seiner Stimme, seiner Gestik und Ausdrucksweise ist uns ein Mensch bei der ersten Begegnung sympathisch oder nicht. Sprache ist mehr als Informationsvermittlung, sie transportiert auch Emotionen: Liebe, Trauer, Wut, Angst, Hass, Arroganz und Schüchternheit. Die Sprache verrät soziale Zugehörigkeit und Bildung, aber auch, ob ein Mensch gute Umgangsformen und Anstand hat. Darum ist es wichtig, welcher Ton in der Familie herrscht und welche Sprachkultur den Kindern vermittelt wird.

Viele Erwachsene erinnern sich mit einer Mischung aus Zorn und Ohnmacht an demütigende Sprüche von Lehrpersonen und Angehörigen. Solche Erfahrungen können dunkle Flecken in der Kindheit hinterlassen und bei einigen die Entwicklung massgeblich beeinträchtigen.

Trotz der herrschenden Weichspülpädagogik werden noch allzu viele Kinder alles andere als mit Samthandschuhen angefasst. Wer von klein an wiederholt verbal (oder physisch) gedemütigt wurde, kann Aggressionen entwickeln, die in Gewalt gipfeln. In einzelnen Fällen entsteht aus Angst vor ständiger Zurückweisung eine eigentliche Liebes- und Bindungsunfähigkeit, die zu emotionaler Abstumpfung und einer Beziehungsphobie (Angst vor Nähe) führen kann.

Frühe seelische Traumata werden oft aus dem Bewusstsein verdrängt. Wiederholte Misshandlung – auch mit Worten – verletzt die Integrität einer Person und verhindert ihre Selbstachtung. Im schlimmsten Fall werden aus gedemütigten Kindern empathie- und bindungsunfähige Jugendliche und Erwachsene.

Eine 28-jährige allein erziehende Mutter fühlt sich vom zweiten Kind – dem fünfjährigen Joachim – fast rund um die Uhr terrorisiert. Seine ununterbrochenen Wünsche und Wutanfälle (mit ihr spielen, nie allein sein wollen, die 13-jährige Schwester Lisa provozieren, und wenn sie sich wehrt, brüllend zur Mutter rennen) lassen diese Frau gegenüber ihrer Tochter ungerecht und ausfällig reagieren: Sie beschimpft sie mit unflätigen Ausdrü-

cken, welche Lisa durch immer grössere Bockigkeit und Renitenz quittiert. Sie liebt ihre Mutter, doch diese erwidert ihre Liebesbeweise (sie sagt z.B. viermal gute Nacht) mit einem wütenden «Hau endlich ab!» und nennt ihre Tochter «blöde Kuh». Beim Sohn dagegen entwickelt sie eine Engelsgeduld, wird schwach und erträgt seine unsäglichen Launen ohne jede Unmutsäusserung.

Mit Hilfe einer Psychologin erkennt die Mutter, dass sie ihren verzogenen Sohn unglaublich bevorzugt, sich dadurch anhaltend überfordert, an ihrer Tochter alle Stimmungsschwankungen ausagiert und das Mädchen mit ihren Worten tief verletzt. Selbstsicherheit und gesundes Selbstvertrauen basieren auf der Gewissheit, von seinen Nächsten angenommen und geliebt zu sein. Wer statt dessen von klein an heruntergemacht, zum Bösewicht und Taugenichts abgestempelt wird, entwickelt nicht selten Persönlichkeitsstörungen und spürt weder Empathie noch eigene oder fremde Grenzen.

Noch immer fallen in Schule und Elternhaus Bemerkungen wie «Streng dich einmal an, sonst wirst du überhaupt nichts, du Trottel!» oder «Bei jedem Unfug bist du dabei – wenn du dich nicht besserst, landest du im Knast». Eltern und Lehrende, die so und ähnlich reden, haben vergessen, dass Kinder sich zuerst in Erwachsenen-Augen gespiegelt sehen und diese Bewertung in ihr eigenes Selbstbild einbauen. «Immer war ich der Schuldige, auch wenn ich bei einer Schlägerei gar nicht mitmachte», sagten mir mehrere jugendliche Gewalttäter.

Eine pädagogische Grundregel lautet: Würde ich mit einem Freund oder einem Bekannten auch so unreflektiert daherreden?

Ermutigungen, aber auch vernichtende Kritik beeinflussen das Selbstbild der Heranwachsenden und können sowohl positive wie auch zerstörerische Energien freisetzen. Auch der Amokläufer, der in Zug mehr als ein Dutzend Regierungsmitglieder und sich selbst umbrachte, sei als Bub bei unabgeklärten Vergehen vom Lehrer automatisch als Sündenbock verdächtigt worden.

Meiner Ansicht nach gibt es noch eine weitere sprachliche Grenze, die Erwachsene einhalten müssen und dies auch von ihren Kindern verlangen sollten. Wie beiläufig fallen im Alltag immer wieder ungeniert Sätze wie

«Um den wäre es nicht schade!» oder «Die müsste man an die Wand stellen!» etc.

Mobbing in Firmen, Schulen, Peergroups und Familien beginnt ebenfalls mit Rufmord und kann die Opfer, darunter auch Kinder und Jugendliche, in eine Aussenseiterposition, in Krankheiten, in schweren Fällen zu Tötungsdelikten (Amok) und/oder in den Suizid treiben.

Jugendliche müssen von den Eltern nachdrücklich auf die Bedeutung und auf die möglichen Auswirkungen gewalttätiger, abwertender Aussagen oder Klischees aufmerksam gemacht werden. Das funktioniert natürlich nicht in Elternhäusern, die à la Stammtisch rassistische, antisemitische und faschistoide Überzeugungen vertreten.

Menschenverachtende politische Äusserungen und lügnerische Rhetorik aber legitimieren Hass und Gewalt und hetzen zu Aktionen auf, die nicht nur Einzelne vernichten, sondern ihre gefährlichen Kreise weiterziehen.

Mit populistischen Gemeinplätzen hat auch ein Teil unserer Polit-Elite die allgemeine sprachliche Verluderung und damit eine gefährliche Gleichgültigkeit gegenüber Angriffen auf Ausländer und Andersdenkende unterstützt. Rassistische Reden und Nazi-Parolen sind auch heute offiziell nicht salonfähig, doch sie werden wieder öfter ‹überhört›. Längst in die Alltagssprache eingebürgert haben sich Wendungen wie ‹ein Frass wie im KZ›, ‹den sollte man vergasen›, neben hässlichen Neuschöpfungen wie Ausschaffung, Asylantenpack, Ausländerkriminalität, Sozialschmarotzer u. a. «Viele trauen sich, jetzt auszusprechen, was sie früher nur gedacht haben», sagte schon vor Jahren der inzwischen verstorbene Ignaz Bubis. Im Frühjahr 2005 brannte erstmals in der Schweiz eine Synagoge (Lugano).

Nicht nur bei unterprivilegierten Jugendlichen haben Rockbands und Gruppen, die schon jahrelang Gewalt und Rassenhass verherrlichen, Erfolg: knallharte Sprache, einfache, punkähnliche Rhythmen, Namen als Programm. Songs preisen «die Lust am Töten» u.ä. Wenn die Alten am Stammtisch von ‹Asylantenschwemme›, ‹Jugogewalt› und ‹Advent, Advent, der Türke/Jude/Jugo brennt› faseln, wer will dann den Nachgeborenen verwehren, in ihren diversen Homepages und CDs eine noch bedenklichere Tonart anzuschlagen?

Endlich ist den Staatsschützern das rapide Wachstum der jungen Neonaziszene suspekt geworden. Am Nationalfeiertag (1. August) behinderten auf dem Rütli rechtsextreme Jugendliche mit beleidigenden Äusserungen und Störaktionen Bundespräsident Schmid mehrmals in seiner Rede. Dabei wurden mehr Mädchen als je zuvor in dieser Szene registriert.

Über fünfzehn Jahre lang wurde das Problem verharmlost. Rhetorisch und dialektisch geschult, legen die neuen rechtsradikalen Köpfe inzwischen ihre ideologischen Sprengsätze immer raffinierter. Die gewaltgeilen Jugendlichen dienen als Handlanger eines geschickt im Hintergrund agierenden Netzwerks. Es ist inzwischen schwierig, das System der Websites, CDs und Pamphlete kontrollieren zu können. Selbst wenn manche Jugendliche die Sprüche und Embleme der Herrenmenschenkultur nur als letztes Schockmittel und Waffe gegen das politisch korrekte Spiessertum oder gegen die Erwachsenen allgemein benützen. Prinz Harry vom englischen Hofadel brachte mit einem Hakenkreuz die ganze Nation aus der Fassung. Was kann einem jungen (privilegierten) Provokateur Willkommeneres zustossen?

Trotzdem: Eltern tun gut daran, sich über die Szenen und Freunde ihrer Söhne und Töchter rechtzeitig zu informieren, im Fall der neuen Rechten auch über die Bedeutung der Symbole, mit denen sie sich schmücken. Eine deutsche Mutter, die zu spät bemerkt hatte, wie tief ihr Sohn in die Neonaziszene verstrickt war, schmiss den 18-Jährigen kurzerhand aus dem Haus. Er verabschiedete sich mit gestrecktem Arm und Hitlergruss.

So lapidar korrespondiert Sprache nicht immer mit Verhalten. Violente Absichten verraten sich aber manchmal durch Worte. Verbrechen werden – wenn auch versteckt – vorher angekündigt und haben eine Vorgeschichte, die man oft nicht wahrhaben will. Todesdrohungen, ob gegen sich selbst oder eine andere Person, sind ein Ruf nach Hilfe und Beachtung und daher immer ernst zu nehmen.

Voll easy, Mann! Ist Jugendsprache salonfähig?

Was versteht man unter Jugendsprache? Und was heisst hier salonfähig? Schon das Wort ‹Salon› steht wie ein Fremdkörper in unserem modernen Alltag. Salons, so genannte Gesellschaftsräume, etwa den Rauchsalon, kennen wir nur mehr aus der Geschichte. Die Bezeichnung stammt aus Frankreich, wo auch die philosophisch-schöngeistigen Gesprächsrunden gleichen Namens ihren Ursprung hatten.

Die Zusammenkünfte gebildeter, belesener Damen und Herren, darunter Philosophen, Schriftsteller, Naturforscher, in elitären, privaten Zirkeln wurden im 18./19. Jahrhundert ‹Salons› genannt, da sie in einem grossen Raum, eben einem Salon, stattfanden. Die Salons bildeten einen gesellschaftlichen Mittelpunkt, wo – unter Leitung äusserst gescheiter, vielseitiger und dank ihres Charmes einflussreicher Frauen – über Gott und die Welt diskutiert wurde. Anfangs des 19. Jahrhunderts gab es allein in Berlin etliche Salons, darunter den berühmten der Rahel Varnhagen. Heute gehören Salons der Vergangenheit an. Geblieben ist der Begriff ‹salonfähig›, eine Bezeichnung also, die einst weltläufige und angemessene Umgangsformen, bildungsbürgerliche Gesprächsthemen und Gepflogenheiten bezeichnete.

Sprache ist nichts Totes, Erstarrtes, sie verändert sich. Sprachpuristen sehen darin Anlass zur Sorge. In ihren Augen ist die zeitgeistige Sprache, weil nicht durchgehend vom Duden abgesegnet, alles andere als ‹salonfähig›. Das Magazin ‹Der Spiegel› machte schon 1984 in Sprachpessimismus und verkündete: «Ächz, würg, stöhn, eine Nation verliert ihre Sprache!» Inzwischen hat zumindest ein Teil dieser Nation seine Sprache im Streit um die neue Rechtschreibung wieder gefunden und die ‹Erfinderin› der Comicsprache und kürzlich verstorbene Übersetzerin der Mickey-Mouse-Hefte ist ausgerechnet ihrer linguistischen Neuschöpfungen wegen nach ihrem Tod gewürdigt worden.

Eine Gruppe 11- bis 14-jähriger Jungen, Schweizer und Ausländer, betritt das Tram.

«Willst gleich eine Kalaschnikow in den A..., du, Mann?»
«Schweig, Arschficker, schwule Sau, ich mach dich tot!»
«Komm schon, du Mega-Wichser, wir müssen raus.»

Diese rudimentären Sätze, vermischt mit einer Prise Multikulti, hätten Erwachsene früher provoziert. Doch statt sich auf ihre Sprachkompetenz zu besinnen, übernehmen juvenile Eltern oft selber den Jugendslang, wenn auch etwas gemässigter. «Unsere Sprache läuft nicht Gefahr, zugrunde zu gehen, sie ist lediglich normalen Transformationen unterworfen», meint dazu pragmatisch die Sprachwissenschafterin Christa Dürenscheid von der Zürcher Uni.

Heute sind eine gewisse Pornosprache und das Switchen zwischen verschiedenen Sprachen ein Teil der Jugendidiome und niemand regt sich gross darüber auf. Gut erzogene Kids sprechen mit Lehrpersonen und Eltern aber nicht wie mit ihresgleichen. Sie switchen zwischen dem ‹salonfähigen› Familienjargon und ihren jugendlichen Neuschöpfungen, schon nur, damit es nicht lauter Missverständnisse gibt. Jugenddialekte sind von Neologismen gekennzeichnet, der Swiss-Balkan-Mix ist nur einer davon: «Chunsch Migros, Mann?», «'sch voll krass, Mann, weisch.» Halbwüchsige ‹fooden›, ‹hängen herum›, ‹chillen ab› und sind ‹stoned›.

Die Sprache der Gegenwart ist veränderbar und ersetzt laufend vertraute Worte durch die in der Arbeits- und Geschäftswelt längst ‹salonfähigen› Anglizismen. Sorry, Food, Lifestyle, Airport, City und Ticket sind nur einige wenige Ausdrücke, welche die entsprechende deutche Bezeichnung verdrängt haben. Daran haben sich inzwischen die meisten gewöhnt und gebrauchen diese Begriffe ganz selbstverständlich. Vorwiegend literarisch gebildete Menschen, die jedes deutsche Wort erhalten wollen, kämpfen auf verlorenem Posten gegen das sich hinterhältig einschleichende ‹Denglisch›. Bezeichnungen, die in der Banker- und Geschäftswelt längst gültig sind, haben inzwischen auch im Duden Eingang gefunden. Und sobald ein Wort dudenkompatibel ist, dürfen es auch Erwachsene verwenden.

Schon immer kreierten Jugendliche eigene Sprachen, ursprünglich, um sich von den Eltern abzugrenzen. Ihre Sprache hatte das Gegenteil von salonfähig zu sein, und schon das Wort ‹Cheib› oder ‹Arschloch› regte die Generation der Grosseltern auf. Ich erinnere mich an einen Mitschüler, der 1944 eine wahre Strafhysterie hervorrief, die in der Drohung gipfelte, er sei für eine Sekundarschule untragbar. Was hatte der Unglückliche verbrochen? Er hatte das Wort ‹Pariser› (heute Kondom) seinen wissbegierigen Kameraden erklärt, und das war einem Lehrer zu Ohren gekommen.

Heute prahlen Jugendliche nicht mit dem Vokabular der Erwachsenen – eher umgekehrt. Sie wollen eine eigene Sprachkultur, die sie zugleich von den Eltern und von anderen Jugendkulturen unterscheidet. Ausserdem brauchts immer mehr, um Erwachsene überhaupt zu schockieren. Längst ist die Fäkalsprache literarisch geadelt. Ficken und Scheisse zählen in manchen Romanen bald zu den meistverwendeten Wörtern. Altherrensexfantasien sind in, und da wird von renommierten Schriftstellern ziemlich deftig beschrieben, was – so unerotisch erzählt – bisher eher zur Pornografie gehörte.

Heranwachsende sind stolz auf ihre Synonyme für Alltägliches, von dem die meisten Eltern und Lehrpersonen erst mal ‹Bahnhof› verstehen. Dabei gibt ihnen die Gruppe die nötige Wir-Identität, seis ihre Schulklasse, eine Boy- oder Girlie-Group, die Hip-Hopper, die Gruppe der Skater, Secondos, Sprayer, Punks, Autonomen, Ultras, Rechtsradikalen. Soziologen haben schon vor Jahren fast 500 verschiedene ‹Stämme› (tribes) eruiert. Viele werden von der Erwachsenenwelt gar nie wahrgenommen. Die jeweilige Peergroup erleichtert ihren Mitgliedern das Finden eines individuellen Lebensstils, auch durch die je eigene Sprache.

Besonders Jungs gehen recht gern unter die Gürtellinie, ohne den andern damit jedes Mal gezielt beleidigen zu wollen: «Schnauze, alter Sack!», «Fuck you, Mann!» Jugendliche haben im übrigen Witz, sind originell, besitzen Sinn für Schräges und suchen das Unübliche. In der Mode, den Frisuren und auch in der Sprache. Ein Grund, weshalb Werbung sich auf dem Jugendsektor umguckt und schamlos abkupfert. Sobald aber ein Geschäft ‹megacoole›, ‹voll krasse› Piercings anpreist, begibt sich die Jugend auf die Suche nach neuen Trends.

Heute wird bereits die Umgangssprache eines durchschnittlich gebildeten 30- bis 45-Jährigen, der eigentlich dem ‹fucking Jugendalter› längst entwachsen ist, aber jeden zehnten Satz mit mega, geil, cool, voll fett, krass oder ähnlich juvenilen Brocken würzt, als salonfähig akzeptiert. Bedingung: Er muss männlich und in der Musik- oder Partybranche tätig sein.

Eltern und Lehrer dagegen, die glauben, sich mit Insider-Sprache anbiedern zu müssen, werden von den Halbwüchsigen abschätzig bewertet und überhaupt nicht als jünger eingestuft. ‹Supercoole Andocker› machen Gruftis weder ‹kultig› noch ‹uhuere genial›. Sich ‹outsourcen› ist nun mal Elternschicksal. Doch wenn sie weiter auf den Jugendkult ‹voll easy› abfahren, hilft kein Rüsseln, kein Labern: Diese Alten habens ‹echt nicht gecheckt, Mann›.

Eltern und Lehrpersonen sollen deshalb zu einem bewussteren Umgang mit Erwachsenen- und Jugendsprache tendieren. Das ist allemal cooler.

Elterliches Sprechverhalten, das heisst Wortwahl, Redefluss, Aussprache und stimmliche Gestaltung, beeinflussen trotz dem grossen Gewicht der Peergruppenkulturen die Sprache der Kinder entscheidend. Eltern müssen also mit ihrer eigenen Ausdrucksweise ein gutes Vorbild abgeben und Mut zeigen, stoisch den Gegenpol einzunehmen. Von Beginn weg muss der Dialog in kurzen und vollständigen Sätzen erfolgen; die Kommunikation in der so genannten Baby-Sprache sollte nur ausnahmsweise benutzt werden. Im Spiel übernehmen kleine Kinder gerne Vater- und Mutterrollen. Genaues Hinhören kann für die Eltern jeweils sehr aufschlussreich sein.

‹Wüstes› Reden darf allerdings nicht überbewertet werden. Vor allem kleinere Kinder brauchen mit Vorliebe Ausdrücke aus dem Bereich der Ausscheidungen, um Erwachsene zu testen. Aber auch Pubertierende versuchen immer wieder, mit ‹Fäkalienwörtern› zu provozieren.

Zu einer guten Sprachkultur gehören gegenseitiger Respekt und Offenheit. Kinder sollten früh lernen, ihre eigene Meinung zu formulieren, und auch Kritik an den Eltern anbringen dürfen. Dabei kommt es in erster Linie auf den Ton und die Wortwahl an. Das gilt genau gleich für Mütter, Väter und Lehrpersonen, wenn sie Kinder tadeln.

Wie man bekanntlich in den Wald ruft, so tönt es zurück.

Hingegen soll die rasch wechselnde Jugendsprache von Erwachsenen nicht dauernd kritisiert werden, es sei denn, sie nehme rassistische Züge an. Unter sich spricht die junge Generation ohnehin, wie es in ihren Szenen üblich ist.

Fazit: Wie wir uns ausdrücken, hängt stark von unserer jeweiligen Umgebung, der sozialen Schicht und unserer Reflexionsfähigkeit ab. In jeder Familie, in der respektvoll miteinander umgegangen wird, die gewisse Standards einhält, sogar im Streit, herrscht ein humaner Umgangston. Das Familienklima beeinflusst den späteren Kommunikationsstil der Söhne und Töchter oft nachhaltiger, als manche Eltern vermuten, auch wenn immer mehr Ausdrücke von Jugendsprachen heute zum salonfähigen Repertoire der Erwachsenen gehören. Verfügen die Eltern im Alltag aber über das nötige Erwachsenenansehen, ist ein bewusster Griff in die jugendliche Sprachkiste ab und zu durchaus erlaubt.

Verpiss dich, Alter! Schnauze, Mutter!

Die Folgeerscheinungen elterlicher Fehlhaltungen verstärken sich manchmal schleichend, oft über Monate und Jahre hinweg. All die aggressiven, frechen, distanzlosen Kids kommen ja weder als kleine Terroristen oder verzogene Gören zur Welt noch sind sie genetisch fehlgesteuert.

Ein den kindlichen Bedürfnissen nicht immer adäquates Verhalten muss zum Glück keineswegs zwingend zu einem Kind mit Störungen führen. Dies als Trost für die vielen, welche trotz bester Absicht ihre Kinder falsch behandeln. Ab und zu tun wir das ohnehin alle.

Viele Eltern tragen aber aktiv bei zur beängstigenden Zunahme von Problemkindern. ‹Verzogen statt erzogen›, behauptet der ‹Focus› und hat für einmal nicht Unrecht. Denn je länger die Eltern übers erste Babyalter hinaus von ihren Kindern manipuliert werden, desto stärker schleifen sich Gewohnheiten ein, die anfangs süss, dann witzig, plötzlich lästig und – sind die Buben und Mädchen erst gross, stark und unverschämt geworden – für ihr Umfeld bedrohlich sein können.

Fakt ist: Eine wachsende Zahl von Eltern leidet unter der Herrschaft ihrer Söhne und Töchter und ahnt nicht, dass der 15-Jährige, der zu seinem Vater «Verpiss dich, Alter» oder noch Verletzenderes sagt, die Tochter, welche die Hand gegen ihre ‹megadoofe Mumie› erhebt, dass diese Teenager häufig früh eingespielten Mustern folgen, die an Aggressivität und Respektlosigkeit mit den Jahren zunehmen. (Mütter, die ihre Töchter ‹doofe Zicke› nennen, brauchen sich überhaupt nicht zu wundern, wenn das Echo aus dem Kindermund gleich tönt. Aber wo ein derartig rüder Umgangston normal ist, fallen noch so grobe Beleidigungen weniger auf.)

Was an kleinen Kindern grosszügig übersehen, überhört und kommentarlos übergangen wird, prägt sich relativ zügig in ihrem Verhaltensrepertoire ein. Verstärkend wirkt sich später der Umgang mit einer gewaltfaszinierten Gleichaltrigengruppe aus.

Wenn schon ein deutscher Jungpolitiker – von dem doch ein Minimum an Anstand und Respekt gegenüber seinem Wahlvolk erwartet werden dürfte – verlangt, dass «Alte freiwillig ihren Löffel abgeben» müssten, was ist dann von einem Jugendlichen ohne Schulabschluss und ohne Aussicht auf Lehrstelle und Arbeit zu erwarten? Wenigstens war besagter Politiker – am Morgen noch in allen Medien – am Abend sein Amt los.

Eltern können ihre Kinder nicht entlassen, aber sie dürfen und sollen in aller Entschiedenheit einen verletzenden und aggressiven Umgangston ablehnen. Auch wenn er ‹nicht wirklich› so gemeint ist!

Bei allen Unbotmässigkeiten gibt es aber ein erstes Mal. Wenn bisher ‹nette› Söhne und Töchter in Familien, die anständig miteinander sprechen (heute heisst das kommunizieren), in der Pubertät frech werden, gleichsam von einem Tag auf den anderen, hat das vorwiegend mit ihrem gestörten Hormonhaushalt, mit ihren seelischen und physischen Umbruchbeschwerden zu tun. Das Weder-Kind-noch-Erwachsenen-Gefühl macht sie wie Hummer, die sich häuten, verletzlich und setzt sie schutzlos der Unbill der Umgebung aus. Die französische Psychoanalytikerin Françoise Dolto hat diesen pubertären Zustand deswegen treffend als ‹Hummer-Syndrom› bezeichnet.

Noch etwas Grundsätzliches: Pubertierende haben es objektiv schwer in einer Gesellschaft, die weder emotionalen Achterbahnfahrten noch starken Leistungsschwankungen Verständnis entgegenbringt. Unter extremen Wachstumsschüben, Stimmungsumbrüchen und hormonalen Explosionen leiden Jugendliche ausgerechnet oft dann, wenn sie sich für einen Beruf entscheiden oder in der Schule wichtige Prüfungen zu bestehen haben.

Die körperlichen Veränderungen, erste (vielleicht unerwiderte) Liebe, Sexualität, das starke Bedürfnis nach Freiheit und Grenzerfahrungen, dazu oft nach einer Scheidung der Loyalitätskonflikt mit den Eltern, und all dies zugleich, belastet in der Pubertät Organismus und Psyche mit extremen Spannungen. Unerwartet viele junge Menschen sind in dieser Zeit auf sich selbst geworfen – dabei tobt in ihnen ein Orkan. Da kommt schon mal eine Elternbeschimpfung vor.

Mütter und Väter dürfen deshalb Injurien von Halbwüchsigen niemals persönlich nehmen. Ernst schon, aber nicht als gezielte verbale Anschläge auf ihre Person. Wie manche Mütter jammern: «Womit hab ich das verdient? Mein Kind hasst mich!» Natürlich hat ‹das› sehr, sehr selten eine Mutter ‹verdient›.

Von Hass kann kaum je die Rede sein; viele Jugendliche werden innerlich fast zerrissen vom Wunsch nach Liebesbezeugungen der Eltern und dem heftigen Drang nach Autonomie, Freiheit und Ausbruch. Irgendwie passt das alles nicht zusammen.

Väter, die ebenfalls immer öfter von ihren Söhnen zur Schnecke gemacht werden, denken eher: Wie saufrech kommt mir dieser Lümmel! Dem werd ichs zeigen. Sie sollten es aber zuallerletzt auf einen Machtkampf ankommen lassen, denn auch hier gilt: Verbale Ausrutscher von Halberwachsenen gehen im Allgemeinen ausschliesslich aufs Konto innere Spannung, und Gewalt als Reaktion zeugt nur von elterlicher Ohnmacht – für Kids ein rotes Tuch!

Im Weiteren ist jede Beleidigung ein Schritt in Richtung definitive Befreiung von einer starken bis symbiotischen Mutter, von väterlichen Wertehaltungen, und damit verbunden: der endgültige Abschied von der Kindheit. Die Pubertät ist ein vielschichtiger Prozess, der in unterschiedlichen Formen und Schweregraden und für einzelne Jugendliche und ihre Eltern besonders schmerzlich verlaufen kann. In der Regel bekommen beide Eltern ihr Fett weg, nicht unbedingt zeitgleich, doch der unumgängliche Selbstfindungsprozess verlangt in der mildesten Form eine Elternbeschimpfung, in einer gesteigerten die – meist nur vorübergehende – Elternverstossung. Die unverschämten Ausrutscher belegen darüber hinaus den Drang, sich vom Hergebrachten und den spiessigen Erwachsenenwerten mit einem Schlag lösen zu wollen. Endlich selbst entscheiden und nach eigenen Werten leben können.

Doch auch bei grosser Einfühlung in Pubertierende sollten Eltern und Lehrpersonen allzu schnoddrige und saloppe Bemerkungen nicht ohne Reaktion hinnehmen. Mit der ‹Dreiaffen-Haltung› (nichts sehen, nichts hören, schweigen) erweisen sie weder ihrem Nachwuchs noch sich selber etwas Gutes.

Weder Weggucken noch Lamentieren sind adäquate Reaktionen, und doch fallen, besonders bei Adoleszenten, vielen Eltern die jetzt so notwendige sachlich-engagierte Anteilnahme und die richtige Nähe-Distanz-Regulierung überaus schwer. Zu stark fühlen sie sich vom Verhalten ihrer grossen Kinder persönlich an ihrem verletzlichsten Punkt getroffen: Die elterliche Achillessehne ist die unrealistische Erwartung, Kinder hätten, je älter sie werden, desto einsichtsvoller und dankbar für alle erwiesenen Wohltaten zu sein. Auch wenn diesbezügliche Vorstellungen (vor allem der sich ‹aufopfernden› Mütter) nicht nur während der pubertären Turbulenzen egozentrisch und illusorisch sind, haben auch moderne Jugendliche mit ‹normal mühsamen› Eltern und Lehrpersonen anständig umzugehen. Ob sie das tun, hängt allerdings massgeblich auch vom Umfeld und von früheren Erfahrungen ab. Erziehende können von den Kids nicht plötzlich verlangen, was sie selber zu wenig vorleben und/oder vorgelebt haben.

Eine andere Situation kann die Eltern-Kind-Beziehung zusätzlich komplizieren: Immer mehr Mütter und Väter erleben – ausgerechnet während ihre Kinder zur pubertären Hochform auflaufen – selber eine zweite Pubertät, in der ihr Hormonspiegel ebenfalls aufwallt und sie Kopf und Herz an ausserpartnerschaftliche Personen verlieren können. Im Jugendlichkeitswahn haben die meisten Frauen Mühe mit den Wechseljahren, da sie ihnen den Beginn des Alterns signalisieren, und auch viele Männer kriegen altersbedingte Ängste und Balz-Krisen. Daher befinden sich eine Menge Eltern zeitgleich mit den Halbwüchsigen in einem ähnlich labilen seelischen Zustand.

Die Eltern der 12-jährigen Silvana kümmern sich um die Kinder, ohne sie straff zu gängeln. Doch als Silvana mit ihrer Freundin Sara – die angeblich bereits die Erlaubnis ihrer Eltern hatte – bis drei Uhr morgens in eine Zürcher Disco wollte, stiess sie bei ihrer Mutter auf Widerstand: «Kommt nicht in Frage, du bist noch zu jung und kämest erst in der Früh nach Hause.»
«Ihr könnt mich doch abholen», meinte die Tochter.
«Mit Taxidienst für nächtliche Partyausflüge fangen wir gar nicht an.»
«Das tun aber viele Eltern. Bestimmt holt uns Saras Vater ab.»
«Nein, wenn dir der 24-Uhr-Zug zu früh ist, bleibst du halt daheim. Du kannst später noch auf viele Partys und nächtelang tanzen. Jetzt kennst du meine Einstellung und kannst dich danach richten. Dein Vater denkt ebenso. Was andere Eltern erlauben, ist uns egal. Die haben das selber zu verantworten.»
Happig daneben fand Silvana diesen Bescheid und rastete völlig aus. «Halt endlich die Schnauze, Mutter, verdammte Kuh, du lebst noch in der Steinzeit», brüllte sie und wollte die Tür hinter sich zuschlagen, als sie eine Ohrfeige der Mutter traf.
«Nie mehr, hörst du, gar nie mehr will ich eine derartige Äusserung aus deinem Mund hören. Du kannst mir jederzeit widersprechen, ich verstehe auch, dass du enttäuscht bist, aber sogar dann kannst du anständig bleiben. Wir reden mit dir auch nicht auf diese Art.»

Silvanas Mutter hat reagiert. Aus dem Bauch heraus, emotional. Sie signalisierte deutlich: Jetzt hast du eine Grenze überschritten. Das geht mir zu weit. Ihre Ohrfeige zeigt jedoch, dass sie überreagierte, da sie sich im Moment total hilflos fühlte und so zum ohnmächtigsten aller Mittel griff. Hätte sie die Tochter bestimmt und ruhig zurecht- und aus dem Zimmer gewiesen, ihr klar gemacht, dass sie diesen Umgangston nicht duldet und sich durch Silvanas Respektlosigkeit beleidigt fühlt, hätte diese Reaktion vermutlich eindrücklicher gewirkt – die Tochter hat sich ja erstmals in ihren Worten gegen die Mutter derart vergriffen. Im Nachhinein entschuldigte sich die Mutter für ihre Kurzschlusshandlung – Silvana tat ihr Ausrutscher nachträglich ebenfalls Leid.

Die Beispiele in diesem Buch handeln nicht nur von labilen Eltern ohne Leitlinien, die den Forderungen ihrer Kinder hilflos ausgeliefert sind. Auch starke Eltern stossen dank dem Gruppendruck der Peers ihrer Töchter und Söhne nicht selten an ihre Grenzen – hier hilft nur Gelassenheit, das Wissen um die körperlich-psychischen Zusammenhänge bei den Kindern und bei sich selbst – und Humor, der sich jedoch nicht auf Knopfdruck abrufen lässt.

Dasselbe gilt auch für Lehrpersonen. Jungs und Mädchen brauchen Erwachsene mit innerer Stärke, die sich nicht andauernd erpressen lassen und aus Angst vor Auseinandersetzungen den Forderungen und Frechheiten der Teenager keinen Widerstand entgegenzusetzen trauen. Humorvolle Reaktionen, welche die Kids überraschen, sind ein gutes Mittel, heikle Situationen nicht eskalieren zu lassen, doch weder Eltern noch Lehrkräften ist verständlicherweise immer danach zumute.

Als Lehrerin von schwer erziehbaren Jungs liessen mich manchmal sowohl Humor als auch emotionale Gelassenheit und das vor unüberlegtem Reagieren seinerzeit empfohlene Von-eins-bis-zwölf-Zählen im Stich.

Als mich einmal ein verärgerter Schüler, dessen Arbeit ich kritisiert hatte, ziemlich frech zu sich rief: «Aber hopp, hopp, nicht so faul, sonst mach ich Ihnen aber Beine!», ging ich zu ihm, und ehe er ausweichen konnte, hatte ich ihm eine Ohrfeige verpasst, die meine Fingerabdrücke auf seiner Wange hinterliess. «Daniel, mit mir springst du so nicht um; ich komm dir auch nicht in diesem Ton, und jetzt will ich nichts mehr hören, bis du mit deiner Arbeit fertig bist!»

Kaum hatte ich zugeschlagen, wusste ich, dass dies ein Fehler war. Auch wenn meine Körperkraft ihn nicht wirklich schmerzen konnte, war mein Schlag demütigend für einen 14-Jährigen, der grösser und kräftiger war als ich. Hätte er damals zurückgeschlagen, ich wäre nicht überrascht gewesen.

Körperstrafen sind in allen Institutionen tabu. Wo käme man denn hin, wenn jeder die Kids verprügelte. Nach dem Unterricht meldete ich den Vorfall umgehend beim Heimleiter.

Drei Tage später erschien Daniels Mutter zum Elternbesuchstag. Sie war bekannt dafür, ihren Sohn – ein ziemlich ausgekochtes Früchtchen – fast reflexartig in Schutz zu nehmen. Ich war also auf ein mütterliches Donnerwetter gefasst. Zu meinem Erstaunen erzählte die Frau, ihr Sohn habe ihr am Abend den Vorfall berichtet und zuletzt habe er gesagt: «Mami, du darfst ihr nichts sagen, ich habe die Ohrfeige verdient.»

Trotz der überraschenden Wendung war meine Reaktion falsch und beschämend, für Daniels Gerechtigkeitsempfinden aber okay – und das Erstaunliche: Die Mitschüler waren beeindruckt und fanden die Ohrfeige irgendwie cool. Trotz ihrer Empfindlichkeit waren sie ein wenig stolz, dass ihre Lehrerin sich nicht alles gefallen liess. Verhaltensauffällige Jungs ertragen Lehrpersonen schlecht, die in kritischen Momenten hilflos und unsicher reagieren. Dennoch zeigte nichts meine Ohnmacht besser als dieses Zuschlagen. Genauso reagierten meine aggressiven Schüler, und ich war ja eigentlich da, um ihnen andere Konfliktlösungsmodelle zu zeigen. Trotz diesem Schein-Erfolg: Strafen im Affekt und Überraschungsohrfeigen sind unter allen Umständen zu vermeiden. Der unsägliche Satz «Ohrfeigen haben mir auch nicht geschadet, im Gegenteil» sollte aus dem elterlichen und aus dem pädagogischen Vokabular gestrichen werden.

Wenn blinde Wut hochkommt, gibts für Männer und Frauen, die mit Kindern und Jugendlichen arbeiten, eine einfache Regel: Unabhängig vom Alter sollten wir jeden Menschen als ebenbürtig behandeln und ihn ernst nehmen, auch wenn uns die Nerven vibrieren. So, als wäre das Kind eine erwachsene Person. Würden wir dieser etwa auch mir nichts, dir nichts eine runterhauen, sie an Haaren oder Ohren reissen, wenn sie uns im Zorn beleidigt?

Kommen die Kinder ins Flegelalter, erfahren manche Eltern schmerzlich, dass sie selbst halt auch ganz gewöhnliche Menschen sind, die im Zusammenleben mit den Kindern Fehler machen, zwischendurch sogar versagen und höchstens älter und lebenserfahrener sind. Doch trotz dieser Tatsache und ungeachtet aller Frechheiten und Unverschämtheiten, welche den Jugendlichen entfahren – und die die Eltern sich verbieten sollten: Kinder lieben ihre unvollkommenen Eltern. Und dafür haben wir ihnen zu danken.

Wann es auch für Eltern angebracht ist, die Schnauze zu halten

Es gibt etliche Situationen, in denen Eltern tatsächlich besser schweigen und ihre Schnauze halten sollten. Vor allem in der Pubertät – und später.

Die Phase der intensiven körperlich-seelischen Umgestaltung kann sich vor allem negativ auf die Schulleistungen der Jugendlichen auswirken. Nicht immer aus Faulheit und Desinteresse lassen sogar gute Schüler in ihren Schulleistungen nach, sie sind körperlich und intellektuell schlicht ausserstande, mehr zu geben. Leider fällt der immer früher einsetzende Pubertätsschub in eine Zeit hoher intellektueller Beanspruchung. Die ohnehin gebeutelten Jugendlichen haben eine Lehrstelle zu suchen, müssen die Qualifikation fürs Gymnasium schaffen oder eine Probezeit bestehen. Noch vor fünfzig Jahren setzte die Pubertät viel später ein.

Lamentos und Drohungen sind in der Regel vergeblich und bringen höchstens mehr Stress in das ohnehin strapazierte Nervenkostüm der Kinder und Eltern und darüber hinaus Unfrieden, der zu vermeiden wäre. Hier gilt einzig und allein die ermunternde Feststellung: «Deine Leistungen werden gewiss wieder besser. Im schlimmsten Fall versuchst dus nochmals. Oder du hängst ein zehntes Schuljahr an, inzwischen hast du dich dann für einen Beruf entschieden. Letztlich ist es deine Verantwortung.»

Manchen fällt es ausgesprochen schwer, die flügge werdenden Söhne und Töchter aus dem heimischen Dunstkreis und ihrem Einfluss- und Machtbereich zu entlassen. Hardliner trauen den Adoleszenten keine eigenen Entscheidungen zu, und die Überbesorgten sind überzeugt, dass die Jugendlichen sich in jedem Fallstrick verfangen.

Je besser die jungen Männer und Frauen ihren Fähigkeiten gemäss von klein an zu Verantwortungsübernahme, Selbstvertrauen und Autonomie angeleitet wurden und je grösser die gegenseitige Gesprächsbereitschaft in der Familie ist, desto weniger Sorgen brauchen sich die Eltern zu machen.

Je verwöhnter und/oder vernachlässigter die Heranwachsenden sind, desto unsicherer und zugleich anmassender oder depressiv-eingeschüchterter treten sie ins Leben und haben weniger gute Karten.

Ein weiterer Maulkorb für Eltern: Sie sollen der Versuchung widerstehen, in den Seelen ihrer Töchter und Söhne herumzustochern. Nichts hassen Pubertierende so, wie die besorgten, teilnahmsvollen Fragen nach ihrem unausgeglichenen Zustand. Besser warten, bis sie verschlüsselt von einem Ereignis erzählen, und danach möglichst sachlich das Thema aufgreifen.

Jedes Herumschnüffeln in Zimmern, Schubladen, Mails, Tagebüchern ist für Eltern streng untersagt.

Trotz allem können selbst Mütter und Väter, die sich eingehend, aber unaufdringlich um ihre Kinder bemühen, auftauchende Schwierigkeiten und Probleme nicht immer verhindern. Und auch völlig vernachlässigte Kinder finden manchmal aus eigener Anstrengung zu einer erstaunlichen Stabilität und beeindruckenden Lebensläufen.

Bestimmt also der Zufall das Ergebnis? So simpel ists nicht. Untersuchungen belegen, dass Menschen, die gelernt haben, mit andern zu arbeiten (Teamfähigkeit), die Konfliktstrategien kennen, Bedürfnisse aufschieben können und eine gewisse Frustrationstoleranz haben, ihr Leben im Allgemeinen besser meistern. Und dass Nestwärme im Kindesalter die Belastbarkeit später erhöht, hat sich ebenso erwiesen wie die negativen Folgen der Vernachlässigung und Verwöhnung.

Kinder sind – ein Glück für beide Seiten – kein elterliches Eigentum. Sie haben Rechte, und darunter fallen die freie Berufs-, Freundes- und Partnerwahl, ebenso dürfen sie ihren eigenen Lebensstil bestimmen. Eltern sind darum keineswegs befugt, den Lebensentwurf ihrer Söhne und Töchter vorzuschreiben, wie ultrakonservative Väter – Gott sei Dank eine aussterbende Gattung – ihrem Nachwuchs gerne auf die Nase binden.

Dauernde Ermahnungen der Eltern sind in den meisten Fällen das Allerverkehrteste: Eltern, die solches tun, treiben ihre Kinder geradewegs in die Arme jener, die ihnen für ihre Sprösslinge suspekt erscheinen. Den Umgang mit bestimmten Personen zu untersagen, ist erfahrungsgemäss fast immer kontraproduktiv. Ob zu gross, zu klein, seriös, verdächtig, gebildet oder nicht, reich oder arm, schwarz, gelb, schwul, lesbisch oder bi: Freundschaften, Partner und Partnerinnen gehören zur Privatsphäre der Jungerwachsenen. Für Eltern gilt: Klappe zu.

Ja, selbst wenn die eigenen Kinder später Bitteres erleben ... So tragisch es ist, sie müssen diese Erfahrungen selber machen. Für betroffene und besorgte Eltern ist dieses Gefühl totaler Ohnmacht eine riesige Belastung. Denn sie können dem Nachwuchs nicht stellvertretend die Kohlen aus dem Feuer holen. Es nützt in der Regel nichts, Söhne oder Töchter verbal zu bedrängen, ihnen unerbetene Vorschläge, Vorwürfe und Vorhaltungen zu machen. Zudem ist zur Genüge belegt: Aus fremden Erfahrungen lernen weder Völker noch die Angehörigen der jungen Generation. Individuen und Massen wollen und müssen offenbar alles am eigenen Leib erleben. Insbesondere für Eltern von Beinahe-Erwachsenen gilt – zur richtigen Zeit – die Volksweisheit: Reden ist Silber, Schweigen ist Gold.

Elterlicher Einsatz hat keinen Anspruch auf Erfolg und ist keine Garantie fürs künftige Wohlergehen unserer Kinder. Trotz dieser harten Tatsache: Einen Freipass, auf Verantwortung zu verzichten, gibt es für Eltern nicht.

Eltern können schrecklich sein

«Eltern sind schrecklich», sagte letzthin eine junge Frau an die Adresse von Mutter und Schwiegereltern. Sie hatte die drei zu sich eingeladen und ärgerte sich, dass «sie nach dem Essen nur ruhig am Tisch sitzen bleiben können, wenn sie in einem Restaurant essen. Privat rennen sie gleich zum Helfen in die Küche, und das ist so ungemütlich.»

«Recht hast du», entgegnete die Schwiegermutter, «ich habe mich über meine Mutter auch oft wegen Ähnlichem geärgert. Und du wirst von deiner Tochter gewiss einmal dasselbe zu hören bekommen.»

Ja, nicht nur Schwiegermütter, auch Eltern verhalten sich immer wieder schrecklich: überbesorgt und hilfsbereit bis zum Gehtnichtmehr, neugierig und indiskret. Schrecklich, nicht nur in den Augen ihrer pubertierenden, sondern auch ihrer erwachsenen Nachkommen. Eltern fragen aus, mischen sich in Beziehungsprobleme, wissen in der Erziehung der Enkel alles besser – und sind doch von ihren Kindern im Grossen und Ganzen wohl gelitten, denn im Grunde sind die meisten froh, dass sie genau diese und keine anderen Eltern haben.

In der Pubertät ist es fast Pflicht, die Eltern erst einmal ins Pfefferland zu wünschen, sie ätzend und schwierig zu finden, ein Relikt der vergangenen Epoche mit verstaubter Moral. Je juveniler und unerwachsener sich die Elterngeneration aber benimmt, desto mehr Mühe bereitet diese (häufig nur vorübergehende) Abgrenzung. Wenn Eltern – wie heute der Fall – mit ihren Kids quasi auf Du und Du sind, sich so kleiden, reden, verhalten wie ihre Söhne und Töchter, ihnen alles nachmachen, die Vorbildfunktion umkehren, dann fehlt den Jugendlichen der Impetus zur wirklichen Eigenständigkeit. An Stelle der grossen Kontroversen, bei denen Welten heftig aufeinander prallen müssten, tritt dann der Kampf um Peanuts wie Ordnung machen, wen wie lange treffen etc. Die Toleranz der zeitgenössischen Eltern ist wie ein äusserst dehnbares Gummiband. Erst extreme Provokationen wie Schuleschwänzen, unerlaubtes Wegbleiben über Nacht, Alkohol, Drogen, Vandalismus, Gewalt und Anschluss an Sekten oder Neonazigruppen führen endlich zu echten Auseinandersetzungen und zur längst fälligen Darlegung elterlicher Standpunkte und Überzeugungen. Die grassierende Angst der jung gebliebenen Eltern vor dem Erwachsenwerden trägt dazu bei, dass die Jugend immer gefährlichere und brutalere Abgrenzungsrituale durchführen muss. Mütter und Väter haben sich deshalb vom Infantilsektor fernzuhalten und spätestens mit der Pubertät ihrer Kinder selber erwachsen zu werden. Der moderne Generationen-Mix nervt die meisten Jugendlichen. Klagen Adoleszente über ihre ‹schrecklichen Eltern›, haben diese das als Kompliment aufzufassen, während mittelaltrige Mütter, die von ihren 14-, 15-jährigen Töchtern als ‹meine beste Freundin› gelobt werden, Grund hätten, diese Feststellung kritisch zu hinterfragen.

Schon zehn bis fünfzehn Jahre später aber haben immer mehr erwachsene Kinder zu ihren Eltern ein echt freundschaftliches und herzliches Verhältnis, allen voran jene, die sich in der Pubertät gegen Vater und Mutter auflehnen konnten.

III Die alltägliche Gegenwart von Gewalt

Die Jugendlichen sind oftmals gefährlicher als Erwachsene, weil ihnen wichtige Erfahrungen und Wertmassstäbe fehlen.

Cornelia Bessler, Fachstelle für Kinder- und Jugendforensik

Dauerthema Jugendgewalt

Heute ist für nicht wenig Jugendliche Gewalt das Mittel, um der alltäglichen Langeweile zu entkommen. Ein anzügliches Wort, ein herausfordernder Blick: Schon herrscht Krieg. Raubüberfälle, Messerstechereien, Schläge sind für manche ein beliebter Adrenalinkick gegen eintöniges Herumhängen und Zeit-Totschlagen. Gewalt gehört bei manchen zur Aggressionsabfuhr und bildet ein Ventil, um Ängste und Spannungszustände abzubauen. Gewalt verleiht ein Gefühl von Macht, verschafft frustrierten, rachsüchtigen, aber auch omnipotenten Menschen ein vorübergehendes Hochgefühl.

Es muss alles getan werden, um jungen Menschen beiderlei Geschlechts sinnvolle Freizeitaktivitäten und Zukunftsperspektiven, positive und befriedigende Beschäftigungsmodelle und mehr Mit-Verantwortung zu ermöglichen und sie mit besseren Konfliktlösungsstrategien vertraut zu machen.

Obschon bereits viel gegen Gewaltbereitschaft unternommen wird, berichtet der ‹Beobachter› 2/2005: «In der Schweiz haben Gewalttaten von Jugendlichen ein besorgniserregendes Ausmass angenommen. Erst langsam finden Gesellschaft, Justiz und Politik Antworten auf die Eskalation.» Experten stellten im letzten Jahr eine Zunahme der Jugendgewalt fest; schon seit über zehn Jahren zeichnet sich eine wachsende Brutalisierung der Delikte ab. Die Kriminalstatistik des Bundesamtes für Polizei verzeichnete im Jahr 2003 unter Schweizer Jugendlichen 21 Prozent mehr Straftaten als im Jahr zuvor. Darunter Körperverletzungen, Drohungen, Tötungen, Raubdelikte – nach übereinstimmender Meinung von Fachleuten nur die Spitze des Eisbergs.

Tätlichkeiten immer jüngerer Gangs gegen Gleichaltrige und Passanten sind schon beinahe alltäglich. Banden ausgerasteter Jungs greifen Bus- und

Tramführer an, pöbeln hemmungslos in der Öffentlichkeit, hinterlassen Spuren von Vandalismus und machen sogar Quartiere in Dörfern unsicher.

Vor allem die Übergriffe von Schülern werden nicht immer angezeigt, obschon gerade ihre Taten an Härte zunehmen. Der Umgang mit gewalttätigen Jugendlichen und ihren Opfern ist in den letzten Jahren zu einer Herausforderung für unsere Demokratie geworden. Denn alle Probleme, mit denen eine ausschliesslich auf Erfolg, Effizienz und auf Hedonismus ausgerichtete Gesellschaft die Verlierer jeder Altersstufe und sozialen Schicht belastet, treffen die junge Generation indirekt und direkt am schwersten. Der Umgang mit der Jugend, auch die schwierige Integration von ausländischen Kids, ob in Familie, Schule oder im Bereich von Freizeit, Berufsbildung und in der Politik, scheint, statt jugendliche Lebenstüchtigkeit und Autonomie, eher Gewalt zu fördern. Und wieder einmal wird Familie und Schule die Schuld zugeschoben, ohne zu bedenken, dass sich deren Situation in den letzten 50 Jahren grundlegend verändert hat und Jugendgewalt längst ein gesellschaftliches Problem geworden ist.

Gewalt kommt in allen Kreisen vor und ist ein Phänomen, das hinter der kunstvollsten Tünche aufbrechen kann. Wir müssen wohl lernen, damit zu leben. Es wird nur mit vereinten Anstrengungen gelingen, der grassierenden Gewalt-Euphorie junger (meist männlicher) Menschen so weit zu begegnen, dass sie ihre Frustrationen auf ungefährlichere Weise abreagieren können und weder ihr eigenes noch das Leben von Mitmenschen gefährden oder gar zerstören. Gewalt unter Kindern und Jugendlichen soll weder bagatellisiert noch aufgebauscht, in jedem einzelnen Fall aber ernst genommen werden. Was zuerst gestoppt werden muss, ist die wachsende Abstumpfung und Emotionslosigkeit junger Menschen gegenüber Grausamkeit und Brutalität – eine wesentliche Aufgabe von Elternhaus und Schule.

Vielleicht sind die sinkende moralische Hemmschwelle und die offensichtlich rudimentäre Gewissensbildung der Preis für unsere offene, pluralistische, tabufreie Gesellschaft. Entsetzen über die ausufernde Jugend ist deshalb pure Heuchelei. Wer, wenn nicht wir, die Erwachsenen, lebt der Jugend vor, dass nichts unserer so genannten Freiheit (respektive unserem Egoismus) in die Quere kommen darf?

Aber nicht alle Jugendlichen machen Anstalten, Unzufriedenheit und Unlustgefühle durch gewalttätige Aktionen auszudrücken. Aggressionen dienen ursprünglich dem menschlichen Überlebenstrieb, der Eigenständigkeit, dem Fortschritt. Aggressivität ist darum nicht gleichzusetzen mit Gewalt. Und nicht alles ist beängstigend, was danach aussieht. Weder ist jede aggressive Handlung vom selben Schweregrad noch gehören alle in die gleiche Delikt-Kategorie. Obschon verschieden, sowohl von ihrer Motivation her als auch in ihren Auswirkungen, werden der Einfachheit halber dennoch alle destruktiven und brutalen Vergehen von Kindern und Jugendlichen an Menschen und Objekten unter dem Begriff ‹Jugendgewalt› zusammengefasst. Das verzerrt die Wirklichkeit.

Seit jeher gibt es entsetzliche Kriege, auf Scheiterhaufen verbrannten Unschuldige, Unzählige sterben und starben nach Folterungen, Vergewaltigungen, Plünderungen, am Galgen, bei Raubüberfällen. Die Menschen ergötzten sich an Hinrichtungen, und Kinder wurden weit brutaler behandelt als heute. Gewalt und Tod gehörten zum Alltag, und das Leben war im Allgemeinen kurz und viel härter als heute. Der Begriff Humanität war unbekannt.

Gewalttätigkeit wird heute viel sensibler wahrgenommen als früher. Die täglich ins Haus gelieferte Informationsflut über globale und nationale Gewalttaten bewirkt aber auch eine allgemeine Desensibilisierung. Via Medien immunisiert sich unser Emotionssystem, eine Art Impfung gegen allzu starke (persönliche) Betroffenheit. Wir nehmen Gewalt wohl wahr, aber wir reagieren nicht. Höchstens was in der Nähe abgeht, macht uns stutzig.

Der ‹saubere› Krieg, ein Widerspruch in sich selbst. Bomber-Piloten veranlassen aus dem Cockpit mittels eines technisch perfekten Mechanismus den Tod unzähliger Personen, darunter Frauen und Kinder, aber mit minimaler Zerstörung von Gebäuden. Die Männer wissen, was sie zielsicher tun, ermessen aber nicht, was sie angerichtet haben.

Bereits zirkulieren im Internet Filme zum Herunterladen, in denen echte Menschen ermordet werden. Musik mit übelsten Nazi-Texten hat bei einem Teil der Jugendlichen die Drogen abgelöst. ‹NSD statt LSD› heisst ihre Botschaft.

Noch keine Generation hatte bisher die Möglichkeit, alltägliche und globale Gewalt ihren Kindern in derart realistischer Form zur Unterhaltung aus der Glotze und im Spiel vorzusetzen. Fiktives Töten, Abschlachten, Päng-

päng, wer legt die meisten Feinde um, die nutzlosesten Zivilisten? Wer kriegt die meisten Punkte? Schwangere Frauen zählen mehr als ein älterer Mann. Beim nächsten Durchgang sind dann alle wieder quietschmunter und so gut oder böse wie zuvor. Schwarz-Weiss-Denken wird trainiert. Herr über Leben und Tod im Kinderzimmer, das gabs in derart naturalistischen Spielszenarien noch nie. Und die Videogame-Industrie vergisst auch die erwachsenen Infantilen nicht: Neue Spiele bestrafen die Teilnehmenden mit echten, wenn auch harmlosen Stromstössen: Den Verlierern droht eine ‹Todesstrafe› auf dem elektrischen Stuhl, ein kleiner Schlag am Stacheldrahtzaun eines KZs, eine Pseudofolterung im Gefängnis etc.

Ältere, von Gewalt faszinierte Kids wissen in der Regel genau, dass Filme, Spielverhalten und das wirkliche Leben sich auf verschiedenen Ebenen abspielen, sodass die virtuellen Gewalthandlungen ihre eigenen Kämpfe nur minim beeinflussen. Wäre dem nicht so, eine Reihe Jugendlicher wäre vermutlich noch um einiges aggressiver.

«Wir können sehr wohl die Wirklichkeit von einem Spielfilm unterscheiden. Gewalt in Brutalofilmen ist spannend und geil, aber wir wissen, es ist alles gespielt. Anders bei echten Begebenheiten. Wir möchten nicht, dass Sie uns je wieder einen solchen Streifen zeigen», sagten mir einmal Schüler im letzten Schuljahr, mit Tränen in den Augen. Es waren alles andere als zimperliche Jungs, die meisten galten in einer öffentlichen Schule ihres Verhaltens wegen als untragbar.

Nur einmal in meinem Leben habe ich den Fehler gemacht, nicht zuerst anzuschauen, was ich meinen Schülern vorsetzte. Im Video, das aus einer Serie über den Zweiten Weltkrieg stammte, filmten SS-Männer die Erschiessung von Menschen, allerdings aus grosser Distanz.

Die positive Folge meines Missgriffs war eine anschliessende Diskussion über Gewalt im Spiel, im Völkermord, im Alltag und im Krieg und natürlich auch über das eigene Verhalten und über neu erlernte Konfliktlösungsstrategien. Nicht wenige Schüler waren wegen Gewalttätigkeiten mit Körperverletzung im Heim.

Seit diesem Schlüsselerlebnis sind einige Jahre vergangen, und wir alle haben uns an virtuelle und reale Gewaltszenarien gewöhnt. Wir Erwachsenen müssen ehrlicherweise zugeben, dass vielen von uns nur noch bei den allerschlimmsten Gewaltdarstellungen übel wird und wir seelenruhig weiterkauen und unser Bier schlürfen, auch wenn gerade ein blutverschmiertes Opfer aus dem Irak, aus Palästina oder einem andern Land über den Bildschirm flimmert. Meist gucken wir gar nicht mehr hin, solche Bilder erreichen uns ja täglich. Wir haben zu den betroffenen Menschen keinen inneren Bezug, wir kennen sie nicht. Sie bleiben uns mehr oder weniger fremd, oft fremder als die Protagonisten von Spielfilmen. Einzig leidende Kinder bewegen uns kurzzeitig. Die Würde des Menschen ist für viele ein Wort ohne Inhalt geworden.

Indessen hat die Verdrängung von Betroffenheit auch eine wichtige Funktion: Sie lässt uns die verübten Gräueltaten und die weltweite Ungerechtigkeit besser ertragen und bewältigen. Wir brauchen diese Immunisierung als Selbstschutz, sonst würden Unzählige durchdrehen.

Immer mehr verschmelzen Fiktion und Wirklichkeit in unserer Wahrnehmung. Sind Dokumentarfilme und Medienbilder authentisch oder bearbeitet? Welche entscheidenden Details und Hinweise wurden hinzugefügt, weggelassen? Inzwischen kann schon jedes Schulkind mittels Photoshop sein Bildmaterial verändern. Laien können das Echte längst nicht mehr vom profimässig Manipulierten unterscheiden. Die besten Fakes werden bereits in Ausstellungen prämiert.

Nachdem lange Zeit bei Videogameherstellern und vielen Psychologen die Gefährlichkeit von hyperrealistischen Gewalt- und Horrordarstellungen für Kids umstritten war, wird heute allgemein erkannt, dass bei sich selbst überlassenen, schlecht integrierten oder psychisch gestörten Kindern und Jugendlichen Gewaltspiele und -videos das Mitgefühl durch den Gewöhnungseffekt abstumpfen sowie Angstzustände und Aggressionsbereitschaft verstärkt werden. Vor allem bei jenen, die stundenlang in die Welt ihrer Games flüchten.

Hier entziehen sich zu viele Eltern der Verantwortung. Nicht wenige haben keine Ahnung, mit welch horriblem Material sich ihr Nachwuchs täglich und vor allem auch nächtlich beschäftigt; auch nicht, dass viele der Games eigentlich nur an Erwachsene verkauft werden dürften. Immer mehr jüngere Kids werden nach solchen Spielen regelrecht süchtig. Leider gilt für etliche Mütter und Väter: Hauptsache, die Sprösslinge sind ruhig und stören nicht.

Eine Grundregel für Eltern aber wäre: Lass dein Kind nicht dauernd allein vor der Glotze sitzen, besprich das Geschaute. Und bei älteren Kindern ist hin und wieder eine Stippvisite in ihrer ‹Spielwelt› durchaus am Platz, um sich über den Inhalt und den Grad an Brutalität und Rassismus zu informieren. Auch vor Begegnungen mit Pädophilen im Erwachsenen-Chatroom sollen die Kids gewarnt werden.

Jugendliche geraten manchmal in einen fatalen Sog von exzessivem Spielen, Surfen und/oder Chatten. Wer als Schüler die Nacht zum Tag macht und hinter dem Rücken der schlafenden Eltern vor seinem Monitor quasi in eine Parallelwelt abtaucht, der wird deswegen nicht gerade zum Massenmörder, aber seine Schulleistungen lassen mit Sicherheit markant nach. Ständig ausgepowerte und in einer starken Wachstumsperiode steckende Jugendliche können, bei entsprechender Disposition, nicht nur den Schulanschluss verlieren, sondern büssen sogar oft ihren Wirklichkeitsbezug, besonders die Fähigkeit zur Einschätzung ihrer realen Möglichkeiten, ein.

Nach Überzeugung einiger Psychologen gehen die durchschnittlich schlechteren Schulleistungen der Jungs zum Teil auch auf den vermehrten Zeitaufwand für interaktive Medien zurück. Die anhaltende Vernachlässigung der Schularbeiten lasse vor allem viele männliche Jugendliche zu leistungsmässigen Minimalisten werden und sei mit schuld am schlechten Abschneiden des männlichen Geschlechts bei Prüfungen.

Neuerdings müssen aber bereits die ersten gameverrückten Mädchen in Entzugstherapien von ihrer Spielsucht befreit werden. Die Inhalte ihrer Spiele sind weniger gewaltverherrlichend, doch auch Mädchen fallen zuerst durch chronische Übermüdung und rapid sinkende Schulleistungen sowie durch ihr niedriges Alter auf.

Schon elfjährige Girlies müssen behandelt werden.

Kein Kind wird als Schläger geboren; es kann sich im Laufe seiner Biografie aus unterschiedlichen Ursachen zum Gewaltbolzen entwickeln. Gewalt ist das Mittel vieler junger Protagonisten, ihr existenzielles Unbehagen auszudrücken. Sie ersetzt ihnen die Sprache und ist die Antwort auf ihre unterdrückten Emotionen und auf ihre innere Leere. Cool und unverletzbar, so wirken sie nach aussen. Aber der Schein trügt. (James Dean lässt grüssen.)

Es sind im Übrigen nicht nur junge Menschen aus Ex-Jugoslawien, die Gewalt in unsere Schulen und auf die Strasse gebracht haben. Aber ihre Integration sowie die anderer Ausländer ist teilweise missglückt und Gewalt oft Rache für erlittene Kränkungen und Defizite, für eine ungewisse Zukunft und das Gefühl, von Anfang an auf der Verliererseite zu stehen. Eine Schlägerei ist dann ein Befreiungsakt. Mann kriegt wieder Luft.

Wem zudem die Sprache fehlt, sein Befinden in adäquaten Worten auszudrücken, der fühlt sich bald einmal zurückgesetzt. Ein junger Kosovo-Albaner fasste das so zusammen: «Weisst du, Mann, viele verstehen nicht Deutsch. Sie können nicht sagen, was sie ärgert. Dann schlagen sie eben zu. Die Faust versteht jeder.»

Gewalt im Kindes- und Jugendalter spiegelt aber auch die Rücksichtslosigkeit, Ellbogenmentalität und Vereinzelung unserer Gesellschaft und hat viel mehr mit der Erwachsenenunkultur zu tun, als uns lieb ist. Jungmännergewalt darf nicht länger als isoliertes Phänomen betrachtet werden. Gewalt, Sauf- und Drogenorgien werden zelebriert. Jungs erzieht man eher zu einem ausgeprägten Selbstbewusstsein, und ihre aggressiven Ausschreitungen bedeuten darum auch: Hallo, hier bin ich, ich, der Stärkste, der Boss; ihr habt zu kuschen! Jugendliche, die mit Vorliebe in Gruppen aufkreuzen, entwickeln meist ein ausgeprägtes Mackergehabe mit Dominanzanspruch. Ihr Zusammenhalt macht sie so gefährlich.

Destruktives Verhalten in jeder Form ist letztlich immer ein ultimativer Hilfeschrei von Kids, die weder sich selber noch andere achten können, aus verschiedenen Gründen unter die Räder geraten sind und mit Gewalt als einzigem Ausdrucksmittel auf sich und ihre verfahrene Lage aufmerksam machen möchten. Eltern und Lehrpersonen haben jeden Fall wahrzunehmen und darauf zu reagieren.

Und was tut die ältere Generation? Sie schimpft ausser Hörweite der Jugend, doch bei Tätlichkeiten schaut jeder weg. Diese verbreitete Abkapselung, das ‹Schweigen der Feiglinge›, legt sich wie eine Glocke über sämtliche feinen und groben Entgleisungen und signalisiert nichts anderes als mangelnde Zivilcourage, getarnt durch Gleichgültigkeit.

Trotz warnender Stimmen von Erziehungsverantwortlichen wurden kleinere Vergehen jahrelang mehr oder weniger als Ausdruck des normalen maskulinen Aggressionspotenzials hingenommen. Selbst Vandalismus,

Massenprügeleien, Überfälle und Verletzungen junger Ausländer oder Schwuler galten als zwar leidige, aber im Gesamten doch eher harmlose Formen jungmännlicher Bierseligkeit.

In einer grossen Berner Gemeinde, die zu einem Abend über Gewaltpräven-tion eingeladen hatte, eröffnete ein Behördenmitglied die Veranstaltung mit den Worten: «In unserer Schule, ja, in unserem Ort, haben wir kein Gewalt-problem, aber in den umliegenden Schulen, da ists zum Teil recht arg.» Im Klartext: Hier heile Welt, der Brand wütet anderswo. Das Gespräch mit den anwesenden Jugendlichen ergab jedoch ein völlig anderes Bild. Sie klagten, dass sie schon lange bestimmte Strassen mieden, weil sie als Ausländer, aber auch als Punks oder Linke von jungen Neonazis zusammengeschlagen und auch in der Schule massiv bedroht würden. Bei den Lehrern heisse es: «Ihr als Buben könnt euch doch selber wehren», und die Väter würden erklären: «Ist doch normal, haben wir auch gemacht, Jungs müssen sich prügeln, um richtige Mannen zu werden.»

«Was haben wir in unsern jungen Jahren nicht alles an Quartier- und Dorf-kämpfen ausgetragen, da machte niemand wegen blutiger Köpfe so ein Theater», lautet der Kommentar zum Teil noch heute landauf, landab an den Stammtischen, wenn ein paar Ausländer spitalreif geschlagen werden.

Das mit den Quartier- und Dorfkämpfen stimmt; auch, dass die Jugend damals mehr Freiräume hatte und sich von Erwachsenen unbeobachteter austoben konnte. Aber vor Jahren liessen die Kämpfenden meist vonei-nander, sobald einer besiegt am Boden lag. Heute heizt das die Täter erst recht an. Sie trampeln auf Wehrlosen herum und dreschen mit Fäusten und Baseballschlägern auf sie ein. Auch im Verhalten der Hooligans lässt sich eine wachsende Brutalisierung feststellen. Das Faustrecht regiert nicht nur unter älteren Jugendlichen, immer früher werden auch einzelne Schulen zu regelfreien Zonen.

Alkohol ist gewaltfördernd, und Alkohol in der Gruppe senkt die Hemmschwellen noch erschreckend rascher. Das wöchentliche Besäufnis von Jugendlichen ist vielerorts zum Problem geworden. Wir müssen end-lich aufhören, diese Exzesse samt vorangegangenem Gelage als Jungmän-nerrituale oder Zeitvertreib zu verharmlosen. Am jährlichen Treffen der männlichen Jugend von Dresden, dem traditionellen Dresdener Männertag, kam es im Mai 2005 unter Alkoholeinfluss zu üblen Machtkämpfen mit mehreren Dutzend Verletzten.

Vor rund zweihundert Jahren löste das Erscheinen von Goethes Entwicklungsroman ‹Die Leiden des jungen Werther› (Werthers romantische und hoffnungslose Beziehung zu Lotte endet mit dem Suizid des jungen Helden) eine Selbsttötungswelle unter jungen Menschen aus. Der Selbstmord eines Jugendlichen ist unter anderem auch wegen des grossen Nachahmungseffekts für seriöse Medien heute ein Tabu – zu sehr schreckt die Zahl möglicher junger Nachahmungstäter von einer ausführlichen Berichterstattung ab.

Weniger zurückhaltend sind die Journalisten dagegen, wenn ein Halbwüchsiger andere mit in den Tod reisst. Dann ist dem Täter posthume Beachtung respektive das Interesse aller Medien gewiss. Auch wenn er selbst dies nicht mehr erleben kann, befürchten doch manche, die nachträgliche negative Publizität könnte andere gefährdete Jugendliche zu ähnlichen Handlungen animieren. Auslöser einer dermassen verheerenden Gewalttat ist eher eine Kumulierung destruktiver Erfahrungen beim Täter; und sie könnte, würden die Signale vor der schrecklichen Tat richtig gedeutet, in manchen Fällen verhindert werden. Einzelne grauenvolle Attacken auf Mitschüler und Lehrpersonen, wie etwa die Amokläufe in der High School in Littleton (USA), in Erfurt (2000), die Brandstiftung in einem Berner Asylheim (2005), wo der jüngste Täter 13 und erstmals auch ein Mädchen aktiv dabei war, oder der Amoklauf eines 16-jährigen Indianerjungen (14 Tote, 2005) in Minnesota wurden aus unterschiedlichen Gründen begangen, von den Tätern aber meistens direkt oder verschlüsselt angekündigt.

Etliche dieser abgebrühten jungen Menschen stammen aus sozial begünstigten, z.T. ‹guten› Familien und nach aussen hin geordneten Verhältnissen. Und doch müssen frühe Defizite in ihrer psychischen Entwicklung zu schweren Störungen im Bindungsverhalten geführt und ihre Beziehung zu anderen Menschen entpersönlicht haben. Sie scheinen auf den ersten Blick nichts zu entbehren, sind aber trotz Wohlstand innerlich verwahrlost und emotional schwer geschädigt.

Das stetige Sinken von Altersgrenze und Hemmschwelle bei gewaltfaszinierten jungen Menschen wird nicht nur von Eltern, Lehrpersonen und Sozialarbeitenden sowie der Polizei und der Bevölkerung mit Sorge beobachtet, sondern auch von Gewaltexperten. Erst wenn die Gesellschaft durch eine drastische Zuspitzung von den angeblich genetisch verankerten Jungmänner-Gewaltritualen aufgeschreckt wird, wacht sie endlich auf. Die weit verbreitete Lethargie den Anliegen der Jugend gegenüber weicht dann jeweils kurzfristig einem kollektiven Betroffenheitsreflex mit emotionaler Aufwallung und schürt die Angst vor einem drohenden Unheil, als käme der nächste Gewaltausbruch wie ein Tsunami über eine arglos-unschuldige Gesellschaft. Insofern stimmt der Vergleich, haben doch die Verantwortlichen hier wie dort warnende Anzeichen der nahenden Katastrophe übersehen oder zu spät darauf reagiert.

Die geschockte Öffentlichkeit teilt sich nach massiven Gewaltvorkommen in die bekannten Lager: Nulltoleranz oder eine differenziertere Strafpolitik. Letztere versucht, das Unfassbare zu erklären und mit der pathologischen Persönlichkeit eines Amokläufers oder seinen miesen Aufwachsbedingungen in Verbindung zu bringen. Zum Teil werden auch Risikoanalysen bzw. Gutachten über die potenzielle Gefahr, die von einem Täter in Zukunft zu erwarten ist, erstellt. Doch bei einigen Politikern ist mit der wortreichen Trauerbezeugung das Engagement für nachhaltige präventive Massnahmen bereits verpufft.

Gewaltfördernde Verhältnisse in Familien und Schulen ändern sich darum – trotz positiver Ansätze – vielerorts nur zögerlich. Und die Zusicherung einer angemessenen Erziehung und Ausbildung aller Heranwachsenden scheitert an unprofessioneller Kinderbetreuung, einem Mangel an Krippen- und Hortplätzen (allein in der Schweiz fehlen 170 000, erst 30 000 sind 2004 vorhanden), überlasteten Eltern und – trotz Pisaschock – an zu grossen Schulklassen und einem immer niedriger werdenden Angebot von Lehrstellen.

Mehr pädagogische, entwicklungspsychologische und bildungsfördernde Projekte wären für viele Familien und Schulen ein Beweis, dass den zuständigen Politikerinnen und Bildungsexperten die Befindlichkeit der Jugend respektive der Familie, der Lehrpersonen und die Förderung der kommenden Generation wichtiger sind als Betroffenheitsrhetorik.

Im Gegensatz zur Forderung nach Nulltoleranz (Nachrichtenkoordinator des Bundes) versprechen gewaltpädagogische Projekte von Jugendanwaltschaften (z. B. Zürich) und der Einsatz von Gewaltberatern der Kantonspolizei (z. B. Basel) für Jugendliche, die bereits aus Gewohnheit Mitschüler drangsalieren, eher Massnahmen, in deren Rahmen sich die Jungs mit sich selbst auseinander setzen müssen. Die Kantonspolizei Basel-Stadt beispielsweise bietet einmal in der Woche ‹Stopp-Gewalt›-Kurse an, in denen Jungs zwischen 12 und 15 Jahren mit Rollenspielen und Diskussionen ihr aggressives Verhalten hinterfragen. Jugendliche, die sonst vermutlich eine kriminelle Karriere einschlügen, erleben erstmals die Akzeptanz ihrer Person.

Regelmässiges Training in Boxen oder asiatischen Kampfsportarten, von denen sich eine ganze Reihe eignet, sind für Gewaltfaszinierte, aber auch für Gewaltopfer und Schüchterne eine gute Möglichkeit, ihre Aggressionen auf faire Weise loszuwerden, sich an Regeln zu halten und eine legale Art der Selbstsicherheit, der Verteidigung und Durchsetzungsfähigkeit kennen zu lernen.

Schwierige Kids unter gar keinen Umständen als Personen abwerten, sondern nur ihre Taten verurteilen: Darin liegt ein Geheimnis pädagogischer Nachhaltigkeit.

Erst wenn wir Erwachsenen uns mit dem eigenen Anteil an verdrängter Aggressivität oder offener Willkür auseinander setzen und die tägliche Präsenz von Gewalt einmal aus dem Blickwinkel unserer Kinder sehen, werden wir gemeinsam mit den Jungen etwas dagegen unternehmen können. Dies scheint etlichen Familien und Schulen, mit Hilfe von speziell ausgebildeten Fachleuten, zu gelingen: dank einer geregelten Tagesstruktur, verbindlichen Normen, regelmässigem Schulbesuch, allem voran aber infolge einer vertrauensvollen Beziehung zwischen Kindern, Jugendlichen und Erwachsenen.

Opfer und Täter

Stellen Sie sich vor, Sie sitzen im Büro, und ein Kollege leert Ihnen im Vorbeigehen absichtlich einen Becher heissen Kaffee über den Kopf. In einer vergleichbaren Situation befindet sich eine Reihe von Kindern während der Pause oder auf dem Schulweg. Dass plötzlich die eigenen Jungen und Mädchen in Gewaltdelikte involviert sind, ist in keiner Familie mehr auszuschliessen. Besonders wächst der Prozentsatz jener Schulkinder, die zumindest einmal ernsthaft unter Repressionen Gleichaltriger zu leiden haben. Die Täter können mit Drohungen ihre Opfer beeindrucken oder sie durch Erpressung, Mobbing, mit sozialem Ausschluss und physischer Gewalt fertig machen. Und viele der Eingeschüchterten wagen nicht, sich Eltern oder Lehrpersonen anzuvertrauen. Allzu lange haben die Erwachsenen zu wenig sensibel auf Klagen von Opfern reagiert: «Ein rechter Junge wehrt sich selbst.» Mädchen wurden als Petzerinnen angesehen. Oder es hiess einfach: «Du bist sicher nicht unschuldig.»

Langsam hat sich dieses Denken geändert, doch noch immer werden Kids, die aggressive Übergriffe melden, als suspekt angesehen. Viele Opfer sind aus Angst vor Racheakten so verängstigt, dass sie lieber die schlimmsten Demütigungen ertragen. Erst im Nachhinein wird zum Beispiel bekannt, dass zwei, drei Gewaltbolzen einem Mitschüler mehrmals den Kopf in die Toilette stiessen. Andere werden zu regelmässigen Taschengeldabgaben verknurrt, zusammengeschlagen, mit brennenden Zigaretten gequält oder auf noch schlimmere Weise körperlich und psychisch misshandelt. Manchmal werden ihre Leiden erst nach einer Krankenhauseinweisung bekannt. Oft handelt es sich bei Opfern und Tätern um Kids oberer Schulklassen. Auch sexuelle Übergriffe auf Gleichaltrige und Jüngere sind bei männlichen Kindern und Jugendlichen immer öfter zu beobachten.

Die junge Generation kann zusätzlich Opfer hilfloser Eltern und Lehrpersonen werden. Manchen Erziehenden fehlt die Praxis, in unerwarteten Situationen überlegen und sicher zu reagieren. Sie resignieren dann oder flippen aus. Naturtalente im Umgang mit sehr schwierigen Jugendlichen und ihren Opfern sind selten.

Die zunehmende Belastung der Eltern und Lehrenden ist nachvollziehbar. Heute stehen wir vor den ernüchternden Resultaten einer Pädagogik, die offensichtlich bei der Empathiebildung versagt hat, weil sie die Heranwachsenden zu sehr mit ‹Prestigeobjekten› abspeiste und sie dabei mit ihren eigentlichen Problemen im Stich liess.

Die Gewalt der Wohlstandskids ist das Symptom einer gestörten Erwachsenen-Kind-Beziehung. Inmitten infantiler Erwachsener leiden die echten Kinder unter seelischer Vernachlässigung.

Es ist daher unabdingbar, als Vater, Mutter und Lehrperson über die häufigsten Ursachen, Prävention und Formen jugendlicher Gewaltexzesse informiert zu sein.

Extensiver Waffenkult, Spielsucht und Dauerchatten im Internet, Schulprobleme, abnormer Geltungsdrang, aber auch plötzlicher Rückzug aus dem sozialen Umfeld, psychische Auffälligkeiten und/oder depressive Verstimmungen sowie unerklärliche Verletzungen können entweder Begleiterscheinungen einer schweren oder vorübergehenden Pubertätskrise sein, auf Spuren aggressiver Handlungen, auf Drogenkonsum oder sogar auf Suizidgefahr hinweisen. Die Leck-mich-es-bringt-doch-alles-nichts-Mentalität kann Jugendliche manchmal ebenso zu unerklärlich destruktiven Aktionen treiben. Ändern Kinder auffällig und scheinbar grundlos ihr übliches Verhalten, sollten Eltern zumindest stutzig werden und sich mehr um ihr Kind kümmern. Kümmern, nicht einfach ausfragen.

In der Opferrolle finden sich vorwiegend schwache, schüchterne und unsichere Kinder, die sich weder zu behaupten noch zu wehren wissen. Eltern sollten ihnen Mut machen und sie dazu bewegen, ihre Durchsetzungsfähigkeit unter anderem durch Kurse in Selbstverteidigung oder in bestimmten Kampfsportarten zu erhöhen.

Entscheidend ist, Anzeichen, die auf abweichendes Verhalten (Drogen, Kriminalität, Selbst- und Fremdzerstörung) hinweisen, bei den eigenen oder anvertrauten Kindern und Jugendlichen frühzeitig zu erkennen, damit allen Beteiligten mit Unterstützung von Fachleuten rechtzeitig geholfen werden kann.

Nach wie vor sind die Ursachen der übersteigerten Gewaltbereitschaft vieler Jungen und zunehmend auch mancher Mädchen sehr komplex. Eine nicht unwesentliche Rolle spielen unter anderem massive und sich stetig wiederholende Erziehungsfehler. Zudem braucht es eine bestimmte gewaltfördernde Disposition. Die Erfahrung zeigt, dass vor allem folgende Jungs und Mädchen zu destruktivem Verhalten neigen können:

- Ausländische Kinder, die sich auf unakzeptable Weise gegen diskriminierende Behandlung von Kameraden wehren und zwischen zwei Kulturen (Patriarchat und totaler Liberalisierung) switchen müssen.
- Jugendliche, die mit rassistischen Sprüchen und Emblemen auf sich aufmerksam machen.
- Junge Arbeitslose sowie notorische Schulschwänzer oder gelangweilte Freizeitjugendliche, die auf der Strasse oder in Einkaufszentren herumhängen.

- Broken-Home-Kinder, die sich von einem Elternteil abgelehnt fühlen.
- Eigenbrötlerische, sich völlig zurückziehende, autistisch wirkende Jugendliche, besonders wenn sie vorher lebhafter waren.
- Verwöhnte, wohlstandsverwahrloste Kids mit mangelnder Frustrationstoleranz und Eltern, die nie Zeit haben.
- Jungs mit einer extremen Vorliebe für Waffen und solche, die autoritäre Führerfiguren bewundern.
- Jugendliche, die mit Schlägereien die Anerkennung durch einen von Gewalt faszinierten Kameradenkreis suchen.
- Kids, welche die Schule nur noch anödet, die ewigen Verlierer und Schlusslichter, die ein angeknackstes Selbstbewusstsein haben.
- Jungen und Mädchen, welche Anerkennung ausschliesslich durch Gewalt fordern und gar nicht erst versuchen, Beachtung auf einem anderen Gebiet zu erlangen.

Die Schule hätte Jugendliche beider Geschlechter mal zu fragen: Was kannst du? Wer bist du eigentlich?, statt schlechten Schülern einzuhämmern: Schon wieder versagst du! So verlieren sie Motivation und Lust. Und: Das kognitive Potenzial der Hochintelligenten wird heute erst punktuell ausgeschöpft. Das entmutigt ebenfalls. Die Schulzeit wird widerwillig abgehockt und/oder Aufmerksamkeit am falschen Ort gesucht: Bandenwesen, gefährliche Mutproben, brutale Gewalt. Lassen Lehrpersonen die Aufsässigen links liegen – Hauptsache, sie stören nicht –, machen sie sich mitschuldig.

Zur Opfer-Täter-Konstellation gehören lebenssituative Ereignisse, die bei entsprechender Veranlagung gewaltauslösende Impulse oder eine Opferhaltung begünstigen können. Jeder der betroffenen jungen Menschen hat seine eigene Auslöserbiografie. Viele ‹Täter› sind zugleich Opfer.

Britta, eine hübsche 14-Jährige, trägt auch im Sommer langärmlige Shirts. Sie schämt sich, ihre zerschnittenen und von brennenden Zigaretten verletzten Arme zu zeigen. «Es ist ein Zwang, eine Sucht», sagt sie. «Nur wenn ich mich schneide oder brenne, spüre ich mich wirklich. Es ist wie ein Akt der inneren Befreiung. Die unerträgliche Spannung verfliegt. Doch bald fühle ich mich noch schlechter, empfinde Schuldgefühle, entferne mich wieder von

den anderen. Und von mir selbst. Alles beginnt von vorn. Ich muss mich ver-
letzen, um zu spüren, dass ich noch lebe.»

Selbstverstümmelung ist – wie Bulimie und Anorexie – vor allem ein Symptom pubertierender Mädchen und scheint auf Gleichaltrige ansteckend zu
wirken. Verschiedene Zürcher Schulklassen seien von diesem ‹Virus› befallen, berichten Lehrpersonen an Oberstufen. Doch wie bei den Essstörungen wächst die Zahl der männlichen Jugendlichen, die ihre Aggressionen
ebenfalls gegen sich selber richten.

Um sich zu ‹spüren› und lebendig zu fühlen, dient den einen das exzessive Konsumieren von Klamotten und Statusartikeln bis hin zur Verschul-
dung oder das Abtauchen in die Welt der Games. Bei andern aber besteht die Ersatzbefriedigung in heftigen, nach aussen und/oder gegen sich
selber gerichteten zerstörerischen Impulsen, die zu lebensfeindlicher Aggressivität führen. Drogen, Essstörungen, Selbstverstümmelung oder Suizid können die traurige Konsequenz innerer Isoliertheit und eines Drangs
nach Er-Lösung sein.

Dass Eltern oft Anzeichen ernsthafter und besorgniserregender Probleme
bei ihren Halbwüchsigen zu spät bemerken, ist verständlich. Eine wachsende Zahl Mütter und Väter hat den eigenen schwierigen Alltag zu bewältigen und ist froh, wenn die Jugendlichen sie in Ruhe lassen. Dieses
zeitweilige Sichabwenden kennen wir alle. Wer hat nicht schon Schwierigkeiten von nahen Menschen übersehen, eine Problematik vielleicht absichtlich heruntergespielt, nur um nicht ‹Hüter seines Bruders, seiner Schwester oder seiner Kinder› sein zu müssen? Unterlassungen den Mitmenschen
gegenüber begleiten jedes Leben und sind Teil unserer Unzulänglichkeit.
In entscheidenden Momenten zu versagen, gehört darum auch zu den
Hypotheken einer Elternschaft.

Natürlich können Eltern im Umgang mit Kindern von Natur aus mehr
oder weniger begabt sein. Im Gesamten haben sie heute aber die Möglichkeit, bei Schwierigkeiten jeder Art fachliche Hilfe zu holen. Darum sollte
mehr getan werden, um vorhandene Schwellenängste vor einer Beratung,
Scham und Schuldgefühle abzubauen.

Ein Merkmal guter Eltern ist, dass sie – auch ihren Kindern zuliebe –
sich in Krisensituationen beraten und helfen lassen.

Bestgehütete Geheimnisse

Die Familie kann mit ihrem jeweiligen Erziehungsstil und der vorhandenen oder fehlenden Nestwärme aggressiven Ausschreitungen vorbeugen oder zur jugendlichen Gewaltbereitschaft beitragen. Kinder neigen zu Gewalt wegen fehlenden Orientierungshilfen und mangelnden Rahmenbedingungen, aber auch als Folge einer rigiden Familiendiktatur. Gewalt in der Familie geht quer durch alle Bevölkerungsschichten und ist häufig mit Alkoholismus verbunden.

Zoe, eine 13-Jährige mit der Statur einer 10-Jährigen, galt als schlechte Schülerin von eher unterdurchschnittlicher Intelligenz. Da sie häufig Schürfungen oder andere Verletzungen aufwies und ihre Leistungen auffällig schwankten, kam sie in den Jugendpsychiatrischen Dienst zu einer Abklärung. Als Erstes fielen ihre Schreckhaftigkeit und die leichte Ablenkbarkeit auf, aber auch die vielen blauen Flecken an Beinen und Armen. Zeichen, dass sie geprügelt wurde?

Das Mädchen erklärte leichthin, es sei mit seinem Skateboard gestürzt, und blockte alle weiteren Fragen ab. Die Darstellung seiner Familie mittels Puppen, Haus, Mobiliar und weiterem Zubehör samt Haustieren entsprach einer Bilderbuchidylle. Die Jugendliche spielte mit den Figuren ihren Familienalltag nach, der einem Kitschroman entsprungen schien und nicht in die Gegenwart passte. Die Solidarität mit den Eltern, die sie als die besten bezeichnete, diese Identifikation mit dem vermuteten väterlichen Aggressor, war durch nichts aufzubrechen.

Die Eltern zeigten sich alles andere als kooperativ. Die Mutter war äusserst misstrauisch, und der Vater verweigerte eine vorgeschlagene Therapie. Da nichts die familiäre Gewalt beweisen konnte, scheiterte jeder weitere Versuch, mehr über die wirklichen Verhältnisse zu erfahren. In drei Sitzungen war dies nicht zu schaffen. Und so musste der Fall zu den Akten gelegt und Zoe weiter der Herrschaft ihrer Eltern überlassen werden. Die Lehrerin wurde informiert. Eine kleine Hoffnung bestand, dass Zoe vielleicht in der Pubertät die Kraft entwickeln würde, ihre Eltern anzuklagen, denn es bestand trotz ihrer hartnäckigen Ausreden kein Zweifel, dass ihre Verletzungen durch Fremdeinwirkungen, also körperliche Misshandlungen, entstanden waren.

Es gibt viele Zoes. Körperstrafen und Misshandlungen sind zwar theoretisch verpönt, für allzu viele Kinder aber noch immer Alltag. Ihre Misshandlungen sind ohne soziale Kontrolle, beweiskräftige Mittel und intensive Recherchen in manchen Fällen leider sehr schwer zu beweisen. Jedes Kind hat das Recht auf eine gewaltfreie Erziehung, doch nicht einmal bei Spitaleinweisungen von Kleinkind-Opfern sind verdächtige Eltern immer als Täter zu überführen. Die ‹elterliche Gewalt›, wie das Fürsorgerecht früher hiess, ist ein weites Feld und ein dunkles dazu.

Ein weiteres, selten gelüftetes Geheimnis macht vielen Menschen das Leben zur Hölle. Es verbirgt sich ebenfalls hinter heilen Familienfassaden, in allen Berufsgruppen und sozialen Schichten, und ist ein ebenso streng gehütetes Tabu.

Schlägerkarrieren im Kindesalter beginnen nicht selten in Familien, in denen alkoholisierte Väter oder Lebenspartner massiv ihre Partnerinnen schlagen.

Unter familiärer Gewalt leiden viele Frauen, denen niemand ansieht, was sie auszustehen haben, Männer, die zwischen Scham, Überforderung und Wut hin- und herpendeln. Und Kinder, die höchstens durch schlechte Schulleistungen, Schreckhaftigkeit oder durch erhöhte Aggressivität auffallen. Die Täter sind Menschen, die auf den ersten Blick ganz normal zu funktionieren scheinen.

Noch schämen sich allzu viele Frauen, zu gestehen, dass sie einen prügelnden Mann haben. Erst seit kurzem finden die Geschlagenen auch polizeilichen Rückhalt, und die Frauenhäuser in jeder grösseren Stadt werden als Zufluchtsort von immer mehr Müttern samt Kindern aufgesucht. Ein Fünftel aller Frauen in der Schweiz soll unter gewalttätigen Ehemännern oder Partnern leiden. Und ihre Kinder müssen von klein an zusehen. Die Schlägerkarriere beginnt nicht selten, wenn ein Sohn sich zwischen Vater und Mutter stellt, um sie zu beschützen.

Söhne prügelnder Väter wollen ihre künftigen Kinder liebevoller behandeln und auch ihre Frauen einmal nie schlagen oder verletzen. Sie wünschen sich sehnlichst eine harmonische, entspannte Familienatmosphäre. Doch oft geraten sie in denselben Teufelskreis und wiederholen die vertraute Kombination von Gewalt, Scham, Überforderung, Selbstverachtung, Angst, Alkohol und Sprachlosigkeit. Sie kennen ja keine andere

Form der Problembewältigung. Als Opfer ihrer nie verarbeiteten Kindheitstraumata werden sie gegen ihre innerste Überzeugung eines Tages selber zu Tätern.

Wagen ihre Partnerinnen endlich eine Anzeige bei der Polizei, ist das oft die erste und einzige Chance zu einer Verhaltensänderung. Die Täter müssen an einem Antigewalttraining teilnehmen, wo sie endlich lernen, über ihre Probleme, Ängste und ihre Selbstwertproblematik zu reden, ihren Gefühlspanzer aufzubrechen und die verdrängten Emotionen zuzulassen.

Richard, ein 28-jähriger Installateur, lebt in Scheidung und liebt seine zweijährige Nadja über alles. Er will ihr ein guter Vater sein, einer, wie er ihn nie gehabt hat. Auch seine Frau liebt er, doch sie will ihn verlassen. Er hat, wie er sagt, «die Liebe aus ihr herausgeprügelt».

Als Kind hat Richard unter seinem Alkoholiker-Vater gelitten, der die Mutter schlug und auch mit ihm und seinem Bruder brutal umsprang. Seine eigenen physischen Attacken haben aber erst in der Schwangerschaft seiner Frau begonnen. Als sie mit Arbeiten aufhörte, fühlte er sich überfordert und hatte Angst, die Zukunft finanziell allein nicht zu schaffen. Er spürte eine zunehmende Spannung in sich, die weg musste. Als er eines Tages schlecht gelaunt und alkoholisiert nach Hause kam, gab er seiner Frau einen starken Stoss, sodass sie stürzte. An die Folgen fürs Kind dachte er nicht.

Seine Angriffe wurden brutaler. Richard schlug seine Frau in kürzeren Abständen, denn sein innerer Druck wuchs immer mehr, und auch nach der Geburt von Nadja, die ihm alles bedeutet, konnte er sein Verhalten nicht ändern.

Jedes Mal bereute er seine Tat, schwor, sich zu bessern, kaufte seiner Frau Blumen, war ein zärtlicher Liebhaber und gab sich Mühe. Doch die Intervalle bis zum nächsten Rausch und Rückfall verkürzten sich. Als er das letzte Mal ausrastete und seine Frau windelweich schlug, geschah es in Anwesenheit der kleinen Tochter. Die schrie so gellend, dass ihn ihr Geschrei zur Besinnung brachte. Er liess sich von seiner Partnerin bei der Polizei anzeigen. Der Antigewalttrainingskurs mit drei anderen Betroffenen sei seine letzte Chance gewesen, sagt er. Er habe gemerkt, dass ganz unterschiedliche Männer aus verschiedensten Berufen und Verhältnissen ein Gewaltproblem haben. Alle aber hätten sie gewalttätige Väter gehabt und als Kinder nirgendwo Hilfe erhalten.

Richard liebt seine Frau noch immer, doch die hat inzwischen mit Unterstützung eines Frauenhauses ein unabhängiges Leben begonnen. In Zukunft will Richard aber seiner Tochter beweisen, dass sie sich ihres Vaters nicht zu schämen braucht.

Parent battering – geschlagene Eltern

Seit gut einem Jahrzehnt ist ein kaum zu glaubendes Phänomen zu beobachten: das so genannte Parent battering. Ein Novum in der modernen Familie. Beim Wort Jugendgewalt denkt man eigentlich an Gewalt ausserhalb der Familie. Doch neuerdings sind Mütter und Väter selber davon betroffen und benötigen Schutz vor ihren eigenen Halbwüchsigen. Der Elternnotruf Schweiz erhielt im Jahr 2004 rund 2000 Anrufe verunsicherter Väter und Mütter, die von ihren Söhnen und Töchtern angegriffen wurden. Jeder zehnte Jugendliche hat laut Elternnotruf schon einen Elternteil verprügelt. Kindergärten und Schulen schlagen bereits Alarm, und Eltern suchen bei der Polizei, bei Psychologen und Erziehungsberatern Zuflucht vor ihren Kindern. Die traurige Tatsache war lange hinter einer dicken Mauer der Scham und des Schweigens versteckt. Anfangs fühlen sich die gedemütigten Eltern und ihre ausrastenden Kinder allein in ihrer Verzweiflung, denn die Betroffenen glauben, so was geschehe nur in ihrer Familie.

8- bis 17-Jährige tanzen ihren Eltern auf der Nase herum und greifen beim geringsten Widerspruch ihre Mütter und Väter immer öfter auf unzimperliche Weise an, nicht nur verbal, sondern körperlich direkt und hemmungslos. Nach den Erfahrungen von Beratungsstellen werden vor allem Eltern attackiert, die ihren Kindern keine Frustrationstoleranz und zu wenig Resistenz gegen Konsumismus vermitteln konnten. Die Täter sind Teenager, die nie ernst gemeinten Widerstand erlebten, ihre Eltern mit Gewalt erpressen und sie gleichzeitig – weil sie ihnen alles durchgehen liessen – als Schwächlinge empfinden und deshalb verachten.

Gegenwärtig haben viele Eltern vom ‹kindlichen Zuwendungsterror› (Reimer Gronemeyer) die Nase voll. Und die Sozialpsychologin Herrad Schenk fragt bereits: «Wie viel Mutter braucht der Mensch?» Von der verunsicherten Elternschaft ist zu hören, Kinder seien ja ärger als der stressigste Job, geschweige denn beides zusammen, das halte doch kein Mensch aus.

Overprotection, Vernachlässigung und Gewalt sind Geschwister. Kinder können nie zu viel Liebe bekommen. Liebe heisst aber auch Distanz, sich zurücknehmen können. Wer sein Kind liebt, überhäuft es nicht rund um die Uhr mit Süssigkeiten, einem Berg unnützer Dinge und verschont es nicht dauernd vor Verantwortung. Wer seit Babytagen jede Langeweile vom Nachwuchs fernhält und dadurch die kindliche Kreativität, Selbständigkeit und Belastungsfähigkeit behindert, verbaut seinem Kind wertvolle Erfahrungen und kann ihm langfristig schaden.

Was aber hat Verwöhnung mit Gewalt zu tun? Scheint sie nicht das pure Gegenteil?

Verwöhnung ist nichts anderes als ein subtiler Akt von Besitzergreifung, ein übles Abhängigmachen durch eine Dauer-Zuwendung, die über das Kind verfügt. Eine raffiniert getarnte Form von Gewalt. Die schlimmste vorstellbare Form von Symbiose.

Doch die Kinder schlagen zurück, im wörtlichen Sinn. Nach ‹Facts› ist im Jahr 2003 die Zürcher Polizei 31-mal ausgerückt, weil ein Sohn oder eine Tochter einen Elternteil massiv bedrohte.

Beide, Kinder und Eltern, sind Opfer einer Laisser-faire- oder Spasserziehung, der permanenten Verwöhnung und einer Fokussierung aufs Kind – aus der völlig überrissenen Angst, die unersättlichen Geschöpfe könnten irgendwo zu kurz kommen respektive Mutter und Vater hätten sich selber mehr mit ihnen abzugeben. Das Eltern-Prügeln zeugt aber auch von der Not heranwachsender Kinder, die sich nur noch mit Fäusten verständlich machen können. Und der Terror beginnt immer früher.

22 Uhr abends. Sascha, ein zweijähriger Blondschopf, ein echter Teufels-braten, brüllt wie am Spiess, wälzt sich auf dem Teppich, trampelt mit den Füssen auf den Boden. Nonstop seit neunzig Minuten. Grund: Olivia, seine Mutter, weigert sich, noch länger mit ihm zu spielen. Er soll endlich schlafen gehen. Aber er will nicht. So macht er auf Heulboje. Olivia liegt erschöpft und ihrerseits diskret heulend auf dem Sofa, ohne Energie und ohne Nerven. Ihr Mann hat sie für ein paar Wochen verlassen, er konnte die ununterbrochenen Querelen mit dem Buben nicht länger ertragen. Sascha hat Bau-klötze, Traktoren, Autos etc. aus Wut im Zimmer herumgeschmissen. Eine

Vase zerbrach. Scherben und Wasserlache zeugen vom Anfall des Kleinen. Auch die Möbel bekamen ein paar Kerben.

Nach einer Ewigkeit schläft Sascha mit rotem Kopf, verschwitzt und erschöpft von seinem Geschrei ein. Doch als Olivia ihn ins Bett tragen will, geht das Gebrüll von vorne los. Er stösst mit den Füssen in den Bauch der Mutter, zerkratzt ihr mit den Fingernägeln das Gesicht und reisst ihr einen Büschel Haare aus, den er noch in der Hand hält. Olivia rafft sich endlich auf und ruft ihre Mutter an, den einzigen Menschen, der einen leicht beruhigenden Einfluss auf den Buben hat. Sie ist nicht zu Hause.

Kurz bevor sie einen hysterischen Anfall kriegt, wählt sie die Nummer des Elternnotrufs (01 261 88 66, www.elternnotruf.ch). Nur schon dass ihr jemand teilnahmsvoll zuhört, entspannt sie nach und nach. Plötzlich hört Sascha auf zu schreien, klettert zu ihr und kuschelt sich auf ihren Schoss. Sehr spät legt Olivia den Hörer auf und fühlt sich seit Monaten ein bisschen sicherer und erleichtert.

Oft beruhigen sich Mütter derart überreizter Kinder, wenn sie einen Menschen finden, der ihnen einfach zuhört. Manchmal bekommen sie den Rat, den Schreihals ohne Zaudern ins Bettchen zu legen, ihm gut zuzureden und dann 3 bis 5 Minuten allein zu lassen. Beratungsstellen und Elternnotruf empfehlen auch Trainingsprogramme, um Kleinkinder das Einschlafen zu lehren, ohne Endlosrituale und Endlosgeschrei. Entspannungstechniken sollen den Müttern und Vätern helfen, zu mehr innerer Gelassenheit zu finden, denn Nervosität, aber auch Ruhe überträgt sich auf die Kleinen.

Bereits Zwei- und Dreijährige können sich wie kleine Berserker gebärden. Dank ihrer Ausdauer hinterlässt ihr Wüten weinende, hilflose Mütter, beschädigtes Mobiliar, führt zu sozialem Rückzug (aus Scham vor Freunden) und kann Ehen zerstören. Ältere Kinder setzen ihre Wünsche nicht selten mit einer Härte durch, die Eltern in nackte Angst versetzt.

Elternschlagen beginnt meist harmlos: gewähren lassen, sämtlichen Forderungen nachgeben, bis es eines Tages den Eltern zu viel wird. Dann folgt der pädagogische Drohfinger, vergebliches Grenzensetzen und zuletzt physische Gewalt der Kinder. Mütter und Väter sind die Verlierer, auch moralisch. Unsichere Eltern machen schwierige Teenager noch verstockter und aggressiver. Wer mit Jugendlichen in Kontakt tritt, sollte zuerst einen tragfähigen Bezug zu ihnen herstellen. Geschlagene Eltern haben das versäumt. Sie werden von ihren älter werdenden Kindern nicht mehr ernst genommen, denn die wünschen sich ein echtes Vorbild, auch Eltern, zu denen sie in einen fairen Wettbewerb treten können. Was sie aber oft als Vorbilder erleben, sind hedonistische Spassspiesser, die sich das Leben möglichst leicht machen und sich die Freizeit nicht durch kontroverse Dispute mit dem Nachwuchs verderben lassen wollen.

Familie Müller setzt sich zum Abendessen, gutbürgerliches Milieu, schön gedeckter Tisch, gepflegte Atmosphäre. Samstagabend, die ganze Familie ausnahmsweise beisammen. Der 15-jährige Sohn entspricht dem Bild vieler Jungs: Der Schritt der weiten Jeans schlottert zwischen seinen Knien, schon sind Ansätze der Po-Backen sichtbar. Uli bemerkt den kritischen Blick seines Vaters und zieht die Hose auf Hüfthöhe. «Ich schau auch nicht so vorwurfsvoll auf deine doofen Klamotten, schliesslich kann ich anziehen, was ich will.» – «Hab ja nichts gesagt», beschwichtigt der Vater.

Weshalb die Situation dann derart ausser Kontrolle geriet, ist der Mutter heute nicht mehr klar. Das Essen sei schweigend, aber normal verlaufen. Irgendwann habe Uli vom Vater 150 Franken für den anschliessenden Discobesuch verlangt, und als dieser das masslos übertrieben fand, sei der Sohn ausfällig geworden. Der Vater sei entnervt aufgestanden, habe zu einer Ohrfeige ausgeholt, der Uli aber zuvorkam, indem er dem Vater die Faust in die Magengegend stiess, so stark, dass dieser sich vor Schmerzen auf dem Boden wälzte. Uli habe ihn mit Füssen getreten, bespuckt und dann das Haus verlassen.

Für Eltern und Sohn ist die Welt zusammengebrochen und man einigt sich, darüber zu schweigen. Irgendetwas ist falsch gelaufen, doch die Mutter weiss nicht was. Uli hat doch alles gehabt, nach Möglichkeit haben sie ihm jeden Wunsch erfüllt. Und nun dies!

An den folgenden Tagen erwähnt niemand den Vorfall, alle hoffen, einmal sei keinmal. Doch bald geraten Vater und Sohn erneut aneinander. Uli schlägt den Vater ins Gesicht, spuckt ihn an, tituliert ihn «altes Arschloch» und «Weichei». Der Vater nimmt sich vor, den Raum zu verlassen, wenn die Streitereien wieder beginnen, doch er zieht es nicht durch. Uli erlebt seinen Vater als schwach und verachtet dessen vergeblichen Versuche, ihm Widerstand zu bieten. Die Mutter hat den Sohn masslos verwöhnt und will es

mit Uli nicht verderben, was dieser ausnützt. Beide Eltern geben ihm kei-
nen Halt und keine Sicherheit. Die Versuche des Vaters, Uli so spät noch
Grenzen zu setzen, scheitern.

Eltern, die vom eigenen Kind geschlagen werden, leiden unter Scham, Schuld- und Insuffizienzgefühlen, sie fühlen sich als schlechte Eltern, als Versager und wagen sich niemandem zu offenbaren. «Wenn jemand erzählt, was bei uns läuft, häng ich mich auf.» Doch auch die Kinder leiden. Die Familie isoliert sich aus Angst, die Freunde könnten erfahren, was bei ihnen zu Hause vorgeht. Ihr Zuhause ist alles andere als ein sicherer Hafen. Was sie noch nicht wissen: Sie befinden sich in einer ansehnlichen Gesellschaft von ebenso drangsalierten, von ihren Kids misshandelten Eltern.

Seit kurzem wird dieses Problem endlich ernsthaft thematisiert. Die meisten Formen von Gewalt gegen Eltern lassen sich auf Beziehungsstörungen zurückführen, es sei denn, das Kind/der Jugendliche zeigt pathologische Züge, die einer genauen Abklärung bedürfen. Eltern, die sich nie durchsetzen, den kindlichen Forderungen nichts entgegensetzen, keinen Rahmen stecken, werden vom Nachwuchs nicht als schützend und Halt gebend erlebt. Die Kinder entwickeln wenig eigene Stabilität durch die Diskrepanz zwischen ihrem Wunsch nach Sicherheit und der offensichtlichen Hilflosigkeit ihrer Eltern. Irgendwann explodieren die nach Halt suchenden Heranwachsenden und schlagen los.

So bleibt bei Ulis Familie das destruktive Beziehungsgefüge erhalten, bis die Mutter – Nachbarn hin oder her – ihre Scham überwindet und die Polizei ruft. Nur mit Hilfe einer Öffnung nach aussen kann hier die Beziehungslosigkeit und Entfremdung der Einzelnen durchbrochen werden. Der Vater zeigt seinen Sohn wegen Körperverletzung an. Uli kommt in eine Therapie, später in eine Pflegefamilie. Zum ersten Mal in seinem Leben spürt er, dass die Eltern es ernst meinen.

– Wird ein kleines Kind gewalttätig, indem es die Eltern schlägt, beisst oder ihnen sonst wehtut, müssen sie ihr Verletztsein zeigen und ihrem Liebling strikt klar machen, dass sein Tun nicht in Ordnung ist. Das beliebte und nahe liegende, humorvolle Überspielen ist bei den Kleinsten zwar gut gemeint, aber kontraproduktiv. Beim Kind hinterlässt es die verwirrende Botschaft: Ich hab Mama in den Finger gebissen; sie sagt, das tut weh, ich soll das nicht mehr tun. Warum lacht sie dann?

– Kleine Kinder sind darauf angewiesen, die Grenze zwischen Spiel und Ernst anhand einer Spiegelung der Bezugsperson kennen zu lernen. Sonst wissen sie gar nicht, was der andere fühlt. Auch im Umgang mit körperlichen Aggressionen brauchen sie als Spiegel eine ehrliche Reaktion der Erwachsenen.

– Oft wollen Mütter und Väter ihren Gewalt ausübenden Teenager schützen und nehmen die Schuld auf sich. Wieder falsch! Denn das bringt weder ihnen noch dem Jugendlichen eine Entlastung. In jedem Fall brauchen auch Mütter und Väter nach solchen psychischen Niederlagen eine kompetente Begleitung, langen Atem und den Willen, die familiären Beziehungen sowie ihr Leben neu zu gestalten. Das ist schwer, aber es lohnt sich. Es gilt, die Ohnmacht zu überwinden.

Die neuen Mädchen: Pflegeleichte Barbies oder kämpfende Lara Crofts?

In dieser Schärfe stellt sich die Frage natürlich niemand. Wer möchte denn kein pflegeleichtes Kind? Dass Kinder aber wie Gucci-Taschen, Versace-Kleider oder weitere In-Objekte zu einer Art modischer Attribute entwürdigt werden, hätte so krass nun doch niemand erwartet.

War noch vor wenigen Jahrzehnten die Enttäuschung gross, wenn der ersehnte Stammhalter ausblieb, wünschen sich heute 70 % aller Erzeuger in den USA und vermutlich auch bei uns ein Mädchen. Immer mehr Eltern jubeln: «Der Ultraschall hat keinen Penis gezeigt, juhu.» Mütter und Väter wissen: «Mädchen sind im Allgemeinen einfach problemloser, als Babys schreien sie seltener, werden früher trocken, beginnen früher zu sprechen, sind folgsam und angepasst» (Weltwoche 15/05). Eigenschaften, welche heutigen Eltern das Dasein erheblich erleichtern: «... gerade den Alltag von berufstätigen Eltern, in dem auch Kinderkram idealerweise schnell, effizient und reibungslos abgewickelt werden sollte.» Ob die Alltagseffizienz ganz ohne ‹Kinderkram› nicht noch mehr gesteigert werden könnte?

Mädchen, hierzulande noch vor 50 Jahren Menschen zweiter Klasse, haben den Buben in allem den Rang abgelaufen: Sie sind weniger gewalttätig, leichter erziehbar, sozial und praktisch und seit kurzem auch schlauer als Buben. Sie schneiden in der Schule besser ab und erreichen zunehmend die besten Plätze in der akademischen Elite. Neuerdings sollen – junge Frauen die gleichaltrigen Männer sogar in der Benützung interaktiver Medien überrundet haben.

Bald werden wir wahrscheinlich das geklonte Designerwunschkind haben können: weiblich, gescheit, zuvorkommend, angepasst, die willige kleine Haushalthilfe fürs Mami, das Kuschelobjekt für den gestressten Papi. Was anderswo noch verboten ist, darf bereits in den USA und in Israel beim zweiten Kind praktiziert werden. Dort haben Gender-Kliniken ein Verfahren zur Erzeugung des gewünschten, genauer: zur Verhinderung des unerwünschten Geschlechts entwickelt.

Buben gelten weiterhum als Störenfriede, die Verweiblichung des Nachwuchses liegt im Trend. Lehrpersonen, Mütter und Väter singen unisono das Loblied des frühreifen, vernünftigen, angepassten Mädchens.

Da bemühte sich eine ganze Generation von Feministinnen, Pädagoginnen und Psychologinnen, die Mädchen endlich selbständig, eigenwillig, kritisch und aufmüpfiger zu erziehen, und nun das! Mädchen aufs moralische Podest erhoben – und mit dem Appell an ihre Anpassungsfähigkeit wieder in ein Korsett gezwängt, kaum dass ihre Mütter es endlich gesprengt haben.

Ein Mädchen als Luxusobjekt, als kost- und dienstbare Vorzeigepuppe, die «sich dank ihrer sozialen Ader in das Zeitschema ihrer Eltern pressen lässt». Kleine Buben dagegen sollen angeblich trotzen, trödeln und bringen den ausgetüftelten Zeitplan der tüchtigen Mütter durcheinander. Karrierebewusste Eltern sind also nicht mehr für ihre Kinder da – Kinder haben für ihre Eltern da zu sein, ihr Ego, ihren Ehrgeiz zu befriedigen.

Auch wenn das Einzelmädchen im Moment zum Status der erfolgreichen mittelständischen Frau zu gehören scheint: Wäre es nicht ehrlicher, sich einen anderen Hype zu suchen? Ein genetisch manipuliertes Hündchen, das ebenfalls lifestylegängig ist, bequem in der Handtasche Platz findet und im Büro auf dem Schreibtisch als Nippes-Figur auf Frauchen wartet? Doch hier würde hoffentlich der Tierschutzverein einschreiten.

Eltern, die Kinder mit einem saisonbedingten Edel-Designobjekt verwechseln, sind leider keine Ausnahme. Schon vor Jahren überraschten mich Mädchenmütter mit dem Hinweis, sie fänden Buben etwas Schreckliches, sie hätten keine Ahnung, wie mit einem Sohn umgehen, hoffentlich bleibe ihnen diese ‹Prüfung› erspart!

Seit Jahrzehnten ist bekannt, dass Buben seelisch vulnerabler (verletzlicher, delikater), frecher, aggressiver, hyperaktiver, später entwickelt und wer weiss was noch alles sind. Mädchen sind tatsächlich weniger störanfällig – aber nur bis zur Pubertät. Diese neuen Barbie-Mädchen sind – trotz ihrer elternfreundlichen Vorteile – allzu beflissen. Kinder, die den Eltern jeden Wunsch von den Augen ablesen, sind zu bedauern. Ihnen fehlt Originalität, alles Quere und Provozierende, sie sind überangepasst und darum fade. Die rote Zora, die in jedem modernen Mädchen steckt, haben sie zugunsten des Lieb-Kind-Effekts begraben müssen.

Als Bubenmutter, Psychologin und ehemalige Lehrerin von schwer erziehbaren Jungs muss ich hier ein Wort für die diskriminierten Buben und die wilden Mädchen einlegen. Eine Welt, in der Pippi Langstrumpf und die rote Zora von den Barbies verdrängt und Tom Sawyer und sein Freund Huck schon in der Babyklappe abgegeben werden, ist öde. Kinder sollen für Eltern auch eine Wundertüte und eine Herausforderung sein und bleiben dürfen.

Ist es nicht prickelnd-erfrischend für die Familie, wenn die bisher so brave 13-jährige Clementine oder Evita eines Tages ausruft: «Leckt mich doch alle am Arsch», die Tür so ins Schloss knallt, dass der Schlüssel den Eltern entgegenfliegt …

Fehlt ein derartiger, heftiger, aber normaler Ausbruch aus der familiären Planwirtschaft, könnte eine während der Pubertät weiter anhaltende Hyperangepasstheit nicht selten für die Eltern zum ‹Rohrkrepierer› werden. Selbstverstümmelung, Essstörungen, Depressionen, Drogen können die Folge der ständigen Persönlichkeitsunterdrückung sein, geopfert auf dem Altar des modernen Elternegoismus.

Neben den mädchenhaften Lichtgestalten holt ein prozentual noch kleiner Teil der weiblichen Jugend auf dem Gegensektor auf: Gewalttätige Mädchen sind auf dem Vormarsch. Parallel zu den auf elterlich erwünschte Eigenschaften dressierten Girlies entwickelt sich eine weibliche Subkultur neuer böser Mädchen – Mädchen, die sogar männliche Jugendliche in die Flucht schlagen und eher vors Jugendgericht als in den Himmel kommen.

Schon länger verbreiten in europäischen Grossstädten richtige Mädchengangs – weniger straff organisiert auch in der Schweiz –, bestehend aus Secondas und Einheimischen, Respekt, wie sie das nennen. Brutale Gewalt heisst dies bei den Streetworkern und der Polizei. «Seit ich mich wehren kann, fühl ich mich stark.» Es tönt ähnlich wie bei den Jungs.

Jahrelang wurde Mädchengewalt in den psychischen Sektor verwiesen: spitze Zungen, Intrigen, Eifersuchtsattacken, halt die ewigen Waffen des weiblichen Geschlechts. Bei harter Gewalt galten Frauen seit jeher als Opfer. Inzwischen wissen wir: In manchen Bereichen sind Buben und Männer das schwächere Geschlecht und eher zu bedauern als zu beneiden. Infolge der Geschlechterrollenbrillen werden aber noch heute kleine Jungs zu ‹richtigen› Männern erzogen. Durch diese Brille haben Lehrpersonen und Psychologen auch erst spät wahrgenommen, dass Mädchen inzwischen die vorgegebenen Klischees sprengen. Sie sind auch Täterinnen. Von den Fachleuten relativ spät bemerkt, ist neben dem – nach wie vor viel höheren – Anteil männlicher Täter die Zahl der Schlägerinnen ständig gestiegen. Schrecken verbreitende Mädchencliquen passen nicht ins Bild der pflegeleichten Töchter oder giftelnden ‹Zicken›.

Haben junge Frauen erst einmal entdeckt, dass sie dank ihrer Gewaltbereitschaft Beachtung unter Gleichaltrigen finden, reagieren sie ähnlich wie ihre aggressiven Kollegen. Plötzlich werden zwischen weiblichen und männlichen Jugendlichen gemeinsame Verhaltensweisen bei Aggressionen entdeckt. ‹Das Bild von der friedfertigen Frau wird nachhaltig in Frage gestellt›, schreibt Christine Töltsch 2002 zu ihrer Studie im Internet.

Mädchen scheinen sogar noch empfindlicher zu reagieren. Bereits ein schräger Blick provoziert. Eine ca. 14-jährige Schülerin einer Zürcher Sekundarklasse brüstet sich vor laufender Kamera damit, dass sie schon mal einer Kollegin das Nasenbein zertrümmert und sie spitalreif geschlagen habe. Sie habe nicht die Absicht, sich dafür zu entschuldigen, zuerst müsse das die andere tun, die habe sie schliesslich blöd angemacht. Und Leid tue ihr der Vorfall auch nicht, das Opfer sei nämlich selber schuld.

«Eines Tages ist mir die Anmache der doofen Jungs auf der Strasse zu viel geworden, und ich hab dem nächsten eine geknallt. Das hat er nicht erwartet. ‹Oha, megagefährlich. Mit dir nehmen wirs aber noch lange auf, blöde Zicke›, hat sein Freund gesagt. ‹Versuchs doch›, habe ich erwidert, ‹ich hab nicht Schiss, meine sieben Brüder werden sich das aber merken›», erzählt Sophia, eine 17-jährige Mazedonierin, die drei Brüder hat. Die Jungs seien abgehauen. Ein Erfolgserlebnis! Seithehr gehe sie mit zwei ähnlich gesinnten Freundinnen stets ‹gerüstet› in den Ausgang. «Wir lassen uns nicht mehr anquatschen, das ist alles, und sicher, Zuschlagen gibt ein megacooles Feeling.» Auch diese Frau hat kein Mitleid mit den Opfern, genauso wenig wie eine inzwischen 18-Jährige, die schon mal «einer Tussi das Handgelenk gebrochen hat».

Die jungen Täterinnen sehen zwar ein, dass Gewalt keine Probleme löst, doch die Einsicht bleibt im Kopf und erreicht – wie bei den männlichen Tätern – ihre Gefühle nicht. Alle Opfer sind aus der Sicht der Täterinnen selber schuld. Die haben provoziert. Darum will sich auch keine für die zugefügten Verletzungen entschuldigen.

Schlägerinnen sind inzwischen eine Herausforderung für Erwachsene, die mit Jugendlichen zu tun haben. Ein Antigewalttraining nur für Mädchen existiert in der Schweiz noch nicht, es gibt erst Pilotversuche. Nach wie vor hat die Gewaltprävention eine Schlagseite(!) Richtung wilde Buben. Früh auf sich selbst gestellte, scheinbar selbstbewusste, aber oft auch isolierte oder gelangweilte Mädchen wären mit Erlebnispädagogik genauso zu motivieren wie männliche Jugendliche. Da auch sie glauben, sie könnten ihre Probleme durch Gewalt lösen, muss mit Hilfe von Therapien die Gewaltlust in einen moderateren Umgang mit Konflikten umgepolt und Empathie für die Opfer geweckt werden.

Ob Junge oder Mädchen: Pubertierende brauchen in erster Linie Männer und Frauen, die ihnen zuhören und Zeit schenken. Eltern sind damit während der Ablösungsperiode häufig überfordert und haben in den allermeisten Fällen zu wenig oder keine Distanz zum halb flüggen Nachwuchs. Neben einem Antigewaltprogramm braucht es zusätzlich kompetente, neutral-ausserfamiliäre AnsprechpartnerInnen, MentorInnen und Vertrauenspersonen für gewaltfaszinierte junge Menschen.

Und: Ob Mädchen oder Junge, jedes Kind ist ein einmaliges Individuum und hat nicht unseren Wunschvorstellungen und Projektionen zu dienen. Eindringlich möchte ich alle Eltern davor warnen, die Talente und Eigenschaften der braven kleinen Mädchen zugunsten des eigenen beruflichen Erfolgs zu unterdrücken oder zu vernachlässigen. Gerade sensible, liebesbedürftige Kinder lassen sich leicht zur Zufriedenheit der Eltern ‹verbiegen›. Das rächt sich. Mütter und Väter haben vielmehr dafür zu sorgen, dass jedes Kind von Geburt an seine speziellen Begabungen und Fähigkeiten entfalten kann – sogar wenn dazu die elterlichen Interessen zwischenzeitlich in den Hintergrund treten müssen.

Immer aktuell: Gewalt und Störfaktoren in der Schule und die Angst der Lehrer und Lehrerinnen

Gewalt verüben Kinder nicht nur gegen ihre Eltern, auch Lehrpersonen bekommen ihren Teil ab. Aus männlichem Prestigedenken wird oft verschwiegen, dass sich auch Lehrer immer häufiger vor gewissen Schülern fürchten und lieber alle Provokationen übersehen, statt direkt beim ersten Mal zu handeln. Kinder und Jugendliche lassen sich aber nicht täuschen. Sie spüren die Verunsicherung der Lehrenden und geben noch eins drauf.

Zum Glück sind Delikte vom Kaliber junger Amokläufer in unseren Schulen extrem selten. Es fragt sich nur, wie lange noch. Von Schülern und Schülerinnen (!) geschlagen und mit Waffen bedroht zu werden, ist für einzelne Schulkinder und Lehrpersonen kein absoluter Ausnahmefall mehr. In Biel wurde ein Lehrer von fünf Jugendlichen einer anderen Schule im Beisein von über hundert zuschauenden Kids auf dem Schulplatz verprügelt und ins Gesicht getreten, weil er sich für angegriffene Erstklässler wehrte (März 05). Ähnliches ereignete sich etwas später in der Westschweiz, und an einer deutschen Schule hat ein verhaltensauffälliger Junge einen Lehrer unter einem Vorwand in den Keller gelockt und mit einem Luftgewehr bedroht.

Doch Enttäuschungen, Drohungen und Konflikte entbinden die Lehrpersonen keineswegs von der Aufgabe, jedem Kind vorurteilslos, gerecht und angstfrei, dafür innerlich gelassen und bestimmt zu begegnen. Wer ängstlich und verunsichert wirkt, überträgt dies auf die Kinder, verstärkt ihre Desorientiertheit und fördert dadurch die Gewaltbereitschaft.

Junge Lehrer und Lehrerinnen sind häufig zu wenig auf konkrete Konfliktsituationen vorbereitet, eine Anzahl ältere bereits erschöpft und ausgebrannt. Aggressionen entladen sich – trotz Konflikttrainings an Schulen – an der spürbaren Resignation mancher Unterrichtenden. Viele Schüler flippen aus, weil sie ohnehin als Taugenichtse oder Bösewichte gelten und sich vorwiegend ungerecht behandelt fühlen. Und angesichts ihrer schlechten Leistungen und anhaltenden Misserfolge verweigern sie bald jeden Einsatz für die Schule, um Beachtung durch Pöbeleien statt durch Leistung zu finden.

Spannungen entstehen auch aus Sündenbockpositionen von Lehrern und Lehrerinnen. Manche Lehrer rackern sich ab – der Erfolg lässt auf sich warten, und als Dank werfen ihnen frustrierte oder ehrgeizige Eltern vor, zu wenig auf ihr sensibles (respektive faules oder aggressives) Kind einzugehen. Schüler als Täter – Lehrpersonen als Opfer?

Brennt ein Haus, kommt die Feuerwehr. Für Kinder und Jugendliche, die mit gewalttätigen Aktionen auf sich aufmerksam machen, braucht es Notfalllösungen, auch für Schulklassen, in denen Schüler einen geregelten Unterricht zu verhindern suchen. Es braucht Kriseninterventionsteams, neue Stellen für Jugendarbeiter und Psychologinnen an Schulen, geeignete Schüler und Schülerinnen, die als Verantwortliche Schulneulinge betreuen: sie vor den Aggressionen älterer Kids schützen, Konflikte schlichten, Anlaufstellen für Kampfhähne und Opfer sind.

Rechtzeitige Kontaktaufnahme mit gefährdeten, auf der Gasse herumhängenden Jugendlichen durch Polizei und Sozialarbeitende könnten weitere Gewalthandlungen und Kriminalität verhindern helfen. Wenn man bedenkt, dass allein im Kanton Zürich im Jahr 2004 die Fachstelle für Gewaltprävention gegen 400-mal bei Klassenkonflikten intervenieren musste (TA, 24.8.05), kann ein Konflikttraining nicht früh genug beginnen. Im Kanton Zürich ist daher ein Konzept namens ‹Pfad› in 50 zweiten Grundschulklassen Teil des Lehrplans. Mit Hilfe der Schüler werden auch in anderen Stufen Codes und Regeln erarbeitet, welche Gewalt verhindern helfen.

In allererster Linie braucht es jedoch Lehrer und Lehrerinnen, die einen Zugang zu jenen Schülern und Schülerinnen finden, vor denen sich alle fürchten. Wer aggressive, renitente, demotivierte, schwänzende Schüler für die Schule neu begeistern kann, bietet ihnen eine Chance, die sie sonst wohl kaum mehr finden.

Vor Jahren war das Leiden namenlos. Doch inzwischen befällt das Burnoutsyndrom Angehörige verschiedenster Berufsgruppen. Zuerst und bevorzugt betraf es Lehrpersonen und Menschen, die sich mit Kindern und Jugendlichen intensiv und professionell beschäftigen. Beim Lehrpersonal kommt neuerdings zum üblichen Arbeitspensum ein zeitfressender bürokratischer Papierkram, über dessen Nutzen die Meinungen geteilt sind. Immer mehr Mütter und Väter fühlen sich ebenfalls ausgebrannt, das heisst körperlich, seelisch und emotional ausgezehrt am Ende. Nur können sie sich weder beurlauben lassen noch den Job wechseln.

Ausgebrannte Lehrkräfte entfachen kein pädagogisches Feuer mehr. Vor allem in den oberen Klassen empfinden Lehrer und Lehrerinnen immer öfter ein Gefühl gnadenlosen Ausgeliefertseins.

Unterrichtende leisten auf allen Stufen eine anspruchsvolle, oft wenig dankbare Arbeit. Immer wieder verlangt eine neue ethnisch und muttersprachlich heterogene Klasse optimale Förderung und ein Eingehen auf die Einzelnen mit ihrem unterschiedlichen kognitiven, physischen und emotionalen Entwicklungsstand. Rüpelhafte Jungs sind in ihrem Machostreben zu dämpfen, Anrempeleien boshafter Mädchen, Kämpfe zwischen feindlichen Nationen zu unterbinden, eine lernunwillige Klasse für verhasste Aufgaben zu motivieren. Hochbegabte und Frühreife sitzen neben Spätzündern, Gewaltgeile neben Friedliebenden. Ein grosser Teil der Teenager sind körperlich bereits erwachsen, aber emotional retardiert. Pubertierende finden sich heute schon in der fünften Klasse.

Und für das Funktionieren dieser zusammengewürfelten Gesellschaft sind dann ein bis zwei erwachsene Personen verantwortlich, kritisch beäugt von Vätern und Müttern, die unkritisch aufs eigene Kind fixiert sind.

Nebst der Einübung der Kulturtechniken ist die Schule zuständig für Teamgeist, Sozialkompetenz, Sexualkunde, Ethikunterricht, Drogen- und Aidsverhütung, Gesundheitserziehung, Medienkunde, Konflikttraining und Gewaltprävention. Lehrer und Lehrerinnen arbeiten mit den Jugendlichen am Computer, lehren sie Deutsch und ein bis zwei Fremdsprachen und mühen sich ab, Kinder verschiedenartigster Kulturen im selben Raum aneinander zu gewöhnen. Sie haben dafür zu sorgen, dass Regeln eingehalten werden, die Macker keine Messer etc. dabeihaben, niemand erpresst und geschlagen wird.

Die Tatsache, dass junge Menschen beeinfluss- und manipulierbar sind, ist eine pädagogische Herausforderung und Grund zu grosser Verantwortung und subtilem Vorgehen. Jugendliche sind anfällig für Grandiosität und gefährliche Machtfantasien. Die ihnen anvertrauten Halbwüchsigen nicht (nur) ihren Fantasien, sich selbst, den ‹Bossen› und gezielter Verführung durch Sekten und Politgruppen zu überlassen, ist Aufgabe besonders auch der Schule.

Statt aber den Schülerinnen und Schülern Anlaufstelle und Vertrauensperson sein zu können, klagen immer mehr Lehrende aller Stufen darüber, von eigenen Schülern (seltener Schülerinnen) gezielt fertig gemacht zu werden. Trotz guten Willens und aufwändigen Ausbildungsprogrammen fühlt sich die LehrerInnenschaft überfordert im Umgang mit schwierigen, renitenten, grosskotzigen Jugendlichen, denen eh alles wurst ist. Dieser entnervende Machtkampf beginnt bei manchen Schülern bereits in der allerersten Stunde mit einer neuen Klasse.

Hallo, ich bin die neue Lehrperson!

Die junge Generation auszubilden und in ihrer Entwicklung zu begleiten, ist und bleibt – allen angesprochenen Erschwernissen zum Trotz – ein äusserst vielseitiger, interessanter und ein sehr wichtiger Beruf, eine Herausforderung, sogar eher eine Berufung. Um die jedem Kind angeborene Freude am Lernen, Erforschen und Experimentieren zu erhalten, braucht es Schwung und eine angeborene pädagogische Affinität für Kinder und Jugendliche.

Eine gravierende Belastung vieler Lehrenden ist – wie schon erwähnt – die Angst. Sie ist ständiger Begleiter in Situationen, die durch unvorhersehbare Gewaltausbrüche rasches Handeln erfordern. Ein falsches Wort – schon ist eine Schlägerei im Gang. Auch der Lehrperson gegenüber tun sich die Jugendlichen nicht den geringsten Zwang an. Darum ist es von Vorteil, einen möglichst reibungslosen Einstieg in eine neue Klasse zu finden, sich bei den Kids ohne Aggressivität durchzusetzen und ihr Interesse zu wecken.

Die Atmosphäre im Schulzimmer wird ausser von der so genannten Schulhauskultur vom Vertrauen zwischen Lehrperson und Kindern bestimmt, und auch der Lernerfolg ist bei manchen Schülern stark durch das persönliche Verhältnis zur Lehrperson beeinflusst. Es gibt Klassen, in denen Jugendliche ihren Lehrer oder die Lehrerin cool und super finden, und andere, in denen die Mehrheit ihre Meinung über die Lehrenden durch abschätzige Bemerkungen, freche Sprüche und aggressive Anrempeleien kundtut.

Findet die Klasse eine Lehrperson im Grossen und Ganzen okay, ist das ein ungeheurer Vorteil, auch für den Umgang mit Problemschülern, und färbt auf die Einstellung der Eltern ab. Denn welche Eltern wünschen nicht, dass ihr Kind gern zur Schule geht? So ist immer wieder zu beobachten, dass einzelne Lehrkräfte gewaltgeile, lernresistente Klassen – die als Lehrerschreck den Albtraum jedes Pädagogen verkörperten und sämtliche Vorgänger zur Kündigung trieben – nach kurzer Zeit nicht gerade in Lämmer verwandeln, aber bei den Rädelsführern und einigen ihrer Anhänger nicht nur ein weniger schnoddriges, aggressives Benehmen, sondern auch einen Einstellungswandel in der Arbeitshaltung bewirken.

Der Sympathiefaktor beeinflusst nicht nur jede Beziehung zwischen zwei Einzelpersonen, sondern weit gehend auch jene zwischen dem Leader und seiner Gruppe. Das heisst für die Schule, ob die Lehrkraft bei den Schülern ‹hinhaut› oder abgewertet wird. Manchmal ist ein hoher Unbeliebtheitsgrad einzig und allein dem unglücklichen Verhalten der Lehrperson zuzuschreiben. In anderen Fällen verstärkt aber auch die Miesmacherei einer verschworenen Elterngruppe die Antipathie.

Der Aufbau einer guten Beziehung braucht Zeit. Doch Klassen haben nicht lange Geduld, sie ‹prüfen› jede neue Lehrperson und sind in der Wahl der Mittel alles andere als zimperlich. Oft entscheiden die ersten spontanen Reaktionen der ‹Getesteten› über ihr anschliessendes ‹Sein oder Nichtsein›.

Schon deshalb wirken mehrere Unterrichtende an derselben Klasse entspannend auf provozierende Schüler. Es ist im Grunde eine Zumutung, zu verlangen, dass eine einzige erwachsene Person zu jedem Mitglied einer Horde von Jugendlichen unterschiedlichster Herkunft, alle im Motzalter, denselben Zugang findet. Sympathie und Antipathie machen vor Schulzimmertüren nicht Halt. Lehrpersonen unterliegen Affekten genauso wie Schülerinnen und Schüler. Stehen als Sympathieträger jedoch verschiedene Lehrkräfte zur Auswahl, verteilen sich die negativen und positiven Emotionen auf unterschiedliche Personen. Das wirkt ausgleichend auf den Stimmungspegel.

Die erste Begegnung mit neuen Schülern ist also einigermassen entscheidend. Es ist jedoch selten Sympathie auf den ersten Blick, die erste Konfrontation mit einer oberen Klasse, sprich: mit einer Horde Pubertierender. Angeführt von einem stimmbrüchigen Boss in XXL-Körpergrösse, unterscheiden sich eine Klasse und der Anfang mit ihr oft erheblich von dem, was in den begleiteten Unterrichtsstunden an speziell ausgewählten Klassen erfahren wurde. Selten klaffen Praxis und Theorie so auseinander wie angesichts der Tatsache, dass die Schüler auf die wohlvorbereitete Lektion ganz anders reagieren, als sie laut pädagogischer Didaktik eigentlich sollten. Statt brav mitzuarbeiten und gruppenweise originelle Lösungen zu finden, erproben sie zum Beispiel innovative Wurfgeschosse, welche die neue Lehrkraft von allen Seiten bombardieren. Einige Schülerinnen und Schüler nehmen zwar die gestellte Aufgabe in Angriff, doch auch sie werden immer wieder durch fliegende Objekte getroffen. Gelächter, verbale Unverschämtheiten, Gezänk und Lärmpegel steigern sich bedenklich. Die Stimme der Lehrperson geht im Tohuwabohu unter.

Das ist einer der zahlreichen Momente, in denen Lehrer und Lehrerinnen den Entscheid zu diesem Beruf bedauern. Je nach Temperament und Nervenstärke fallen die Reaktionen auf ‹Begrüssungsrituale› schwieriger Klassen verschieden aus:
– A verlässt einfach den ‹Tatort› und erklärt im Lehrerzimmer, er/sie trete nie wieder vor diese Klasse; wills noch anderswo versuchen und sonst den Beruf aufgeben.
– B, seelisch recht stabil, steht wie ein Fels in der Brandung und denkt: «Die müssen sich halt erst an mich gewöhnen. Ich verteile mal Blätter für die nächste Aufgabe.» B reagiert überlegen, lässt sich nichts anmerken.
– C will mit der eigenen Stimme Ruhe schaffen, doch mit Reden und Brüllen kann sich in diesem Tumult höchstens eine kräftige Männerstimme ohne Gesichtsverlust durchsetzen.
– D zieht eine Trillerpfeife aus der Tasche, pfeift lange und sagt im Moment der Stille: «Hallo, ich bin jetzt euer Boss, eure Chefin, und wie beim Fussball habe ich als Trainer das Sagen. Ich danke für den originellen Empfang. Die Schiessübung ist ab sofort beendet. Subito! Setzt euch alle hin, wir stellen uns jetzt der Reihe nach vor, ohne Witze!»

- E schreibt an die Wandtafel: Ich gehe jetzt hinaus und komme in zehn Minuten wieder. Wenn bis dahin nicht Ruhe herrscht, könnt ihr jede verpasste Unterrichtsminute nachholen. Bis jetzt sinds 14 Minuten. Tschüss.
- F setzt sich hin, entfaltet eine Zeitung und liest. Nach einiger Zeit steht er/sie auf und ruft: «Hey, Männer, cooler Empfang, ich bedanke mich. Aber jetzt wirds langweilig. Immer dasselbe ... Wir wechseln mal, jetzt bin ich an der Reihe ...
- G wartet einfach, bis eine Schülerin den Rektor oder Schulhauschef zu Hilfe ruft.
- H geht ruhig auf den oder die ‹Chefs› zu und verlangt, dass das Ganze augenblicklich aufhöre, sonst werde bei der Schulbehörde eine Beschwerde eingereicht.
- I setzt sich mit rotem Kopf hin, hat einen Schweissausbruch und unterdrückt einen Wutanfall; wartet ungeduldig, dass sich die Klasse beruhigt.
- J beginnt den Unterricht nach ein paar vergeblichen Ermahnungen; arbeitet mit der Hand voll lernbereiter Kids, ignoriert die übrigen. Nach und nach schliessen sich immer mehr Kinder an. Die Unruhe dauert aber an.
- K warnt kurz und holt dann ohne Umschweife den Schulvorsteher oder den Rektor.
- L wartet ebenfalls, dass sich der Aufruhr legt, versucht dazwischen vergeblich, etwas zu sagen, während die Kids völlig ausser Rand und Band geraten und im Schulhaus ihre Kämpfe fortsetzen, bis die Lehrpersonen der benachbarten Klassen intervenieren.
- M (hat Tage zuvor in einschlägigen Buchhandlungen sorgfältig nach passender Lektüre gesucht) öffnet ein Buch mit einem Titel, der auch bei Jungs in diesem Alter einschlägt, beginnt zu lesen, nach und nach hören immer mehr zu, denn die Geschichte ist fesselnd und die Klasse beginnt von selber, die Ruhestörer auszubuhen. Nach einer Viertelstunde hört die Lehrkraft auf und verkündet, sie würde vor Ende des Unterrichts weiterlesen, falls sich die Kids anstrengten.
- Die Reihe liesse sich bis Z fortsetzen.

Nicht selten versuchen Teenager, neue Lehrende zu verunsichern. Darum ist es empfehlenswert, sich auf allerlei Überraschungen der unangenehmen Art vorzubereiten samt einer passenden Reaktion, am besten einer total unerwarteten.

Pädagogen-Hilflosigkeit erzeugt Chaos und/oder das Bedürfnis, den Unterricht noch stärker zu stören. Lehrkräfte, die aggressives Verhalten ‹übersehen›, werden als feige und inkompetent empfunden. Wichtig ist, den Pöblern zu zeigen, dass die Lehrkraft sich weder fürchtet noch gewillt ist, diesen Zustand lange zu dulden. Möglichst rasch und selbstverständlich hat sie ihren Platz als Klassenverantwortliche zu deklarieren.

Unter allen Umständen gehört die Alphaposition der Lehrperson und nicht einem Lernenden. Die ranghöchste Person im Klassenverband – die Lehrkraft also – muss danach trachten, sich positiv ins Zentrum zu setzen, und das gleich nach ihrem Auftauchen. Sonst wird sie im wörtlichen Sinn zur Randfigur. Ist sie später mit der Klasse vertraut, kann sie nach und nach die Verantwortung mit den Schülern partnerschaftlich teilen, aber zuerst hat die Lehrperson entschieden die Führungsrolle zu übernehmen.

Frontalunterricht erleichtert das Fokussieren auf die Unterrichtenden. Doch die Alphastellung hängt weder von der Unterrichtsmethode noch von der Körperstärke ab. Männer schüchtern weibliche Lehrkräfte mit diesem Argument immer weniger ein. Pariert nämlich die Lehrerin alle verbalen und physischen Absetzungsversuche geschickt, wird sie von den Schülern genauso akzeptiert wie ein Lehrer.

Auszeit – ja oder nein?

Schwierig und nervenaufreibend sind Teenager, welche die Schule als Kampfplatz betrachten, dadurch den Unterricht erschweren, sich immer neue Störmanöver ausdenken und zuletzt als untragbar gelten. Infolge ihrer Über-, aber auch Unterforderung werden Lehrkräfte und Mitschüler so stark provoziert, dass der Unterricht verunmöglicht wird. Entnervte Lehrende stellen bereits das Ultimatum: Entweder geht dieser Schüler, seltener diese Schülerin, oder ich verlasse meine Klasse, ja, sogar meinen Beruf.

Immer mehr Schweizer Kantone schliessen darum schwierige Schüler kurzerhand vom Schulbesuch aus: «Wenn nichts mehr geht, geht der Schüler» (Der Bund, 5.4.05). Stationäre Plätze für Jugendliche sind in psychiatrischen Kliniken bereits zur Mangelware geworden, und wiederholt wird ein Gefängnis für renitente und gefährliche Jugendliche erwogen. Das ist überaus kontraproduktiv! Schon bei erwachsenen Straftätern ist der Sinn des ‹Wegsperrens› umstritten.

Weder Ausgrenzen noch Repressionen sind daher taugliche Mittel, hartgesottene Jungs wieder in die Schulgemeinschaft einzugliedern. Die Klasse kann zwar während eines Time-outs des Störenfrieds wieder in Ruhe arbeiten und die Lehrperson ist entlastet. Ein Schulausschluss in einer oberen Klasse motiviert aber kaum einen Schüler, eine Schülerin zur Änderung seines, ihres provokativen Verhaltens, vor allem, wenn die Relegierten keine kompetente Betreuung erfahren und oft (aber keineswegs immer) aus zerrütteten Verhältnissen stammen.

Überlastete Eltern, welche mit ihrem Teenager auch zu Hause nicht klarkommen, die selbst Unterstützung brauchen und sich zudem zu Recht gegen einen Ausschluss von der Volksschule stellen, eignen sich nicht für die Begleitung dieser ohnehin umstrittenen Massnahme. Es gibt eine einzige Untersuchung von 16 der 64(!) Fälle, die im Kanton Bern innert zwei Schuljahren bis zu 12 Wochen oder ganz von der Schule gewiesen wurden (Tina Hascher, Uni Bern). Darin bestätigt sich die Vermutung, dass ein Time-out in den obersten Schuljahren keine langfristige Einsicht bei den Schülern bewirkt. Eigentlich voraussehbar! Die meisten seien danach auch nicht mehr in die Schule integriert und frühzeitig entlassen worden.

Wenn schon ein befristetes Schulverbot, dann sollte es möglichst frühzeitig erfolgen, bereits wenn sich eine Eskalation im Verhalten des Kindes abzeichnet und vielleicht eine vorübergehende und erfolgversprechende Platzierung in einem Schulheim erwogen werden kann. Abgesehen davon wird ja kein junger Mensch erst in der Oberstufe ‹untragbar›. Schon lange vorher zeigen sich Merkmale, die auf eine auffällige Entwicklung hinweisen, oder es tritt ein Ereignis ein, welches den Schüler total aus der Bahn wirft.

Werden aber Jugendliche im letzten obligatorischen Schuljahr von der Schule ausgesperrt, wird ihnen damit bestimmt mehr geschadet als genützt, wie folgendes Beispiel (nach: Der Bund) zeigt:

Martin, ein kreativer, intelligenter Junge, der bisher nicht negativ auffiel, schaffte den Sprung in die Sekundarschule mühelos, wurde aber danach neu eingeteilt und musste die Klassenlehrkraft wechseln. Sowohl in der al-

ten wie in der neuen Klasse galt er als Anführer. Da er angab, bei der neuen Klassenverantwortlichen nichts mehr zu lernen, sich unterfordert fühlte und die Schulregeln ihm nicht einleuchteten, war er mit 15 nicht mehr zu bändigen, zeigte der Lehrkraft den nackten Hintern, quälte Tiere, zeichnete im Unterricht pornografische Bilder, rauchte in der Schule und provozierte die Lehrperson, wo er konnte. Auch ausserhalb der Schule fiel er auf. Polizei, Jugendgericht, Schulkommission wurden eingeschaltet. Sie und die Eltern – Schweizer aus dem Mittelstand – konnten nichts ausrichten. Als Martin Schulmobiliar aus dem Fenster warf, wenige Wochen vor Ende des 9. Schuljahrs, wurde er von der Schule ausgeschlossen.

Hier scheint einiges schief gelaufen zu sein. Der unterforderte, intelligente Schüler steht stellvertretend für andere Martins, die in diesem Alter den Lehrkräften das Leben zur Hölle machen. Zwar gibt es im Unterrichten von Jugendlichen wirklich Momente, in denen alle Ratgeber nichts mehr nützen. Da hilft nur noch Intuition oder Glück. Bei Martin gabs weder noch. Interessant ist, dass er nicht als gewalttätig gegen Personen geschildert wird. Vermutlich handelt es sich bei der Lehrkraft um eine Frau, sonst würde ein 15-Jähriger kaum auf die Idee kommen, sie mit nacktem Hintern und Pornozeichnungen zu ärgern. Besonders Frauen können von älteren und auffälligen Jungs mit derartigen Herausforderungen verunsichert werden. Zeigt ein pubertierender Schüler dem Lehrer, der Lehrerin den nackten Po, erwartet er eine massive Zurechtweisung oder hysterisches Geschimpfe, Wut und Verunsicherung. Jedenfalls rechnet er mit dem grölenden Beifall der Klasse. Er rechnet mit allem, nur nicht mit einer coolen Reaktion. Humor und – in diesem speziellen Fall vielleicht ein wenig Ironie – erwartet der Bengel nicht.

Die Provozierte sollte einfach anders reagieren, als der Junge und die Klasse vermuten. Etwa: «Zu einem so knackigen Hintern gehört eigentlich ein anderes Benehmen.» «Dein Gesicht gefällt mir viel besser. Zieh die Hose an. Dann können wir mit der Stunde weiterfahren.» «Seit wann benimmt sich ein intelligenter Junge wie ein kleiner Bub, der Doktor spielt?» Damit hat sie die Lacher wahrscheinlich auf ihrer Seite, setzt aber den Provozierenden nicht als Person herab.

Ein wichtiger Faktor, renitente Jungs vielleicht doch zur Kooperation zu bewegen, wird im Zusammenhang mit Störverhalten viel zu oft vergessen:

Humor und – bei den älteren – leise Ironie. Niemals darf eine Lehrperson aber herabwürdigend oder gar zynisch reagieren. Kinder und Jugendliche verstehen keinen Zynismus.

Unerwartete Sofortreaktionen sollen und können ein Eskalieren der Situation vermeiden. Natürlich kann Martins Lehrkraft nach dem Vorfall nicht gleich mit ein paar witzigen Bemerkungen zur Tagesordnung übergehen, aber sie kann vor der Klasse sagen, dass der Junge seine Originalität wahrscheinlich durch diese Aktion beweisen wollte. Damit er seine Energie nicht weiter so unnütz verpuffe, werde sie ihm jetzt vor der ganzen Klasse eine spezielle Verantwortung übergeben. «Ich wünsche, dass du darauf achtest, dass die Klassenregeln befolgt werden: kein Spucken, keine Kaugummis, keine Zigaretten, keine Gewalt. Bei Übertretungen sprichst du mit den Kids. Nach dem dritten Mal meldest du sie mir. – Du hast ja auch viele positive Qualitäten. Du bist noch nie gewalttätig gegen Menschen geworden. Warum du mich ärgern willst, weiss ich nicht, aber im Grunde schadest du nur dir selber und verbaust deine Zukunft. Diese Aufgabe ist sozusagen deine letzte Chance. An Stelle einer Strafe. Du hast jetzt die Wahl, es ist allein deine Entscheidung. Ist jemand aus der Klasse dagegen?»

Möglich, dass einige Einspruch erheben, vielleicht sagen, sie fänden es ungerecht, denn Martin übertrete die Regeln selber am meisten. «Eben darum», wird die Lehrperson erwidern und gegenüber Martin nochmals betonen, dass es diesmal wirklich ernst gelte, sonst werde er von der Schule verwiesen.

Sofern sicher und ruhig vorgebracht, wirkt diese oder eine andere unerwartete Intervention in den allermeisten Fällen vermittelnd, denn die Schüler sind darauf nicht vorbereitet. Sie durchbricht das bis zum Überdruss vertraute und vorhersehbare Muster:
- Provokation – geringe Reaktion, absichtliches Wegsehen
- neue schlimmere Störung – nicht überzeugende Zurechtweisung
- Ausweitung der Provokation – Ermahnungen, Drohungen
- Eskalation – entnervte Lehrperson, massivere Drohungen, Strafen
- offene Rebellion, wiederholte Regelverstösse, krasse Gewalt – Kapitulation der Lehrkraft, eventuell Schulheim, Klassenversetzung oder Schulausschluss

Martins Verhalten drückt aus, dass ihm nicht wohl ist in seiner Haut. Er hat Probleme mit der Sexualität, schämt sich für sein schulisches Versagen und kann das nur mit Grossmanngetue überspielen. Er bräuchte Hilfe von einer neutralen Bezugsperson, der er vertraut. Die aber scheint in diesem Fall zu fehlen. Der Lehrkraft wird mit dem Hinauswurf des Randalierers geholfen, dem Jungen damit aber der Start in die Zukunft noch mehr erschwert. Auch wenn er zeitweise Einsicht in die Massnahme gezeigt und sich geschämt haben soll, hat er den Ausschluss doch als unfair empfunden, was er auch ist.

Ohne psychologische Unterstützung des Querschlägers, ohne Elterngespräche und Supervision der Lehrperson wird sich ein dermassen schlechtes Lehrer-Schülerverhältnis kaum einrenken. Sind mehrere Schüler vom Provokationsvirus angesteckt, braucht die ganze Klasse ein Training in Krisenbewältigung und Konfliktverarbeitung mit externen Fachleuten.

Erfolgreich kann beispielsweise auch ein Vorgehen sein, das dem Schüler, wenn irgendwie möglich, unter vier Augen sagt:

- Er sei im Grunde ein prima Junge – erst das Positive hervorheben, seine Integrität nicht abwerten.
- Sein Benehmen sei aber unter keinen Umständen länger tolerierbar – das Verhalten kritisieren.
- Er könne sich jetzt überlegen, ob und wie er sich ändern wolle – Gelegenheit, sich wieder positiv einzubringen.
- Falls er Hilfe wünsche ... – die Adresse eines Antigewaltpädagogen angeben.

Schüler, die von ihren Lehrpersonen wegen schlechter Leistungen keine Abwertung ihrer Integrität erfahren, sondern in ihren Bemühungen, auch bei minimalem Erfolg, unterstützt werden, haben es seltener nötig, in Dampfkesselmanier bei Überdruck zu explodieren. Auch sinkt die Bereitschaft, durch Störaktionen und Gewalttätigkeit negative Aufmerksamkeit zu erzwingen. Wer sich im Klassenverband angenommen fühlt, ist weniger anfällig für Gewalt.

Nur wer gedemütigt, falsch eingeschätzt, freudlos, über- oder unterfordert die als ätzend langweilig empfundenen Schulstunden passiv absitzen muss und sich als Aussenseiter und Nobody fühlt, sucht in der Regel

Beachtung durch Rambogehabe, Schlägereien oder Frustrationsabfuhr in Prügel- und Vandalenakten. Dafür eignet sich, was gerade ins Blickfeld gerät: Kameraden, Lehrpersonen, Schulmobiliar, Toiletten, S-Bahn-Sitze, Scheiben, Strassenlaternen, Hauswände, Autos, Kioske etc. Anführer von Jugendbanden und ihr Gefolge verbreiten auch in manchen Klassen Angst, ignorieren und erpressen schwächere Mitschüler und pöbeln herum, was den Unterricht ungemein erschwert und wiederum das falsche Selbstbewusstsein der Übeltäter erhöht.

Kein Jugendlicher dürfte sich dauernd als Schlusslicht fühlen. Es gibt keine Kinder ohne Stärken. Lehrpersonen haben die Aufgabe, diese Fähigkeiten zu finden und die Kids darin zu bestätigen. Dann fällt das Bedürfnis eher weg, sich den vermissten Respekt durch negative Aktionen oder Mackergetue zu holen. Menschen, die sich als Verlierer empfinden, neigen vermehrt zu Vergeltungsaktionen. Da unsere Gesellschaft in Winner- und Losertypen eingeteilt wird, haben Erziehungsverantwortliche hier ein Korrektiv zu schaffen.

Viele Lehrpersonen, die das Vertrauen ihrer Klasse erworben haben, kümmern sich eingehend um die Probleme ihrer Schüler und Schülerinnen, sogar in ihrer Freizeit, obschon das eigentlich nicht zu ihrem Auftrag gehört. Es bewährt sich aber, und darum kann nicht genug wiederholt werden: Vertrauen durch eine gute Beziehung zwischen Kind und Erwachsenem ist ein massgeblicher Faktor für den Lernerfolg, mehr als jede noch so neue Methode. Sind Lehrpersonen authentisch, dann machen sie sich und der Klasse nichts vor. Nur so kann sich eine Vertrauensbasis bilden. In solchen Klassen ist der Gewaltpegel merklich niedriger.

Lehrer und Lehrerinnen sollten mit den Eltern gemeinsam allzu wirtschaftsgesteuerte Forderungen nach anhaltender Effizienzsteigerung und Leistungserhöhung im Kindesalter verweigern. Kinder sind keine Lernmaschinen. Die richtige Mischung zwischen Fördern, Fordern und Über- oder Unterforderung ist oft sehr schwierig zu treffen. Am erfolgreichsten ist, die angeborene Lust am Forschen und Lernen recht lange auszunützen und den Kindern viel Raum für Bewegung, sportliche Aktivitäten, Aufgaben mit Erfolgserlebnissen und kreativem Selbsteinsatz zu geben. Schule soll ein lustbetonter statt ein angstbesetzter Ort sein. Anregend statt grau und langweilig.

Die Verdrängung des Musischen in den Lehrplänen zugunsten des Rationalen wird dem sozial integrierenden Effekt, den Musik und alles Gestalterische auf Heranwachsende haben, ein Ende bereiten. Die Vielfalt der nicht kognitiven Ressourcen bei Kindern und Jugendlichen wird zu wenig genutzt und verkümmert. Dabei ist Kreativität, als nicht zweckgebundenes Tun, eine der wirksamsten Präventionen gegen Gewalt.

Massnahmen gegen überbordende Aggressivität

Vorschläge für Eltern:

– Nicht unsicher wirken; Angst macht Kinder aggressiv.
– Kinder von klein an Empathie und altruistisches Verhalten erfahren lassen.
– Liebe nicht mit Verwöhnung verwechseln.
– Eine gemeinsame Mahlzeit pro Tag festigt den familiären Zusammenhalt.
– Sich nicht vom Kind manipulieren lassen.
– Scheinheiliges Wertegelaber und zwiespältige Botschaften vermeiden.
– Der eigenen Intuition mehr vertrauen.
– Über die Inhalte von Computergames und die Anzeichen einer Spielsucht informiert sein und darüber sprechen.
– Warnsignale bei Jugendlichen rechtzeitig erkennen und handeln.
– Eltern und Kinder sollen im beidseitigen Interesse Frustrationen aushalten lernen.
– Viele Kinder passen nie in einen Mittelmassraster und müssen individuell behandelt werden.

Vorschläge für Lehrpersonen:

– Schülern und Schülerinnen Erfolgserlebnisse verschaffen: Mehr positiv verstärken als tadeln, aber kein billiges Lob! Freude am Lernen durch Anregungen, Berechenbarkeit statt Unverbindlichkeit vermitteln; jedem sein eigenes Tempo statt Leistungsdruck.
– Eine ruhige, abwechslungsreiche und angenehme Arbeitsatmosphäre schaffen.
– Weder den Kumpel noch die Unfehlbare mimen.
– Nicht mit Vertrauen geizen.

- Gruppen verhalten sich aggressiver als Einzelne: sich darum bei einer Klasse oder Gruppe von Jugendlichen rasch die natürliche Alphastellung verschaffen.
- Widerborstigen Jugendlicher zur Abwechslung mit Humor und unerwarteten Reaktionen begegnen.
- Das Charisma der Lehrperson ist meist wichtiger als die Methode.
- Einbezug durch Kooperation und Mitverantwortung der Kids reduziert Vandalismus.
- Ein Schulverbot ist meistens keine Lösung. Jungs brauchen statt dessen engagierte schulische Bubenarbeiter und Mädchen ein weibliches Pendant.
- Schüler und Schülerinnen wollen wissen, wos langgeht.
- Sie möchten neben Teamwork auch die eigene Leistungskapazität im Wettbewerb mit anderen testen.
- Jugendliche akzeptieren Regeln, die sie selber vorschlagen und die auch für die Lehrkräfte gelten.
- Eine Binsenwahrheit: Nicht jede Lehrperson eignet sich für jedes Kind.
- Genügend Freiräume wünschen sich Jungen und Mädchen.
- Kids schätzen Dialoge mit Erwachsenen verschiedener Altersstufen.
- Bezugspersonen mit natürlicher Autorität haben weniger Probleme mit Pubertierenden.
- Verbindliche Strukturen (pünktlich sein, Aufgaben machen, einander helfen, keine Gewalt, Konflikte anders lösen, sich für Frechheiten entschuldigen, nicht auf den Boden spucken, Rauch- und Waffenverbot u. Ä.) erleichtern soziales Verhalten und fördern den Zusammenhalt.

IV Die Erziehung hat versagt – es lebe die Pädagogik!

*Erwachsene müssten eigentlich einmal eine Woche lang auf
den Knien herumrutschen. Damit sie erfahren, wie gross das Macht-
gefälle gegenüber Kindern allein schon physisch ist.*

Roald Dahl, ‹Charlie und die Schokoladenfabrik›

Erziehung versus Pädagogik

«Ist Pädagogik und Erziehung nicht dasselbe?», werden sich viele fragen.

Pädagogik liefert den theoretischen Hintergrund, Erziehung setzt das
pädagogische Konzept im Alltag um. Erziehung bedeutet, Kinder zu le-
bensfähigen, kritischen und selbstbewussten, aber auch gemeinschaftsfä-
higen und empathischen Erwachsenen zu drillen, zu formen, zu bilden,
anzuleiten. Entscheidend ist das jeweils benützte Verb; dieses informiert
über die pädagogische Haltung der Erziehenden, ihre Methode, ihr Menschenbild und die Beziehung zum Kind, gibt Aufschluss über seine Stellung
in der Gesellschaft.

Zu Beginn des 20. Jahrhunderts verwirklichten Fachleute mit der so genannten Reformpädagogik der Waldorf- und der Montessori-Schulen einen
vom Kind her bestimmten Ansatz. Die Epoche wurde nach dem gleichna-
migen Buch der schwedischen Autorin Ellen Key euphorisch ‹Jahrhundert
des Kindes› genannt. Doch die erzieherischen Inhalte erreichten in der Nazi-
zeit mit ihren faschistischen Zwangsmethoden zu sturem Gehorsam und
blinder Autoritätsgläubigkeit einen absoluten Tiefpunkt (von den Gräueltaten gegen Kinder unter dem Naziregime ganz zu schweigen).

Erst dank des Rundumschlags der 68er-Generation fand im Westen
endlich ein radikales Umdenken in Bezug auf das Erwachsenen-Kind-Ver-
hältnis statt. Autorität an sich galt von da an als Quelle von Repression und
Unterdrückung jeder freien Willensäusserung und Erziehung folglich als
autoritäres Machtinstrument des Stärkeren gegen Schwache. Und das
schwächste Glied in der Unterdrückungskette ist das Kind.

Als Folge entstand der antiautoritäre Erziehungsstil, der den Kindern alle
Freiheiten überliess und somit einen Teil der Erwachsenen-Verantwortung

ebenfalls an den Nachwuchs delegierte. Wann und wie viel essen, schlafen, womit sich beschäftigen, ob und was lernen: Kinder jeden Alters wissen selbst, worauf sie Lust haben, was ihnen gut tut – so lautete die Botschaft. Sie entwickeln sich gleichsam ohne Zutun besserwisserischer Mütter und Väter.

Ein Ansatz, der ab einer gewissen Reife der Söhne und Töchter teilweise (!) durchaus zutreffen mag. Werden aber schon Kleinkinder mit an einer Schnur befestigten Saugflasche stundenlang allein gelassen, beschäftigen sich Mütter und Väter ständig hauptsächlich mit der Suche nach neuen Partnern, dann ist jedes Kind mit diesem zu frühen Auf-sich-selbst-gestellt-Sein überfordert.

Freiheit in allen Lebenslagen nahmen sich auch die Eltern. Dabei wurde manchmal weit übers Ziel hinaus geschossen. Was sich beispielsweise nur schon auf den WG-Matratzen im Dabeisein von und mit Kindern abspielte, würde heute zum Teil als sexuelle Belästigung Pflegebefohlener oder als inzestuöser Übergriff bestraft. Die antiautoritäre Erziehung, unter dem moderateren Begriff Anti-Pädagogik später wissenschaftlich gestützt, haben leider manche Eltern als Freibrief für eine zügellose Lebensführung missverstanden, Kinder waren für sie nette oder gar lästige Anhängsel.

Der antiautoritäre Gedanke hat sich längerfristig vor allem als wirkungsvolle und dringend notwendige Distanzierung von herrschaftlichen Machtstrukturen bewährt.

Im Gegensatz zu heutigen Eltern kämpften die der marxistischen Ideologie verpflichteten und politisch in Antikriegs- und Anti-AKW-Demos, Sit-ins und Vollversammlungen integrierten Mütter und Väter für eine gerechtere und bessere Welt. Ihre Kinder sollten frei von Unterdrückung und Klassenschranken aufwachsen, betreut von einem Umfeld soziologisch und psychologisch halb gebildeter Hütepersonen.

Trotz ähnlicher Forderungen (Krippen, Horte, Tagesschulen) unterscheidet sich die Motivation der heutigen Eltern: Sie wollen nicht die Welt verbessern, sondern in erster Linie Geld verdienen, ihre Freizeit geniessen, konsumieren und viel Spass haben, auch mit den Kindern.

Fazit: Der 68er-Jahre-Umschwung hat die Haltung Kindern und Jugendlichen gegenüber bleibend verändert. Die Rechte des Kindes müssen von Gesetzes wegen respektiert werden, und die Erwachsenen begegnen der jungen Generation grundsätzlich auf einer partnerschaftlichen Ebene. Regeln und Normen des täglichen Umgangs sollen zwischen Kindern und Eltern gemeinsam ausgehandelt und von beiden Seiten eingehalten werden. Kooperation ersetzt Repression. Statt mit autoritärer Angstmacherei überzeugen die neuen autoritativen Eltern durch Verhandeln, Einbezug der Kinder, Argumente, Vorbild und Authentizität. Bestraft werden allein extreme Vergehen und Zuwiderhandlungen. So weit der gegenwärtige, pädagogisch fundierte Erziehungsansatz. Nur hapert's manchmal bedenklich mit seiner Umsetzung, denn immer neue Studien mit zum Teil widersprüchlichen Ergebnissen verunsichern ausgerechnet jene Männer und Frauen, die sich besondere Sorge um die Betreuung ihrer Kinder machen: Mal wird ihnen dies, schon eine Woche später das Gegenteil empfohlen.

Pädagogik – eine relativ junge Wissenschaft – ist die Lehre vom Kind und jungen Menschen und basiert auf einem humanen Menschenbild. In den letzten Jahrzehnten hat sie sich stark auf Erkenntnisse der Kinderpsychologie und Neurophysiologie abgestützt. Kinderpsychologische Studien finden jedoch noch zu oft in Laborsituationen und einem unrealistischen Setting statt. Mit dem wirklichen Leben der kleinen Versuchspersonen haben manche Testanordnungen wenig zu tun und erinnern mehr an eine zooähnliche Situation. Hier das exotische Wesen Kind, dort – hinter Einwegscheiben – von einer Hypothese ausgehende, mehr oder weniger voreingenommene Beobachter. Die Kinder handeln nicht unter ihren gewohnten Alltagsbedingungen, und die Beobachtenden befinden sich bestenfalls in einem losen Kontakt zu ihrem ‹Forschungsobjekt›. Mit Vorbehalt aufzunehmen ist auch die Authentitzität von (elterlichen) Fragebögen, ausserdem sind statistische Auswertungen immer manipulierbar. Damit behaupte ich nicht, Studienresultate, auch unerwartete, seien getürkt. Doch eine effektive, zeitgemässe Unterstützung von Kindern und Jugendlichen hätte noch stärker die praktischen Erfahrungen kompetenter Erziehungsberechtigter zu berücksichtigen, sonst besteht die Gefahr, Eltern eine Schlagwort-Psychologie aus dem wissenschaftlichen Elfenbeinturm anzubieten.

Seit vor allem die männliche Jugend droht, vor den Augen und unter den erzieherischen Massnahmen von Eltern und Lehrpersonen zu verwahrlosen, resignieren diese zusehends. Elternkurse und Beratungsstellen bemühen sich zwar, Erziehenden zu mehr pädagogischer Kompetenz zu verhelfen, indem sie nicht nur Tipps vermitteln, sondern auch entwicklungspsychologisches Know-how. Dennoch fällt ihr erzieherisches Konzept oft widersprüchlich aus. Zusammen mit dem fehlenden Konsens über den pädagogischen Auftrag in der Öffentlichkeit verunsichert dies manche Eltern zusätzlich.

Neuerdings haben darum viele Väter und Mütter genug von jeder Aussenbestimmung und suchen lieber Halt bei ihrer eigenen Intuition. (Über Intuition und ‹Bauchgefühl› darum später mehr.)

Aus Fehlern lernen

Die menschliche Zivilisation konnte sich hauptsächlich durch Entdeckungen, Versuche, Irrtümer und neue erfolgreiche Bemühungen (trial and error) entwickeln. Einzig auf dem Hintergrund von Sackgassen, Enttäuschungen, Fehleinschätzungen und Misserfolgen entsteht das Potenzial für sozialen, technischen, kognitiven und auch ethischen Fortschritt. Learning by doing heisst das Konzept menschlicher Weiterentwicklung. Dieses Prinzip gilt ebenso für die Beziehung zwischen Menschen und ganz besonders für Eltern im Umgang mit ihren Nachkommen.

Erstgeborene sind in besonderem Mass dem Learning-by-doing-Prozess der Eltern ausgesetzt. In den Grossfamiliensystemen gab es regelmässig wieder eine neue Schwangerschaft, Kinder kamen zur Welt, gleichsam als lebendes Anschauungs- und Lernmaterial. Familien mit mehr als drei Kindern finden sich heute in unserem Kulturkreis selten, und der Umgang mit Babys ist einem Grossteil der werdenden Eltern unvertraut. Neben Freude und Stolz erwarten darum viele ihr erstes Kind mit einem Gemisch aus Unsicherheit und Angst vor dem, was die Zukunft bringt. Sie müssen erst einmal lernen, das Neugeborene richtig zu halten, zu füttern und zu wickeln. Mütter, die stillen, finden leichter Zugang zum Kind als Väter, die sich erst daran gewöhnen müssen, von der frühkindlichen Mutter-Kind-Symbiose ausgeschlossen zu sein. Seit bekannt ist, dass jeder zehnte Vater ein ‹Kuckuckskind› aufzieht, zweifeln immer mehr Väter ihre Vaterschaft an.

Nicht nur deswegen passieren erste Irrtümer. Manche Männer beginnen das Vatersein mit Eifersucht auf ihr eigenes Kind. Die Mutter will aber weder ihren Partner ausschliessen noch liebt das Kleine seinen Vater wegen mangelndem Busenkontakt weniger. Es dauert einige Zeit, bis die junge Familie ihren neuen, auch dem Baby angemessenen Lebensrhythmus findet.

Väter haben ohnehin eine gewisse Hemmschwelle, ‹dieses quäkende Teil›, das ausser saugen, schreien, gähnen und schlafen nur verdauen und Windeln beschmutzen kann, als ihren Sohn, ihre Tochter so zu behandeln, wie der kleine Schreihals oder Sonnenschein behandelt werden möchte: weder als Spielzeug noch als zerbrechliche Konstruktion. Die meisten Väter freuen sich auf den Zeitpunkt, wenn sie mit ihren Kindern herumtollen und ‹etwas Rechtes› mit ihnen tun können, und neigen dazu, den Kontakt in der frühen Babyzeit eher zu vernachlässigen.

Und unzählige Männer sind in späteren Partnerschaften die besseren Väter, als sie es bei ihren ersten Kindern waren. Sie haben oft erst durch eine Scheidung gelernt, dass ein Vater sich aktiver am Familienleben zu beteiligen hat.

Nach der Geburt des ersten Kindes werden Eltern geradezu mit Ratgebern überschwemmt. Entsprechen dann das Entwicklungstempo und das Verhalten der Kleinen nicht den Standards in dem Geschriebenen, geraten Mütter und Väter unnötig in Stress und tun oft des Guten zu viel. Das äussert sich zum Beispiel in extrem übergewichtigen Babys oder auch in allzu nervösen und die Nahrung verweigernden Schreikindern.

Erstgeborene dienen beiden Eltern nun einmal als ‹Versuchskaninchen›. Nicht zuletzt deshalb finden sich unter ihnen viele Kinder mit Verhaltensstörungen. Das heisst aber nicht, dass die Ältesten nicht ebenso von der Lernfähigkeit ihrer Eltern profitieren. Die gemachten Erfahrungen können aber nicht tel quel auf die später Geborenen übertragen werden. Denn jedes Kind ist einzigartig, und Eltern machen jedes Mal andere Lernprozesse durch, wenn auch mit zunehmender Erfahrung gelassener.

Bei vielen Müttern und Vätern gibt der Eintritt ihres Sprösslings in den Kindergarten den Anstoss, sich selber und ihr pädagogisches Leitbild zu hinterfragen. Denn ihr Umgang mit despotischen oder verwöhnten Dreikäsehochs zeigt sich spätestens zu diesem Zeitpunkt.

Kindergärtnerinnen und Leiterinnen von Tagesstätten erleben zum Beispiel, dass die Kleinen regelmässig zu spät gebracht werden, nur weil die Eltern nicht wagen, sie beim Anziehen zur Eile anzutreiben, und wegen des Zeitdrucks ein schlechtes Gewissen haben. Das morgendliche Theater entwickelt sich somit denn auch immer mehr zu einem regelrechten Machtkampf.

Die vielen ‹Bitte, bitte, bitte, trödle nicht herum, wir sind schon viel zu spät› beeindrucken die Kinder so wenig wie die Belohnungen, welche die hilflosen Mütter und Väter versprechen. Von den (folgenlosen) Drohungen ganz zu schweigen. Die Kinder werfen sich zu Boden, wenn die Eltern sie an die Hand nehmen wollen. Oft brüllen sie bis zum Kindergarten und schlagen auf die Eltern ein.

Eines Tages hatte Katrin genug. Sie brachte ihre vierjährige Tochter Linda mitten im Winter barfuss und im Pyjama zur Krippe. In ihrem Ärger über das tägliche Getrödel beim Anziehen hatte sie gedroht, Linda im Nachtgewand hinzubringen, und plötzlich wurde ihr klar, dass es kein Kneifen mehr gab, wollte sie nicht wortbrüchig werden. Sie habe sich mit dem leicht bekleideten, frierenden Kind an der Hand schlecht gefühlt, aber im Innersten gespürt, dass ihr Entschluss richtig war. Von dem Tag an kam Linda wirklich nicht mehr zu spät zur Krippe: Sie hatte begriffen, dass ihr unkooperatives Verhalten Konsequenzen nach sich zieht.

Es braucht erheblichen Mut, in der kalten Jahreszeit mit einem barfüssigen, zu leicht gekleideten Kind in Krippe oder Kindergarten zu erscheinen und auf sich zu nehmen, fortan den Stempel einer Rabenmutter zu tragen. Das Exempel, es hätte ja auch mit einer schweren Erkältung des Töchterchens enden können, ist jedenfalls nicht unbedingt zu empfehlen.

Trotzdem: Wer Kindern regelmässig droht, die Drohungen jedoch nicht wahr macht, schadet sich und dem Nachwuchs auf die Dauer noch mehr. Die Kids sind andersherum genauso verunsichert, wie wenn positive Versprechen nicht eingehalten werden. Wer als Bezugsperson sein Wort nicht hält, lässt Kinder und Jugendliche bei jedem Wortbruch ins Bodenlose fallen, was dann einer emotionalen Erkältung gleichkommt. Partnerschaftlich orientierte Eltern sollen jetzt nicht gleich aufmucken, das Beispiel zeige total autoritäres Machtverhalten.

Mangelnde Selbstsicherheit und höchst ambivalente Reaktionen sind heute bei vielen jungen, meistens berufstätigen Müttern zu beobachten. Sie haben Angst, dass die Kinder in ihrer Abwesenheit leiden, und tun alles, um sie in der gemeinsamen Zeit glücklich zu sehen. Weil ihre ‹Brut› das nicht mit Zufriedenheit honoriert, reisst dann der strapazierte Geduldfaden und die Eltern werden plötzlich aggressiv. So entsteht aus Irrtum und Schwäche eine Fehlhaltung.

Die Pubertät ist – wie schon erwähnt – ein besonders fallenreicher Lebensabschnitt. Hier können Eltern mit besten Absichten von einem Fettnapf in den nächsten treten. Besonders gross ist beispielsweise der Irrtum, aus Tagebüchern der Teenagertochter Einblick in ihr geheimes Liebesleben respektive in damit verbundene Probleme gewinnen zu können.

Eltern, die ihre Neugier, ‹weil sie es doch nur gut meinen›, nicht bezähmen können, lesen dann zur Strafe vielleicht, dass der Teenager sie überhaupt nicht erwähnt oder höchstens kritisiert, dass die Mutter ihr eine Bluse aus dem Schrank stibitzt und sich anderntags über die freizügige Kleidung der Tochter beklagt hat. Je nach dem mehr oder weniger einvernehmlichen Verhältnis zwischen Eltern und Kind, das in dieser Zeit alle Schattierungen von Sympathie bis Antipathie erreichen kann, fällt der Tonfall im Tagebuch aus. (Das Sprichwort sagt es treffend: Der Horcher an der Wand hört seine eigne Schand.)

Verzweifelte Mütter und Väter müssen aber wissen, dass das Gefühl, zu versagen, das einen Teil von ihnen fast epidemisch erfasst, weder abwegig noch ein Grund ist, sich zu schämen. Sie haben die für Eltern meist bittere Erfahrung gemacht, dass alles, was sie anordnen, von ihren Kids torpediert wird. Dabei haben sie doch so viele Opfer für ihre Kinder gebracht …

Irren ist menschlich, und aus Irrtümern lernen macht noch lange keine unfehlbare Mutter – aber es verhilft vielleicht zu einer besseren Wahrnehmung und erspart in Zukunft eine Weiterführung der eingespielten, unerquicklichen Seilziehmethoden.

Manche Eltern behandeln ihre Kinder häufig zu weich, zu streng, zu gleichgültig oder allzu besitzergreifend. Sie merken oft selbst, dass der Nachwuchs unter ihrem Verhalten leidet, wissen aber nicht, wie sich ändern. Das ‹Gespür› (Gefühl) für die echten Bedürfnisse der einzelnen Kinder und Jugendlichen kann durch Beobachtung und Interesse an ihrem Verhalten und ihren Reaktionen geweckt werden, denn nicht nur die Kids, auch die Erwachsenen lernen täglich einzeln und gemeinsam hinzu und können, so sie innerlich bereit sind, ihre Selbsterkenntnis erweitern. Erziehung ist im besten Fall zugleich Selbsterziehung. Gravierende Fehler wirken sich nur dann zu kleinen oder grösseren Katastrophen aus, wenn Erziehende sich strikt weigern, eine länger andauernde schwere Fehlhaltung ihrem Kind gegenüber zu ändern.

Wer nie scheitert, nie an seine Grenzen stösst, verpasst auch die Chance, sich weiterzuentwickeln.

Weg mit dem Trugbild ‹perfekte Mutter›!

Nobody is perfect. Nichts gilt so sehr für Eltern wie diese Maxime. Und nichts verführt vor allem Frauen so sehr zu Höchstleistungen wie der Wunsch, eine ganz gute, eine perfekte Mutter zu sein. Vergebliches Bemühen! Nur zu rasch werden alle Anstrengungen in Richtung mütterliche Lorbeerkrone von der Realität zunichte gemacht. Ein Glück, vor allem für die Kinder.

Unendlich lange galten Mütter als alleinige Erziehungsverantwortliche und damit auch als Verursacherinnen jeder Art von Problemkind. Bettnässen, Asthma, Schulschwierigkeiten, aber auch schwere Krankheitsbilder wie beispielsweise Schizophrenie, alles wurde mütterlichem Versagen angelastet. Dank neusten, vorwiegend neurophysiologischen Erkenntnissen ist der Mythos der allzeit verantwortlichen und allseits schuldigen Mutter endlich am Verschwinden. Wenigstens im zeitgemässen Verständnis psychopathologischer Phänomene. Ehemalige Zuschreibungen wie ‹schizophrenogene› Mutter gehören ins Gruselkabinett!

Im Bewusstsein mancher Mütter ist diese entlastende Erkenntnis aber noch keineswegs verwurzelt. Am schlimmsten leiden unter dem eingeimpften weiblichen Schuldsyndrom weiterhin Frauen mit dem unrealistischen Anspruch auf Perfektion in sämtlichen Rollen: perfekt als Mutter, ambitiös im Beruf, erstklassig in der Rolle von Gastgeberin und Hausfrau und attraktiv im Bett. Powerfrauen, die erfolgreich dieses Viererpack meistern (die gibt es wirklich!), sind aber in der Regel das Gegenteil von perfekt. Sie sind keine Übermutter und wollen auch keine werden, lassen im Haushalt ruhig hier mal was liegen, drücken dort ein Auge zu und teilen sich mit ihren Partnern die Hausarbeit ohne den penetranten Anspruch auf ein Vorzeigeheim bzw. eine Vorzeigefamilie.

Nach einigen Nervenkrisen infolge dauernden Nichtgenügens und des Gefühls, zu einem Sisyphusschicksal verdammt zu sein, erkennen viele Frauen endlich den Zuwachs an Lebensqualität, den die Beschäftigung mit einem oder zwei Kindern bietet. Die Kids haben erste Priorität. Am Beruf lässt sich kaum etwas abzwacken. Der Haushalt dagegen hat sich unterzuordnen. Es wird keine Verwahrlosung propagiert, aber zwischen Saustall und Schöner-Wohnen-Ambiente gibt es unzählige Zwischenstufen. Vergammeltes Geschirr mit tagealten Speiseresten ist unappetitlich bis eklig und kann auch nach einem Multipack-Tag abgewaschen werden, aber der wöchentliche gründliche Hausputz etwa ist so überflüssig wie das pingelige Bügeln von Wäsche oder das gestresste Aufräumen und Abstauben, ehe Besuch kommt. Die Abendsonne scheint ebenso romantisch durch ungeputzte Fenster, der Ständer mit Wäsche zum Trocknen oder Kinderspielzeug am Boden stören weder die gute Laune noch gute Freunde – leere Gläser und Flaschen, volle Aschenbecher, herumliegende, getragene Wäsche und Socken, abgestandene Luft hingegen schon. Das Essen darf einfach und rasch gekocht sein. Mütter von kleinen Kindern, die einer Mehrfachbelastung ausgesetzt sind, sollen ihre Köchinnenambitionen und ihre Hausarbeit aufs Notwendige beschränken. Lieber Spuren vom Babybrei auf den Jeans, ein fröhliches Kind und weniger Stress. Nach einem gemeinsamen Abendessen samt zwangloser Austauschstunde mit den älteren Kids darf ruhig um Mithilfe von Angehörigen (und Freunden) bei der Hausarbeit gebeten werden. In jeder Partnerschaft sollte eine gültige Absprache über die zu erledigenden Arbeiten selbstverständlich sein, in vielen Familien hängt ein Monatsplan an der Wand. Benützen Sie die Helfer-Phase der kleineren Jungs und Mädchen, solange sie noch helferisch motiviert sind. Geht im Eifer ein Glas, ein Teller kaputt, ist das kein Weltuntergang.

‹Perfekte› Mütter müssen lernen zu delegieren, also auch zu akzeptieren, dass Papa halt einen anderen, männlichen Ordnungssinn hat und die Küche nach seinen Vorstellungen ein- und umräumt. Auch zu Hause flexibel zu bleiben, dürfte der modernen Familienfrau eigentlich nicht so schwer fallen. Die erstrebte Perfektion bleibt auf der Strecke; dafür verbessern sich die nervliche Stabilität und das familiäre Klima zusehends.

Unperfekte Mütter füllen die Räume ihrer Wohnung mit Zufriedenheit und einem annehmbaren Gesamteindruck, nicht mit dem Geruch von

Putzmitteln. Sie ersetzen äussere Aufgeräumtheit durch innere. Eine positive Ausstrahlung bietet Kindern mehr Heimat und Geborgenheit als Staubsaugerlärm und Meister-Proper-Böden. Kein Kind erinnert sich später an Hochglanzfensterscheiben, wohl aber an gute Laune und eine angenehme Atmosphäre. Lieber eine Hausfrau, die einen gekauften Kuchen aufstellt, dafür nicht mit Musse und Freude am Zusammensein mit ihren Kindern geizt und sich Zeit bewahrt, um Partnerschaft und Freundeskreis zu pflegen.

Die perfekte Mutter existiert höchstens im kitschigen Heimatfilm. Eine gute Mutter will ohnehin erst gar nicht perfekt sein. Sie weiss, dass sie dieses Ideal nie erreicht, höchstens psychisch aufgerieben wird und darunter die Beziehung zum Kind, zum Partner, ihr Beruf und die eigene Gesundheit leiden.

«Kommt heute Abend wieder Besuch?», pflegte einer unserer Söhne zu fragen, wenn er mich mit dem Staubsauger durchs Haus flitzen und emsig Ordnung machen sah.

Gehen wir in uns: Wozu wollen wir denn so perfekt sein? Überall brillieren? Gut im Job sein und trotzdem die schlausten Kinder, den besten Kuchen, die aufgeräumteste Wohnung vorzeigen, verführerischste Gefährtin sein? Aus Minderwertigkeitsgefühlen, aus dem Bedürfnis nach Anerkennung, um den Neid der Konkurrentinnen zu nähren, oder ganz einfach aus dem Wunsch nach Macht? Um den Töchtern von klein an zu zeigen: So weit bringt ihrs niemals? Um Unentbehrlichkeit vorzutäuschen: Ohne mich seid und könnt ihr nichts? Ihr braucht mich. Oder um die Märtyrerin spielen zu können: Wie erzwinge ich lebenslange Dankbarkeit? Ich opfere mich Tag für Tag selbstlos für euch auf, und was ist der Dank? Womit habe ich das verdient?

Seien wir ehrlich: Steckt nicht in uns allen ein Quäntchen Perfektionsbedürfnis, und – schauen wir genauer hin – entspringt es nicht höchst eigennützigen Motiven? Mehr Psychohygiene, Ehrlichkeit und eine weniger gereizte Beziehung zu Söhnen und Töchtern könnten damit beginnen, das Restrisiko ‹Perfektionswahn› langsam, aber sicher abzubauen.

Das Leben mit Kindern jeden Alters bringt so viel An- und Aufregendes, Schönes und Ernstes, dass wir uns all dem nicht mit weniger dringlichen Beschäftigungen entziehen sollten. Statt die allerbesten Mütter oder

120

Väter sein zu wollen, müssten wir uns viel mehr bemühen, gewöhnliche, dafür aber echte, authentische Eltern zu werden; Fehler eingestehen, nichts beschönigen und, wo nötig, aus Schwächen, Unterlassungen, Irrtümern – aus unserem ganzen, breiten Fehlerarsenal Alternativen und neue Impulse gewinnen.

Das A und O im Umgang mit Kids: eine tragfähige Beziehung

Gute Beziehungen sind eine der wichtigsten Voraussetzungen im mitmenschlichen Umgang. Nicht nur zwischen Eltern und Kindern, auch zwischen Paaren können Beziehungsstörungen auftreten, und im Arbeitsleben ist das Knüpfen von richtigen Beziehungen oft der halbe berufliche Erfolg.

Einer der Leitsätze für Eltern und Lehrpersonen lautet: Ohne eine positive Beziehung sind pädagogische Bemühungen auf die Dauer wenig erfolgreich. Eine simple Erkenntnis: Ehe wir am kindlichen Verhalten herumlaborieren, um dem Nachwuchs das notwendige, sozial erwünschte Know-how beizubringen, muss eine tragfähige Beziehung auf einer Basis der Verlässlichkeit, gegenseitiger Zuneigung und Wertschätzung aufgebaut werden. Kinder müssen das elterliche Vertrauen in ihre Person und in ihre Verantwortungsfähigkeit so früh wie möglich erfahren dürfen.

Bei Söhnen und Töchtern genügt deshalb kumpelhaftes oder geschwisterliches Verhalten – ein fundamentaler Irrtum vieler Nach-68er-Eltern – nicht, um ihnen ein Grundgefühl an notwendiger Sicherheit und Geborgenheit zu geben. Geschwister sind in der Regel auf derselben Generationenebene, doch selbst junge Eltern sind nun einmal älter, obgleich sie sich in Geschmack und Geisteshaltung immer stärker ihren Kids angleichen.

Eine infantile Attitüde allein bietet denn auch keine Gewähr, die angeborenen Bedürfnisse eines Kindes zu erfüllen. Mütter und auch Väter haben zuallererst Nähe, Schutz und Wärme zu gewährleisten, was dem neuen Erdenwesen die Gewissheit vermittelt, dass es Zuwendung und Liebe verdient und diese auch bekommt. Deswegen findet sich ein gut betreutes Kleinkind auch selbst liebenswert und kann im späteren Leben von dieser positiven Ur-Erfahrung profitieren. Es ist (an die Mutter/an die Eltern) gut gebunden und wird – laut jüngsten Studien – sich in manchem problemloser entwickeln als seine unsicher gebundenen Kameraden. Interessant ist auch die Beobachtung, dass Zweijährige, deren Väter viel mit ihnen spielen, später leichter Freundschaften aufbauen und gut mit unvorhergesehenen Situationen zurechtkommen sollen.

Eine Langzeitstudie über das Bindungsverhalten von hundert Kindern ergab bedenkenswerte Einzelheiten. Unsicher gebundene Kinder brauchten zum Beispiel mehr Zeit, um aus Klötzchen einen Turm zu bauen, da bindungsunsichere Knirpse sich leichter unter Druck gesetzt fühlen und aus negativen Gefühlen weniger rasch einen Ausweg finden.

Auf die Bedeutung des frühen Bindungsverhaltens hingewiesen hat erstmals der Psychoanalytiker John Bowlby. Er vertrat schon vor Jahrzehnten die Ansicht, die Qualität der Bindung in den ersten drei Lebensjahren sei verantwortlich für das spätere psychische Wohlbefinden eines Menschen. Bowlbys Theorie von stabilen, sicher oder unsicher, also schlecht gebundenen Kindern ist heute Allgemeinwissen. Leider gab sie auch den Schuldzuschreibungen mütterlicherseits neue Nahrung und begünstigte den Mythos der Rund-um-die-Uhr-Mutterschaft: Die Mutter hat Familienfrau zu sein und darf nur mit schlechtem Gewissen oder in Notfällen ausser Haus arbeiten. Diese Forderung ist inzwischen jedoch Schnee von gestern.

Es ist für Eltern trotzdem hilfreich zu wissen, dass 18 Monate alte Kleinkinder, die nicht weniger als vier, aber auch nicht länger als 20 Stunden pro Woche nicht von einem Elternteil betreut werden, bei einer kurzen Abwesenheit der Mutter weniger verzweifelt reagieren als Kinder, die entweder gar nicht oder zu lange von ihr getrennt sind.

Gut gebundene Kinder gehen als Erwachsene in Partnerschaften leichter eine enge Bindung ein. Unsicher gebundene dagegen scheuen in einer Beziehung auch später jede Verantwortungsübernahme. Sie wirken zwar von klein an kontaktfreudig, aber distanzlos. Da sie feste Bindungen scheuen, bleiben ihre partnerschaftlichen Beziehungen aus Furcht vor Zurückweisung und vor zu grosser Nähe häufig im Unverbindlichen stecken.

Doch zur Ermutigung der vielen ausser Haus arbeitenden Mütter: Auch Kleinkinder ertragen eine Krippenbetreuung unbeschadet, wenn sie in kleinen Schritten darauf vorbereitet und möglichst von einer konstanten Person betreut werden. Zudem ist nicht die Dauer der mütterlichen oder väterlichen Anwesenheit, sondern die Qualität der Bindung für die kindliche Entwicklung entscheidend. Sicher gebundene Kinder haben im Allgemeinen mehr Vertrauen in ihre Eltern, mehr Selbstvertrauen und ein schnelleres Entwicklungstempo.

Bei älteren Kids beschränkt sich die Erziehung keinesfalls auf ‹Grenzen setzen›. Ein hingebungsvoller Umgang mit den Sprösslingen bringt viel, er darf elterliches Handeln aber nicht vom Wohlwollen der Kinder abhängig machen. Erziehende haben in erster Linie Vertrauen aufzubauen und den Jungs und Mädchen zu helfen, eine akzeptable Umgangskultur, möglichst viel Eigenverantwortung, Frustrationstoleranz sowie Entscheidungs- und Urteilsfähigkeit zu entwickeln. Dabei geht es um mehr als um die viel gepriesene ‹Kommunikation›. Echter Dialog funktioniert nur übers ‹aktive Zuhören› (Gordon): Bei jedem Konflikt wird das Kind zuerst ruhig angehört. Mutter oder Vater bestätigen dann, dass sie sein Anliegen oder sein Problem verstanden haben. Statt nun aber vorschnell mit Elternrat und -tat einzuschreiten, sollen Kinder selber eine Lösung für ihren Konflikt finden, nur in Ausnahmefällen unterstützt durch Mutter und/oder Vater.

Eine vertrauensvolle Beziehung zu den Bezugspersonen ist also das Fundament jeder gesunden kindlichen Entwicklung. Kleinkinder ‹gehorchen› eh nur, um ihren Eltern eine Freude zu machen. Sie brauchen manchmal handfestes elterliches Eingreifen und auch strikte Verbote in gefährlichen Situationen. Doch jede Einschränkung empfinden sie in ihrem Explorationsdrang begreiflicherweise als Hemmschuh. Bei Jugendlichen treten dann Begründungen, auch Streit über unterschiedliche Ansichten und Meinungsverschiedenheiten sowie irgendwann Kompromissfähigkeit an Stelle von Vorschriften; sie reagieren mit der ganzen Palette von Einsicht bis zur totalen Ablehnung.

Dabei haben die Eltern ebenfalls eine Entwicklung zu durchlaufen: ihre Heranwachsenden innerlich freizugeben, sie von der seelischen Nabelschnur zu lösen. Das fällt fast allen sehr schwer und gelingt nur, wenn zwischen Jugendlichen und den Erwachsenen die Gewissheit besteht, dass Söhne und Töchter samt ihren Sorgen zu Hause jederzeit ein offenes Ohr finden. Jederzeit heisst dann, wenn die Adoleszenten sich aus eigenem Antrieb ein Problem von der Seele reden möchten. Selbst wenn sie aus Starrköpfigkeit gescheitert oder sonst irgendwie abgestürzt sind.

Dabei sind wir Eltern in erster Linie Zuhörende. Jede Kritik hat bei solchen Vertrauensbeweisen erst mal auszubleiben. Auch ein Ratschlag wird nicht immer gewünscht. Manchmal genügt ein offenes Ohr, und die Kids fühlen sich erleichtert.

Die Mehrheit der Jugendlichen befindet sich zum Glück selten in psychischen Extremsituationen. Sie besprechen eher Belangloses unter Tür und Angel. Ihre Beziehung zu den Eltern ist im Allgemeinen weniger gestresst und partnerschaftlicher.

Bei grossen Spannungen oder zwischen überforderten Eltern und ihren Teenagern herrscht hingegen zeitweise eine Funkstille, die es zu durchbrechen gilt, wenn die richtige Zeit dazu gekommen ist, damit die Fronten sich nicht allzu sehr verhärten.

In einer sechsten Klasse fand sich ein einziger Schüler, der mit seinen Problemen zu den Eltern gehen und bei ihnen jederzeit Gehör finden konnte. Alle andern – es handelte sich um 12-Jährige – lachten bei diesem Geständnis den Jungen zuerst als Muttersöhnchen aus, meinten aber anschliessend, sie würden ihn eigentlich beneiden. Ihre Eltern hätten leider nie Zeit, wenn sie ihren Rat bräuchten, immer würden sie auf später vertröstet, denn die Mütter und Väter hätten genügend eigene Probleme. Darum sei es ihnen verleidet, mit Erwachsenen über ihre Schwierigkeiten zu sprechen.

In dieser Klasse vertraute sich auch niemand einer Lehrperson an. Erwachsene verhielten sich ihren Problemen gegenüber zu gleichgültig, behaupteten sie.

So ausserordentlich positiv das Verhältnis zwischen Sohn und Eltern im obigen Beispiel ist, so speziell ist die folgende Mutter-Sohn-Beziehung. Hier geht das Bedürfnis nach einer intakten Beziehung vor allem vom Kind aus. Kommt es zu einem erheblichen Ungleichgewicht, kann das für Jugendliche nachhaltige Folgen haben.

Der 13-jährige Michi ist das Beispiel eines schwierigen, schlecht gebundenen pubertierenden Jungen, dem alles piepegal war: passionierter Schulschwänzer mit einem beeindruckenden Register von Vergehen und einer provokanten Distanzlosigkeit Erwachsenen gegenüber. Seinen Vater kennt er nicht, er ist geschwisterlos, bis zu seiner Heimeinweisung lebte er bei der Mutter.

Im ersten Jahr hat er sich allen düsteren Prognosen zum Trotz in einen guten Schüler verwandelt. Umso hilfloser reagieren Sozialpädagogen und

Lehrerin, als er eines Tages in sein altes Verhaltensmuster zurückfällt und noch einen Zacken zulegt. Niemand kann sich die Ursache dieses Umschwungs erklären, er weicht jedem Gespräch aus. Äusserlich ein junger Mann, benimmt er sich wie ein vertrotzter kleiner Junge und wird wegen Bagatellen gegen seine Kameraden tätlich.

Unter einem Vorwand behält ihn seine Lehrerin zurück. Er hockt und schweigt, sie schweigt ebenfalls und korrigiert Arbeiten, bis seine Gefühlsblockade plötzlich bricht und er heftig zu weinen beginnt. Stockend erzählt er, von seiner Mutter habe er seit einer Woche nichts mehr gehört, sie sei telefonisch nicht erreichbar, er fürchte, sie habe sich umgebracht, sie hätte schon zwei Suizidversuche hinter sich.

Umgehend ruft die Lehrerin bei einer Nachbarin an, die zum Glück daheim ist, und erfährt, seine Mutter sei für zehn Tage mit ihrem neuen Freund verreist. Fast hörbar fällt dem Jungen ein Stein vom Herzen. Und als tags darauf ein mütterlicher Postkartengruss von einer griechischen Insel eintrifft, ist er wieder der alte Michi.

Dieser Fall scheint in mancher Hinsicht ungewöhnlich. Zwar leidet Michis Mutter zeitweilig unter Depressionen, trotzdem darf ihr vorgeworfen werden, dass sie über wenig Einfühlungsvermögen in ihren Sohn verfügt und an einer tieferen Beziehung nicht sehr interessiert scheint, da sie es nicht einmal nötig fand, ihren Sohn über ihre Abwesenheit zu informieren.

Kinder und Jugendliche, die in ihrer eigenen Familie leben, müssen oft mit ähnlich schlimmen Belastungen umgehen, und dies ohne nötigen seelischen Beistand von aussen. Ihre Reaktionen gelten dann zu Unrecht allzu rasch als Verhaltensstörungen, ohne dass deren Ursachen genau bekannt sind.

Mit professioneller Unterstützung können gestresste und problembeladene Eltern lernen, dass und wie Halbwüchsige trotz scheinbarer Selbständigkeit eine regelmässige Begleitung und Teilnahme brauchen – und im Grunde sehr schätzen.

Motzen gegen die Lehrerschaft

Ohne offenen Austausch zwischen Lehrpersonen und Eltern fehlt auch hier die Basis zu einem pädagogisch halbwegs gelungenen Handlungsspielraum. Ein regelmässiger Kontakt zwischen Schule und Elternhaus ist eine der tragenden Säulen für einen erfolgreichen Schulbesuch. Teamwork, aber auch selbständiges Arbeiten, soziale Kompetenz und Verantwortungsbewusstsein lernen Kinder nur in einem erzieherischen Umfeld, das in grundlegenden Fragen nicht auseinander driftet. Kindlicher Fortschritt misst sich zudem nicht allein an Noten. Schule dürfte für ein Kind weder notwendiges Übel noch ein Auslöser von Ängsten sein, sondern ein Ort, an dem seine Wissbegier und sein Forscherdrang Nahrung finden und seine kognitiven Fähigkeiten, aber auch andere brachliegende Begabungen entdeckt und gefördert werden, sodass es, zusammen mit dem Rüstzeug vom Elternhaus, im rauen Leben bestehen sollte.

Ein stabiler schulischer Rahmen kann bis zu einem bestimmten Grad sogar Defizite des Elternhauses ausgleichen, wenn die unkooperativen Eltern nicht zusätzlich gegen die Lehrerschaft hetzen. Viele Problemkinder sind dankbar, wenn sie auf einen Lehrer, eine Lehrerin treffen, die ihnen den vermissten Halt und persönliches Engagement schenken, ohne die angemessene Nähe-Distanz-Grenze zu missachten. Trotzdem dürfen die Regelklassen der Volksschule nicht zum Auffangbecken verhaltensauffälliger oder verzogener Kids werden. Bis zu einem gewissen Grad ist deswegen – mit und ohne Hilfe der Eltern – eine Unterstützung durch Schulsozialarbeiterinnen und Schulhauspsychologinnen unerlässlich.

Zur elterlichen Umgangskultur gehört unter anderem, dass nicht in Anwesenheit der Schüler über Lehrpersonen losgezogen wird, sondern Mütter und Väter mit einer wütenden Ad-hoc-Verurteilung lehrerlicher Massnahmen zuwarten, zuerst mit den Verantwortlichen sprechen und mit ihnen die Meinungsverschiedenheiten auszutragen versuchen. Natürlich dürfen Kinder den Kropf zu Hause leeren und mal über ihre Lehrer schimpfen, aber sie haben ebenso damit fertig zu werden, dass Enttäuschungen und schlechte Bewertungen ihrer Arbeiten nicht immer die Fiesheit und Parteilichkeit der ‹blöden Kuh› oder des ‹doofen Lehrers› beweisen. Auch für schludrige und Last-Minute-Schulleistungen müssen Schüler und Schülerinnen die Konsequenzen tragen. Und es ist Aufgabe der Eltern, ihre Kinder den Umgang mit selbst und sogar mit unverschuldeten Frustrationen zu lehren, aber auch den Mut, sich anständig für ihre persönlichen Überzeugungen zu wehren.

Schule und Kindergarten sind den Jungs und Mädchen auf keinen Fall von vornherein durch die Eltern zu vergraulen, mögen diese auch noch so sehr unter schlimmen Pädagogen gelitten haben. Ihre Kinder leben in einer anderen Zeit und sollen sich ihr eigenes Urteil bilden dürfen.

Die fünfjährige Rebecca kommt zum ersten Schnupperbesuch in den Kindergarten. Schon in den Wochen zuvor gab es unter den Eltern deswegen Auseinandersetzungen, welche die Kleine mitbekam. Der Vater redete dauernd von der bösen Kindergartentante, unter der er seinerzeit gelitten hatte. Deswegen wollte auch er die Kleine an diesem Tag begleiten. An sich ein löblicher Entschluss. Doch er tat es nicht des Kindes wegen, sondern um seinen angestauten Groll gegen diese ‹Weiber› abreagieren zu können. Wenn nötig, wollte er der Kindergärtnerin klipp und klar sagen, was er von ihresgleichen hielt. Je näher dann der Schnuppertag rückte, desto mehr sträubte sich Rebecca gegen den Besuch. Schon allein das Wort Kindergarten brachte sie zum Weinen.

Der Start in Grundstufe, Kindergarten oder Schule glückt bei elterlichen Aversionen nur problemlos, wenn diese ihre Unlustgefühle vor dem Kind verbergen. Humorvolle und einfühlsame Lehrpersonen können trotz vorhergegangener Verunglimpfung die Kinder vielleicht dennoch fesseln. Trotzdem bewirkt die Divergenz zwischen elterlicher Miesmacherei und eigener Erfahrung bei sensiblen Kindern eine Wahrnehmungskollision. Hat der Papa Unrecht, oder ist die nette Lehrerin vielleicht doch eine verkappte Hexe?

Nicht wenige Lehrkräfte pflegen ein äusserst gutes Verhältnis zu den Eltern ihrer Schülerinnen und Schüler. Und es gibt ganze Gruppen von Müttern und Vätern, die mit der Lehrperson ihrer Kinder sehr zufrieden sind und bei gelegentlichen Auseinandersetzungen mit den Schulbehörden ‹ihren› Lehrer, ‹ihre› Lehrerin vehement in Schutz nehmen.

Daneben ist allerdings die Schar elterlicher Dauernörgler oft ein vordringliches Problem im Schulalltag. In der Schweiz klagen Lehrkräfte weit häufiger über das Verhalten der Eltern als über das ihrer Sprösslinge. Verbreitet leidet die Lehrerschaft unter der oft feindseligen Haltung jener Frauen und Männer, die selber schlechte Erfahrungen mit der Schule machten. Und glaubt man Deutschlands Lehrenden, bedeuten chronisch vorwurfsvolle Mütter und Väter eine massive Belastung. So können organisierte Elterngruppen mit ihrem Dauergemotze vielen Unterrichtenden den Beruf endgültig verleiden.

Hinter jedem Kind, auch hinter jedem erziehungsschwierigen, stehen Eltern, die ihren Liebling vor vermeintlicher schulischer Ungerechtigkeit beschützen wollen; neben Vätern, die nur seine Zukunftsaussichten im Visier haben, andere, die sich einen Deut um die Schule kümmern, und – der Inbegriff lehrerlicher Nervensägen – die überfürsorglichen Klettenmütter mit ihrem fast krankhaften Interesse an den Schulleistungen und Noten, die ihren Kindern am liebsten sowohl die Schultasche als auch die Probezeit im Gymnasium abnehmen möchten. Diese Glucken fahren ihre Kids bis in die vierte Klasse mit dem Geländewagen zur Schule, geben selbstverständlich immer der Lehrperson die Schuld an einer schlechten Leistung und stehen nach Schulschluss in Rudeln bereit, um ihre Rotznasen über die Unterrichtsstunden auszuquetschen. Schamlos hecheln die Besserwissenden die Lehrkräfte in Gegenwart ihrer Kids durch, wobei sie mit negativen Bemerkungen über ‹die› und ‹den› nicht geizen.

Anderen Eltern ist dagegen selbst die geringste Anstrengung in Sachen Erziehung zu aufwändig. Selber haben sie null Interesse an schulischen Belangen, doch wehe, die Lehrperson eröffnet ihnen, ihr Kind falle durch dies und jenes auf, sei für sein Alter in Sprache und Gesamtentwicklung zurückgeblieben, leide an Konzentrationsschwierigkeiten, sei unruhig und/oder störe den Unterricht. Die empörten Eltern fallen dann aus allen Wolken, verschanzen sich hinter ihrer Abwehrhaltung und geben der Schule alle Schuld.

Heute besteht in vielen Elternhäusern die Tendenz, sämtliche Probleme, die Kinder in der Schule zeigen, der Lehrerschaft anzulasten. Eltern, die auf pünktlichen Schulbeginn, gemachte Hausaufgaben, Ehrlichkeit, auf Anstand, überhaupt auf den ganzen Schulkram keinen Wert legen, verlangen plötzlich ultimativ eine Empfehlung für ihre faulen Früchtchen zum Übertritt in eine höhere Schule. Mit dieser Haltung ecken sie begreiflicherweise bei allen Lehrkräften an. Eltern sind im Übrigen so wenig als Hilfslehrer einzuspannen, wie eine Lehrkraft die ganze Palette der vernachlässigten elterlichen Primäraufgaben im Erziehungssektor zu übernehmen hat.

Je höher die Stufe, desto mühsamer gestaltet sich dann mancherorts auch die Zusammenarbeit zwischen Schule und Elternhaus. Immer mehr Erziehungsberechtigte erwerben sich aus Medien und Büchern pädagogisches Wissen und setzen das – zusammen mit ihrer eigenen Schulerfahrung – fast einer Lehrer-Ausbildung gleich. So wissen sie alles besser, nur ist ihnen nicht klar, dass der Umgang mit einem einzigen Kind anders funktioniert als mit einer ganzen Schulklasse. Sie verkennen, dass ihr verhätscheltes Einzelkind sich zu Hause nicht in sozialem Verhalten mit Gleichaltrigen bewähren muss und dass sie es versäumt haben, ihm wichtige Verhaltensregeln beizubringen. Eine Anzahl Mütter und Väter hat eine völlig unrealistische Erwartungshaltung an die Schule. Einerseits delegieren sie den stressigen Teil der Erziehungsarbeit von Hausaufgabenkontrolle bis zur Nachhilfe in sozialverträglichem Verhalten vollumfänglich an die Lehrerschaft, andererseits bemängeln sie, dass ihre Kinder nicht bessere Leistungen erzielen.

Eltern haben ganz allgemein ihren Erziehungsauftrag wieder ernster zu nehmen. Dazu gehört auch, eigene Bildungsressourcen auszuschöpfen. Kinder aus gebildeten Elternhäusern sind nach wie vor im Vorteil. Einleuchtend, dass Eltern, die Geschichten erzählen, vorlesen, Literatur lieben, häufig Kinder haben, die ihrerseits zum Lesen animiert werden. Anders in einem Milieu, in dem bestenfalls Illustrierte herumliegen, dafür nonstop der Fernseher läuft. Um bessere Aufstiegsmöglichkeiten zu gewähren, bieten gute Ganztagesschulen für Kinder aus bildungsfernen Elternhäusern oft die einzige Chance.

Vordringlich ist aber, das Verhältnis Schule-Elternhaus zu verbessern. Eltern haben nicht nur Rechte, sie haben auch Pflichten. Dazu gehört, allfällige Klagen über Lehrende und Schule in einem anständigen Ton vorzubringen, nicht jede schlechte Note oder Zurechtweisung ihrer Kids gleich mit einem gehässigen Angriff auf den Lehrer zu quittieren und ihre Söhne und Töchter nicht ohne genaue Informationen als Unschuldslämmer und Opfer einer parteiischen Lehrperson reflexartig in Schutz zu nehmen. Als unangenehm empfinden die Lehrenden auch jene Eltern, die ihr Kind partout in eine höhere Schule pressen wollen. Neben den desinteressierten Vätern und Müttern treffen sie immer wieder auf Familien, in denen nur Leistung zählt, auf Kinder, die von den Eltern beim Nichtbestehen einer wichtigen Prüfung mit Liebesentzug bestraft, ja sogar fallen gelassen werden.

Besuchstage werden in den unteren Klassen zwar noch von fast allen Eltern besucht, doch mit jeder Stufe sinkt die elterliche Präsenz, besonders bei jenen Müttern und Vätern, deren Kinder es am nötigsten hätten, und die, nebst mangelndem Interesse an der Schule, auch nicht wissen, wie sie sich bei ihren Kindern durchsetzen können.

Zunehmend wird heute der Bildungsauftrag überlagert durch Aufgaben, die eigentlich in die Familie gehören. Wie selbstverständlich wird neuerdings ein Teil der elterlichen Aufgaben an die Schule delegiert. Immer häufiger driftet der Unterricht ins Erlernen von elementaren Grundregeln des alltäglichen Zusammenlebens ab. Konfliktlösungsstrategien sind sogar vielen Teenagern völlig unbekannt. Sonst wenig engagierte Eltern fordern vehement Wettbewerbstauglichkeit fürs Berufsleben und gute Leistungen, ohne sich im Geringsten selber um die Arbeitshaltung ihres Nachwuchses zu kümmern. Es gibt bereits Mütter, die von der Lehrerin Rezepte zum Umgang mit ihrem Zweitklässler erwarten, andere gestehen weinend, mit ihrer Erstklässlerin nicht zurechtzukommen.

Häufig steckt vor allem pädaogisches Fehlverhalten hinter den kindlichen Defiziten; vielen Eltern mangelt es an jeglicher Kompetenz im Umgang mit ihren Kindern. Das allgemeine erzieherische Unvermögen sei bereits eine neue Volkskrankheit, findet ein Bonner Neurologe und Kinderarzt.

Immer mehr Lehrpersonen bauen darum Rituale, die es in den Familien nicht mehr gibt, in den Unterricht ein: gemeinsam mit den Kindern essen, Geburtstage feiern, miteinander teilen, den anderen helfen und zuhören, warten lernen.

Aber Lehrer sind auch keine Überflieger und machen wie alle Menschen Fehler. Sie behandeln bei weitem nicht jedes Kind respektvoll, und in etlichen Klassen leiden sensible Schüler auch heute noch unter den Sticheleien ihrer überlasteten Lehrkraft.

Bei gegenseitig gestörtem Vertrauen kann eine Aussprache klärend wirken. Ein Gespräch zwischen aufgebrachten Eltern und sich angegriffen fühlenden Lehrpersonen liegt im beidseitigen Interesse und in dem des Kindes. Eltern und Unterrichtende haben Missverständnisse auszuräumen und neuen vorzubeugen. Das gelingt in der Regel aber nur, wenn:

- beide ‹Parteien› eine bessere Verständigung wünschen, offen aufeinander zugehen (vielleicht im Beisein einer neutralen Person aus Schulbehörde oder Elternrat);
- beide ‹Parteien› zur Besprechung eventuell schriftlich vorbereitet erscheinen, sodass für sie wichtige Punkte nicht vergessen werden;
- Eltern der Lehrperson eine kompetente und unvoreingenommene Beurteilung des Kindes nicht zum vornherein absprechen;
- Eltern und Lehrkräfte die Sicht aufs Kind wahrnehmen und zu seinen Gunsten zu entscheiden versuchen;
- nicht nur über Schulleistungen und Noten gesprochen wird, sondern auch übers Verhalten in der Schule, in der Familie, über Freundeskreis, Hobbys, Umfeld, Freizeitinteressen etc. Auch über Ängste, Unsicherheiten, Ohnmachtsgefühle, so bekannt;
- kein Feindbild zementiert wird. Einander gegenseitig zuhören, dann erst die eigene Meinung äussern und die Perspektive des Kindes nie aus den Augen verlieren;
- ältere Schüler nötigenfalls zu Eltern-Lehrer-Gesprächen beigezogen werden;
- Lehrperson und Eltern bedenken, dass beide Seiten vor solchen Begegnungen Angst haben. Ein aufmunterndes Wort an die Eltern, ein kleines Lob an die Lehrperson können das gegenseitige Misstrauen aufbrechen;
- alle sachlich bleiben. Keine fiesen Anschuldigungen, sondern Tatsachen schildern. Gemeinsam nach Lösungen suchen;
- sich beide Parteien überlegen, was in der Schule, aber auch in der Familie verändert werden kann und muss;
- erkannt wird, dass gegenseitige Beschuldigungen kontraproduktiv sind. Anregungen werden weniger als Kritik empfunden;
- niemand sich von der jeweiligen ‹Gegenpartei› einschüchtern lässt, selbstbewusst, aber nicht arrogant auftritt oder auch nicht ausfällig wird.
- Unterstützungsmassnahmen vereinbart und zu einem späteren Zeitpunkt gemeinsam auch kontrolliert werden;
- in möglichst gutem Einvernehmen bald ein nächster Gesprächstermin abgemacht werden kann;

– Eltern sich bewusst sind, dass die eigene Schulerfahrung nicht als Ausbildung zur Supervision über ausgebildete Pädagogen reicht.

Häufig brauchen die Eltern zusätzliche Hilfe, um ihre Erziehungskompetenz aufzubessern, sonst wursteln sie weiter vor sich hin.

Elternarbeit sei Schwerstarbeit, klagen viele Lehrpersonen. Sie ist mit Anstrengungen und Zeit verschlingendem Einsatz verbunden. Von der aufreibenden Auseinandersetzung mit Migranten-Familien ist hier nicht einmal die Rede. Das ist ein Thema für sich. Doch sei erwähnt, dass in multikulturellen Klassen die Kinder eher das kleinere Problem sind als ihre Eltern.

Der Eltern-Lehrer-Zwist ist vielschichtig und hängt mit der pädagogischen Unsicherheit der Erziehungsberechtigten, der wachsenden Angst um Arbeitsplätze, der steigenden Armut, dem Autoritätsverlust der Lehrerschaft, dem populärpsychologischen Wissen der Eltern, unserer Ego- und Spasskultur und vielen weiteren Faktoren zusammen.

Im Februar 2005 berichtete das Time-Magazin über eine Studie, in der auch US-Lehrer ihre Hauptbelastung in der Elternarbeit sehen. Selbst jene, die gern unterrichten, bezeichneten den Umgang mit Eltern als ‹den tückischsten Part ihres Jobs›.

«Ich liebe meinen Beruf. Wenn nur die nörgelnden Eltern nicht wären!» Diese Meinung vertreten quer durch alle Länder immer mehr Pädagoginnen und Pädagogen. Ein Fortschritt, wenn Eltern sich die Vorwürfe etwas mehr zu Herzen nähmen. Denn eine Schule mit vorwiegend Dienst-nach-Vorschrift-leistenden Lehrpersonen würde die ohnehin nicht rosigen Zukunftschancen der Jugend noch stärker schmälern.

Wie viel Frau erträgt ein Junge oder: Fehlt Lehrerinnen die Kompetenz zum Umgang mit Buben?

Die Kompetenz von Frauen im Umgang mit Jungs wird von einigen Psychologen schon seit längerem angezweifelt. Ist diese Auffassung aber auch berechtigt? Und sind Lehrerinnen wirklich schuld an den schwachen Leistungen vieler Schüler?

Liesse sich nicht besser fragen, was für das Heranwachsen von männlichen Kindern und Jugendlichen die stattliche Zahl abwesender Väter und die wenigen in den Klassenzimmern ausharrenden Lehrer bedeuten? Noch immer überlassen zu viele Männer Erziehung und Bildung liebend gern den Müttern, Kindergärtnerinnen, Hortnerinnen, Lehrerinnen. So kommt es, dass manche Jungs bis zur Oberstufe fast ausschliesslich mit weiblichen Erwachsenen zusammen sind, die ihnen zwar ebenso kompetent Fachwissen und Fertigkeiten beibringen, aber keine Vorbildfunktion in Männlichkeit sein können, kein positives Identifikationsobjekt, kein Pfadfinder durch den Pubertätsdschungel. Treffen die Jungs auf der Oberstufe dann nochmals auf eine Frau, kann sich das auf ihre werdende Maskulinität negativ auswirken. Sie suchen Vorbilder und finden sie in fragwürdigen Helden, entwickeln oft auch Aggressionen gegen die weibliche Lehrkraft. Immer mehr männliche Jugendliche wachsen heute bei uns bis zur Lehre oder Uni mit überwiegend weiblichen Bezugspersonen auf.

Allerspätestens kurz vor der Pubertät brauchen Jungs aber maskuline Projektionsflächen. Nicht die Lehrerinnen, sondern die Fahnenflucht der Lehrer und Väter ist eine Hauptursache der gegenwärtigen Jungenproblematik. Unterrichten zwei Lehrpersonen an derselben Klasse, sollten sie daher im Idealfall nicht vom selben Geschlecht sein. Ein vorläufiges Wunschdenken!

Moderne Jungs kommen in Bezug auf ihre eigene männliche Rollenentwicklung zu kurz. Die Rufe von Psychologinnen und Therapeuten nach vermehrtem Engagement der Väter haben jedoch bisher wenig Wirkung gezeigt. Seit auch immer weniger Lehrer in den Regelschulen anzutreffen sind, sieht die Situation für die männliche Jugend noch schlechter aus. Die fehlenden Männer können auf Dauer zu einem echten Problem für die Heranwachsenden beider Geschlechter werden.

Lehrpersonen, Bubenarbeiter und Psychologinnen schlagen Alarm: Vergleiche von Leistungstests zwischen den Geschlechtern fallen immer eindeutiger zugunsten der Mädchen aus. Seit der Pisa-Studie wissen wir auch: Schweizer Schulkinder, besonders aber die Knaben, liegen im internationalen Vergleich weit hinter den besten, den aufgeweckten Finnen, vor allem im sprachlichen Bereich. Nun ist das Abschneiden bei Pisa überhaupt kein Gradmesser für die Qualität einer Schule, obschon das Schulsystem des Siegers plötzlich als Vorbild für Länder mit weniger guten Resultaten gilt.

Auf der Suche nach der verloren gegangenen Bildungsqualität im Lande Pestalozzis orteten ein paar Fachleute, wie erwähnt, einen Überhang an

Lehrerinnen. Sie erklärten deren betont weiblichen (!) Unterrichtsstil kurzerhand zum Verursacher jungmännlichen Schulversagens. Und schon werden getrennte Klassen gefordert. Dabei ist es noch nicht lange her, seit die Koedukation als Ort der Gleichberechtigung und Chancenegalität gefeiert wurde. Zudem gibt es auch andere Theorien für den männlichen Leistungsabfall: beispielsweise exzessive Beschäftigung mit Games und Computern. Die Inhalte überlagern dann das Gelernte, was sich bei Prüfungen negativ auswirke. Mädchen waren für diese Art Sucht bisher wenig anfällig, doch auch bei ihnen steigt die Zahl der Süchtigen.

Schon einmal hatte das Geschlecht, damals das männliche, einen negativen Einfluss auf die Leistungen des Gegengeschlechts. Die ständige Dominanz und Bevorzugung der Buben und die Konzentration der Lehrpersonen auf Jungen-Wünsche beeinträchtigen die Mädchen in Mathe und Naturwissenschaften. In Mädchenschulen erreichten sie signifikant bessere Resultate. Damit war der Mythos von den geschlechtsspezifischen Begabungsunterschieden ausgeträumt, widerlegt wurde damit auch die Behauptung, Frauen seien mathematisch und naturwissenschaftlich minderbegabt und in ihrem Denken unlogisch. Seither haben die Schülerinnen auch in gemischten Klassen im ganzen Fächerkanon ihre Klassengenossen eingeholt, oft überflügelt und entsprechen längst nicht mehr dem Bild vom braven, angepassten Dummerchen.

Gegenwärtig wird nun also zugunsten der Jungs nach geschlechtergetrennten Klassen gerufen. Das grösste Hindernis in der Bubenförderung ist aber in Wirklichkeit der Mangelposten Väter und Lehrer. Nicht die vielen Lehrerinnen! Diese stünden den Halbwüchsigen hilflos gegenüber, böten nicht genügend Strukturen und Regeln und nähmen keine Führungspositionen ein. Die weibliche Strategie und Psychologie der Kreisgespräche und Konfliktlösungsversuche auf emotionaler und dialogischer Ebene vernachlässige ausserdem elementarste Bedürfnisse der männlichen Jugend.

So weit, so einleuchtend – aber einseitig und überholt.

Lehrerinnen sind nicht unfähiger im Umgang mit Jungs als Lehrer im Umgang mit Mädchen. Abgesehen davon werden Schüler momentan von vielen Lehrpersonen beiderlei Geschlechts als schwierig bis untragbar eingestuft. Mehrheitlich Buben verhindern mit gezielten Störmanövern einen geregelten Unterricht, provozieren, sind lese- und leistungsfaul, kurz: gelten bei allen Unterrichtenden als aggressiv, hemmungs- und respektlos, vandalistisch, gewaltbereit. Und nicht wenige der Erziehungsverantwortlichen würden einen Teil der Unruhestifter am liebsten unverzüglich in den Jugendknast stecken.

Jungs zehren an der Substanz der Lehrenden: hyperaktiv, widerspenstig, distanzlos, manchmal originell, witzig, sogar kooperativ. Mehr als Mädchen haben sie aber Sinn für Wettbewerb und Rangordnung. Eigenschaften, die heute neben dem Einüben von Selbständigkeit, sozialer Kompetenz, Teamwork und individualisiertem Unterricht zu Unrecht negativ gewichtet werden. Daneben gibt es natürlich auch die andere Seite: Mackertum und Bandenunwesen. Lehrerinnen sind jedoch durchaus in der Lage, den Kids Grenzen zu setzen und die Balance zwischen Strenge und Freiräumen zu finden. Erwiesenermassen bewahren auch Lehrer die Schulen nicht besser vor Gewalt, denn Jugendliche spiegeln nicht zuletzt die Welt, in der sie aufwachsen. Und die ist nun einmal nicht friedfertig.

Gibt es überhaupt geschlechtsspezifische Unterschiede zwischen Lehrkräften, die in der Schule eine entscheidende Rolle spielen? Auffallend ist die biologisch bedingte geringere Körperstärke und Grösse und die schwächere Stimme der Frau. Das muss aber nicht zwangsläufig weniger Präsenz bedeuten. Weil Lehrerinnen sich weder mit Muskeln noch mittels tiefer Stimmlage Respekt verschaffen können, wird ihnen nicht nur von Kollegen und Psychologen, sondern auch von etlichen Vätern – heute vor allem aus dem islamischen Kulturkreis – die Fähigkeit im Umgang mit grösseren Buben gänzlich abgesprochen. Diese kulturbedingte patriarchale Einstellung kann den Unterricht zusätzlich enorm erschweren.

Ob Schüler eine Lehrperson jedoch akzeptieren, hängt allerdings nicht von der Muskelmasse, sondern von Echtheit und Transparenz, von der persönlichen Ausstrahlung einer Lehrperson ab. Trotz allgemein schwächerer Konstitution handeln Lehrerinnen in kritischen Situationen (Schlägereien u. Ä.) nicht selten mutiger und situationsgerechter als ihre Kollegen. Und Jungs wünschen sich Erwachsene, die in brenzligen Momenten eingreifen statt feige weggucken. Unzählige Mütter, Jugendriegeleiterinnen, Sozialpädagoginnen und Lehrerinnen können ausgezeichnet mit schwierigen Jungs umgehen, während manche Väter und Lehrer mit ihnen überhaupt nicht klarkommen.

Im Gegensatz zu Mädchen stören Buben häufiger den Unterricht, weil sie sich langweilen, über- oder unterfordert sind. Nicht selten liegt die Ursache in verordneter Passivität. Ein Motivationskiller in der Schule ist also weniger das Geschlecht der Lehrperson als eine Gähn-gähn-Atmosphäre oder zu grosse Unruhe und Turbulenz und zu wenig Eigeninitiative. Auf öde Phasen müssen darum interessante, spannende und dadurch aktivierende und motivierende folgen. Die Rhythmisierung des Unterrichts ist ein Muss.

Da Kinder nicht alle gleichzeitig für dasselbe motiviert sind, gibt es in Anlehnung an die 70er-Jahre immer wieder experimentelle Schulen, in denen schon Dritt- und Viertklässler ihr Sachgebiet selber wählen und ihren Tag buchstäblich nach dem Lustprinzip gestalten dürfen. Trotz grossem Lärmpegel und unterschiedlichstem Leistungsstand sind diese Klassen fast gewaltfrei. Sozialverhalten und Eigeninitiative werden gross geschrieben. Nicht die Lehrperson, ein gewähltes Kind schlichtet den Streit. Lehrerin oder Lehrer sind nur Anlaufstelle und erklären Unverstandenes. Die Lehrperson sitzt mit im Kreis, aber die Themen bestimmen und behandeln die Kinder so weit wie möglich selbständig. Interessant ist, dass auch anfänglich sehr skeptische Eltern vom sozialen Umgang der Kinder beeindruckt sind, Buben und Mädchen sich täglich auf den Unterricht freuen und Jungs, die als Schulverweigerer und Aussenseiter in früheren Klassen störten, nach einigen Wochen plötzlich von selbst zu arbeiten beginnen. Das Experiment zeigt, dass Kinder sich in Anwesenheit einer charismatischen, sehr belastbaren Lehrkraft gegenseitig positiv unterstützen, niemanden ausschliessen, statt dessen einander offen kritisieren, aggressives Verhalten sofort im Kreis verhandeln und auch Strafen bestimmen. Einzelne Kinder schreiben ellenlange Geschichten, andere rechnen. Eine grosse Bibliothek regt zum Lesen an.

Alles in allem ein Experiment, das Mut macht, die Lehrenden aber auch extrem fordert. Was jedoch eindeutig zu kurz kommt, ist das Anpacken ungeliebter Aufgaben. Unter den Kindern sind intelligente und eigenwillige, die ins Gymnasium wollen und genau wissen, dass ihre Leistungen in einzelnen Fächern nicht für die herkömmliche Schule reichen, und sich deshalb plötzlich enorm anstrengen müssen, um den Anschluss ans Gymnasium nicht zu verpassen. Andere beschäftigen sich ausschliesslich mit ihren Hobbys. Das Ganze erinnert ein bisschen an ein strukturiertes Summerhill.

Um problematische Schüler überhaupt in den Unterricht einzubinden, braucht es Charisma, dieses geschlechtsunabhängige Etwas aus Begeisterungsfähigkeit, Fantasie, Selbstsicherheit, einer klaren Kommunikation und methodischem Rüstzeug. Lehrkräfte, welche Fehler konstruktiv kritisieren, sonst aber individuelle Fähigkeiten fördern und positiv verstärken, können Schule zum Ort neugieriger Erwartung, des Experiments, der selbständigen Zusammenarbeit werden lassen. Klassen, in denen viel gelacht wird (aber nie auf Kosten anderer!), kennen weniger Gewalt. Gewiss sollen Unterrichtende keine AnimatorInnen sein, keine Possenreisser, aber auch keine Sandmännchen. Langeweile als Dauerzustand ist ein Nährboden für Pöbeleien, ganz gleich, ob Mann oder Frau unterrichtet.

Fazit: Trotz vieler Umtriebe sind Buben das Salz in der Schulsuppe und fordern die pädagogische Fantasie der Unterrichtenden heraus. Fachliche und pädagogische Kompetenz ist geschlechtsunabhängig.

Weder das eigene Geschlecht noch das des Kindes dürfte im Umgang mit uns anvertrauten Kindern und Jugendlichen im Vordergrund stehen, sondern der Auftrag, Ich-Stärke, Persönlichkeitsentwicklung und Empathie der Kids zu fördern und sie zu lehren, wie man sich das zu Lernende aneignet. Fördern heisst immer auch fordern.

Unter diesem Aspekt ist es höchste Zeit, nicht nur den Mädchen, sondern auch den Buben einen emanzipierten, vom alten Rollenbild unabhängigen und eigenständigen Lebensentwurf zu ermöglichen.

Jungs haben unter ihrer harten Schale einen weichen und zärtlichen Kern und müssen ihn bei Frauen weniger verstecken. Informieren sich Lehrerinnen über die verschiedenen Phasen der Entwicklung vom Buben zum jungen Mann, können sie Schülern genauso gerecht werden wie ihre Kollegen. Nicht auf die gleiche Art, aber ebenso erfolgreich.

Lehrerinnen und Mütter müssen das Beste aus der gegebenen Situation machen. Es ist keineswegs ihre Schuld, dass sie die fehlenden Lehrer und Väter nicht als Projektionsfläche und Vorbild für die Jungs ersetzen können.

Intuition statt ‹Bauchgefühl›

Eltern brauchen Mut, ihrer Elternkraft zu vertrauen. Und sie mit
Verstand einzusetzen – den braucht man beim Erziehen auch.

Sigrid Tschöpe-Scheffler

Was vielen Eltern heute fehlt, ist die intuitive Wahrnehmung kindlicher Bedürfnisse. Das heisst schlicht: das Einfühlungsvermögen, die Empathie oder die Perspektivenübernahme des anderen. Intuition handelt aus der Sicht des Kindes, der ‹Bauch› jedoch wird gesteuert von Stimmungen und eigenen Befindlichkeiten. Im Bauch sitzt das Nicht-Bewusste, Intuition entscheidet dagegen aus der Perspektive des Mitmenschen.

Eltern, die der Erziehungsratgeber überdrüssig sind, verlassen sich gern auf ihren Bauch. Wer aber nur auf seinen ‹Bauch hört›, gleichsam von der Hand in den Mund erzieht, handelt vielfach an den echten Bedürfnissen des Kindes vorbei.

Beispiel: Vom Konsumismus noch nicht erfasste, gesunde Kinder wollen gar nicht hundert verschiedene Plastikspielsachen, Videospiele, die zwar ihre Reaktionsfähigkeit fördern, aber Kreativität und Sensibilität lähmen. Sie wollen nicht jedes Wochenende stundenlang im Autostau hocken, dann in einem XY-Park einen BigMac und eine Eisbombe verdrücken, zur Verdauung mit hundert anderen eine Rutsche hinabsausen. Sie möchten nicht vorwiegend passiv dabei sein, sondern erleben, erforschen, etwas selber bauen, konstruieren, ausprobieren, tüfteln; Hütten herstellen und darin übernachten, auch im Zelt, und Indianer sein. Und Kinder wollen sich im Grunde viel mehr bewegen und weniger im Auto und vor der Glotze hocken.

«Wir tun doch nur, was unsere Kids wollen», sagen Herr und Frau Meier. Stimmt, aber sind diese Wünsche wirklich kindliche Primärwünsche? Sind sie nicht vielmehr über den Umweg von Werbung und Erwachsenenprojektion ins Kind gelangt? Autofreak Meier möchte am Samstag seinen Wagen ausführen, seine Frau im Nachbarland günstig einkaufen, die Kinder schliessen sich da gern an, denn die Fahrt verspricht auch ihnen einiges – die Familie hat insgesamt Übergewicht, da ist Autofahren mit Knabberzeug ohnehin am bequemsten. So weit das Meier'sche Bauchgefühl.

Dieses ‹Bauchgefühl› ist aber ein Mix aus eigenen Emotionen, Projektionen und einer Portion Egoismus. Es strebt oberflächliche Bedürfnisbefriedigung an und geht Reibereien möglichst aus dem Weg.

Weint und brüllt ein Kleinkind, nachdem es mit seinem Abendritual zu Bett gebracht worden ist, herzerweichend, spürt die eine Mutter intuitiv, dass das Kind weder Durst hat noch Angst noch in nassen Windeln liegt, ihm also nichts fehlt, es sich einfach langweilt.

Die Bauchmutter erträgt das Geschrei nicht, schleppt das Kleine herum, gibt ihm die Flasche, schaut mit ihm fern und hat im Nu ein lachendes, zufriedenes Kind. Legt sie es dann wieder hin, wiederholt sich die Szene. Dieses Spiel vollzieht sich so lange, bis sie entnervt ihrem Liebling einen Klaps gibt. Und nun geht es erst richtig los.

Die intuitiv handelnde Mutter wird ihrem Kind liebevoll versichern, dass sie ganz in der Nähe bleibt, immer wieder nach ihm guckt, dass es mit seinen Kuscheltieren plaudern, ihnen etwas erzählen kann, bis sie mit ihm zusammen einschlafen. Dazu streichelt sie es ein paar Mal über Kopf und Bauch und summt die vertraute Einschlafmelodie. Nach einem Kuss geht sie und kommt erst nach drei, später nach fünf etc. Minuten wieder. (Zuerst muss die Mutter vielleicht zwanzig Mal wiederkommen, aber das Kleine beruhigt sich täglich schneller.) Sie weiss, dass dem Kind nicht gedient ist, wenn sie es erneut aus dem Bett nimmt und mit Trinken und Auf-den-Arm-Nehmen tröstet. Es muss lernen, ohne Gesellschaft einzuschlafen – und es schläft ein.

Was Eltern hilft, kann auch Lehrkräften nützen: mehr Intuition im Umgang mit ihren Kids. Bei Pubertierenden spüren intuitiv veranlagte Eltern und Lehrpersonen besser, was sie ihren Bengeln und Gören zumuten dürfen, ohne dass sämtliche Türen aus den Angeln kippen und Scheiben splittern. Ihr Stoppsignal erfolgt eher im richtigen Moment, so es diesen überhaupt gibt. Zumindest wissen sie, dass es auch hart auf hart kommen darf, ja muss, und dass sie nicht ausflippen dürfen, selbst wenn die Teens mit unverschämten Ausdrücken um sich werfen. ‹Schnauze, Mutter› ist dann eine vergleichsweise harmlose Entgleisung.

Eltern und Lehrende mit ‹Bauchgefühl› werden im Umgang mit pubertären Kids eher zwischen dem Wunsch nach billiger Harmonie und plötzlichen emotionalen Eruptionen hin- und herlavieren und so den in diesen Jahren eh schon zähen Erwachsenen-Jugendlichen-Dialog vollends verunmöglichen.

Wem intuitives Verhalten nicht von der Natur geschenkt ist, der kann es lernen. Statt persönliche Wünsche und Vorstellungen auf Nachwuchs oder Schüler zu projizieren und sie dann entsprechend dem eigenen Erfolgszwang anzugehen, zu forcieren oder zu bremsen, d. h. vorschnell zu reagieren, ist jedes Kind fürs Erste aufmerksamer zu beobachten: Es lohnt sich, genau hinzusehen, um die Reaktionen und Verhaltensweisen der Einzelnen möglichst vorurteilsfrei wahrzunehmen. Haben Erwachsene diesen weniger subjektiven Blick einmal intus, was einige Zeit dauern kann, wird es ihnen leichter fallen, sich in Kinder besser einzufühlen und der jeweiligen Situation entsprechend zu handeln.

Frau Meier wird dann vielleicht bemerken, dass ihr Junge bei jedem Einkauf nach dem trendigsten elektronischen Spiel giert, die Tochter die gesamte Barbiefamilie samt Zubehör ertrotzt und sie selbst aus bauchgefühlpädagogischen Erwägungen, das heisst, um ihre Ruhe zu haben, nachgibt.

Zu Hause stellt sie dann fest, dass der Sohn nicht sehr lange mit den neuen Objekten spielt, dem Töchterchen das ganze Barbiearsenal bald über ist und beide bereits nach neuen Zerstreuungsmöglichkeiten rufen. Weil die glatten, farbigen, multifunktionalen, aber ‹fertigen› und darum irgendwie eintönigen Spielsachen auf die Dauer anöden, wächst auch der fast krankhafte Wunsch nach immer Neuem.

Bemerken Eltern, dass Spielzeug seinen eigentlichen Zweck, nämlich mit ihm zu spielen, nicht erfüllt, sondern vor allem der oberflächlichen, gelegentlichen Zerstreuung dient, ist es Zeit, nach einer anderen Art von Spielmöglichkeiten zu suchen. Erst werden die Kinder aufbegehren, wenn Schere, Stoffresten, Leim, Karton, Papier, Farben, Schachteln, Holzabfälle, Hammer, Nägel und anderer ‹Bastelkram› auf dem Stubenboden liegen und sie aufgefordert werden, weiteres Material zu suchen, um ein Piratenschiff, eine Burg, ein Märchenschloss, eine Drachenhöhle etc. zu basteln.

Statt des abtörnenden samstäglichen Einkaufsbummels setzt sich Mutter oder/und Vater zu den Kindern und bespricht – so sie wollen – mit ihnen das Projekt und bietet je nachdem die Mithilfe an.

Mit Intuition lässt sich selbstverständlich nicht alles Unangenehme vermeiden. Die verhassten Matheaufgaben müssen gemacht werden – obwohl aus kindlicher Perspektive total überflüssig. Hingegen lenkt Intuition die Wahrnehmung auf das Schöpferische in jedem Menschen. Vielleicht gestaltet die ganze Familie ein gemeinsames Bild oder eine Collage. Hier gibt es 1000 Varianten und Anregungen. Jeder malt zum Beispiel sein eigenes Haus, dann wechselt man die Plätze und der Nächste schmückt den Garten, es entstehen Nachbargebäude, Bäume, Menschen etc., Strassen, die aneinander vorbeiführen oder sich treffen.

Die Familie kann gemeinsam eine Wanderung von der Quelle eines Flusses bis an seine Mündung planen und in Unterbrüchen durchführen, Übernachtungen unter einem klaren Augusthimmel zur Sternschnuppenzeit … Es gibt hunderte von Möglichkeiten, Dinge zu tun, welche den wahren Bedürfnissen der Kids mehr entgegenkommen als shoppen gehen.

Die Schule ist für kreative Projekte besonders geeignet; für einmal nicht das vorgegebene und vorgekaute Programm eines Moduls durchführen. Multikultiklassen können Gebäude und Bräuche aus ihrer Heimat etc. für einen Elterntag anfertigen und erklären; Kulissen für ein Theaterstück können gemeinsam und nationenübergreifend gestaltet, das Stück kann verfasst und aufgeführt werden.

Oder: Viele Lehrer stellen mit ihren Schülern auch als Beitrag zur Leseförderung Bücher her. Jedes Kind macht sein eigenes Buch: Es entwirft eine Geschichte, schreibt und illustriert sie, vervielfältigt und bindet die Seiten, gestaltet den Einband. Und jedes einzelne Buch ist ein kleines Kunstwerk. Kinder sind in der Regel alle sehr schöpferisch. Oft brauchen sie nur einen Ansporn der Erwachsenen. In modernen Warenhäusern und ShoppingCentern fehlt aber der gestalterische Anreiz völlig.

Oder: Immer wichtiger werden sportliche Wettspiele gegen andere Schulen. Sie fördern den Teamgeist und bekämpfen den Bewegungsmangel.

Oder: Jugendliche sind mit Feuer und Flamme dabei, wenn es gilt, ihr Jugendzentrum oder ihr Schulhaus, ihre Klassenräume, ihr Hallenbad zu gestalten, auch wenn nach der Fertigstellung manche das Interesse an ihrem Werk verlieren. Auch hier ist der Weg das Ziel. Und stolz auf das Erreichte sind die Kids allemal.

Ideen gibt es viele. Es braucht nur Mut und eine gewisse Hartnäckigkeit, sie anzugehen.

Als Zusammenspiel von hohen Anforderungen, ganzem Einsatz und sichtbarem Erfolg sollte eigentlich die ganze Schulzeit erlebt werden: interessant, abwechslungsreich, anregend, spannend, aber auch anstrengend, erfolgreich, dann wieder enttäuschend und hart. Jede Lust am Unterricht wirkt sich positiv auf die Lernmotivation aus, und um diese anzukurbeln, sind Projekte, die nur am Rande mit dem Schulstoff zu tun haben, sehr geeignet und erst noch erfolgreich. Sie fördern die Teamarbeit, kooperatives Verhalten, gegenseitiges Verständnis.

Die Klassen einer Heimschule wagen sich in einer Projektwoche ans Thema ‹Frieden›; erforschen das Leben der Gründerin der Deutschen Friedensgesellschaft, der Pazifistin Bertha von Suttner, vertiefen sich in Picassos Antikriegsgemälde ‹Guernica› und in seine Biografie. Dann zeigen und erläutern sie ihre Arbeiten den Eltern und weiteren Gästen, laden alle zu einem Essen ein und malen anschliessend mit Eltern und Mitgliedern der Heimkommission aus 20 Einzelblättern ein Gemeinschaftsbild, das zusammengesetzt Picassos Friedenstaube darstellt.

Um in Klassen das schöpferische Potenzial zu nutzen, eine wirksame Alternative zu Gewalt und Pöbelei anzubieten, braucht es vor allem den richtigen Impuls von Seiten der Kids oder der Erwachsenen und gemeinsame Diskussionen, demokratische Entscheidungen – dann kann mit der Realisation eines Projekts begonnen werden.

Politisch Verantwortliche sind dringend aufgerufen, endlich konkret dafür zu sorgen, dass es bald mehr günstige Kinderkrippen, Horte, Mittagstische und genügend Tagesschulen gibt. Gefragt ist ebenso ein noch intensiveres Coaching (Begleitung, Supervision) aller, die sich irgendwie beruflich für Kinder und Jugendliche engagieren, damit sie schon auf kleine Anzeichen von Verwahrlosung, Hyperaktivität, Fremd- und Selbstgefährdung sensibler und professioneller zu reagieren wissen. Das Vogel-Strauss-Verhalten muss verschwinden – den auffälligen Kindern und ihren Eltern zuliebe. Dazu brauchts keine spezielle Intuition. Einzig ein Quäntchen mehr Aufmerksamkeit und Zivilcourage.

Supermamas

Eltern, die ihren 2- bis 16-Jährigen nichts mehr ausser Handgemenge, Tränen, Gebrüll und Nervenkrisen zu bieten haben, die von früh bis spät folgenlos drohen und schimpfen, deren Familienleben aus Chaos total besteht, sie alle können sich seit ein paar Monaten in ihrer Verzweiflung Hilfe bei gewissen Fernsehsendern holen. Eine Diplom-Psychologin betreut die betroffene Familie während des ganzen Prozesses als so genannte Supermama (oder Supernanny).

Die Hilfeleistungen via Bildschirm sollen dem Sender eine hohe Zuschauerquote bescheren und weitere gescheiterte Eltern als anschaulich-erschütternde Fallbeispiele für die voyeuristische Fernsehgemeinde anlocken. Zu Beginn wird der grauenhafte Ist-Zustand der von Kindern tyrannisierten Familien gezeigt – Szenen wie aus einem Propagandafilm gegen das Kinderkriegen. Die meist erstaunlich jungen Monsterkids machen ihre Mütter und Väter nach Strich und Faden fix und fertig. Fast alle Eltern gestehen: «So haben wir uns das Leben mit Kindern nicht vorgestellt. Wir träumten von einer harmonischen, heilen Familie. Was wir erleben, ist die Hölle.»

Wer die Machtkämpfe vor laufender Kamera sieht, ist schockiert über die Dramen, die sich tagtäglich hinter ganz normalen Haus- und Wohnungstüren abspielen. Wie schlimm mag es wohl um die Verfassung von Eltern stehen, die ihr Versagen so detailliert vor einer ganzen Nation zur Schau stellen.

Anhand von Ausschnitten aus den Videos können die Eltern ihre Reaktionen und ihr Verhalten in Anwesenheit der Supermama selber beurteilen. Nach Supermamas Kommentar und ihrer psychologischen Schnell-Interpretation beginnt die Rettungsaktion: eine mindestens einwöchige ‹Umpolung› der ganzen Familie in Anwesenheit der Supermama. Hoffnungslos überfordert ist meistens die Mutter, oft allein erziehend. Wutanfälle, Tränen gehören dazu – Eltern und Kind sind am Boden zerstört. Fast immer fehlen den Kindern Regeln und Grenzen, ein strukturierter Tagesablauf, und ausserdem ist die Paarbeziehung unter dem Kinderterror sehr brüchig geworden. Mit pragmatischen Regeln werden dann die unter Selbstwertproblemen Leidenden beraten, und es folgt unter Supermamas detaillierten Anleitungen eine Neuausrichtung: Der Einzug von Ruhe, Konsequenz und Zufriedenheit in die zerrüttete Gemeinschaft wird mit allen pädagogischen Tricks und Tipps beherzt angestrebt. Sind Väter da, werden sie aktiv mit einbezogen. Und das alles vor laufender Kamera.

In weiteren Sendungen werden die Familien nach ein paar Wochen zur Kontrolle besucht, die auf Videos gebannten Fortschritte besprochen – und wirklich, die einwöchige Präsenz und die Ratschläge der Supermama scheinen bei den meisten Hilfesuchenden Früchte zu tragen.

Trotz der wundersamen Veränderung im Familienklima, welche mit Unterstützung der Supermutter stattfindet, würde ich diese Form der Elternhilfe nur mit Vorbehalt empfehlen.

Doch das Positive zuerst:

- Dank dem Bekanntmachen der von Pädagogen seit längerem festgestellten, sich verschärfenden Erziehungsproblematik wird die kritische Situation mancher Eltern und Kinder endlich öffentlich thematisiert.
- Resignierte und überforderte Eltern erhalten durch die TV-Serie einen längst fälligen seelischen und praktischen Beistand. Auch Therapien werden vermittelt. Befolgen Mütter und Väter die Tipps und Anweisungen, scheint sich im Allgemeinen bald ein sichtbarer Umschwung im eigenen und im Verhalten der Kinder einzustellen.
  Das entspricht dem heutigen Trend nach schnellen Lösungen.
- Mit nachvollziehbaren und wirkungsvollen Massnahmen lernen vor allem ältere Kids, den ihnen zukommenden Platz im Familiengefüge einzunehmen. Dazu müssen sie von ihrem Diktatorenthron steigen.
- Mütter und Väter finden endlich jemanden, dem sie ohne Scham gestehen können, dass sie am Ende ihrer Kraft sind.
- Die Hilfe ist individuell und erfolgt mit Hilfe der gemachten Videoaufnahmen in den eigenen vier Wänden, nicht in einem Praxisraum oder Kurslokal. Die Supermama greift bei Rückfällen in alte Erziehungsmuster umgehend ein und bespricht täglich die Fortschritte mit den Eltern, stellt ihnen nach ein paar Tagen zur Ermutigung auch spezielle Aufgaben. Beispielsweise ist Unerledigtes mit einem Expartner aufzuarbeiten, oder es muss einem Kind endlich gesagt werden, dass es adoptiert ist. Die Begleiterin spart bei Gelingen nicht mit Lob und Bestätigung an die Adresse der Eltern.
- Andere überforderte Familien (es gibt unzählige) finden durch die Sendung Anregungen und vielleicht den Mut, ihrerseits Hilfe in Anspruch zu nehmen. Doch an diesem Punkt setzt auch die Kritik ein.

144

Die Kehrseite:

- In der Erziehung gibt es keine Rezepte, die tel quel auf jedes Kind, jeden Elternteil übertragen werden können. Was für die einen hilfreich ist, kann bei anderen die Katastrophe verschlimmern. Das Vorzeigen von anscheinend funktionierenden Verhaltensweisen darf von einem so breiten Publikum nicht einfach nachgemacht werden! Das wird aber nirgends gesagt.
- Das öffentliche Zurschaustellen des Privaten ist ohnehin problematisch: Nicht alle Eltern haben derartig schwere Probleme mit der Erziehung ihrer Kinder, und die können sich schlicht nicht vorstellen, dass so ein Chaos überhaupt möglich ist. Zudem ist die Authentizität nicht unbedingt gewährleistet, denn zumindest den Eltern ist bewusst, dass bei ihren Handlungen und ‹Geständnissen› ständig die Kamera dabei ist. Die Kinder jedenfalls verhalten sich vor dem TV-Team bestimmt nicht gemässigter als ohne Beobachter, vielleicht drehen sie sogar noch ein bisschen mehr auf. (Der öffentliche Seelenstrip wird für manche auch nicht ohne Folgen bleiben.)
- Zu Kritik verleiten ausserdem einige der angewandten Bändigungsmuster der ausser Rand und Band geratenen Kleinkinder. Es geht darum, ihnen erstmals Grenzen zu setzen, sie die Konsequenzen ihres Tuns erleben zu lassen. Dazu werden Methoden angewandt, die bei sehr sensiblen Kindern – und gerade sie sind für Erziehende oft die grosse Herausforderung – zwiespältige Reaktionen erzeugen können. Werden beispielsweise Dreikäsehochs, die bei ihren Eltern die Sündenbockrolle schon länger haben, plötzlich mit neuen Strategien zum Gehorchen gezwungen, funktioniert die Verhaltensänderung in der Regel vor allem, weil sie fürchten, Mutter und Vater hätten sie sonst nicht mehr lieb. Fast alle kleinen Kinder gehorchen nicht aus Einsicht (die sie noch gar nicht haben können), sondern in erster Linie, um die Liebe und Zuneigung der Eltern zu bekommen. Aggressive Buben und Mädchen brauchen diese Bestätigung besonders, erleben sie aber nur mehr in einer negativen Form der Zuwendung.

Erhalten sie plötzlich statt elterlicher Schimpftiraden, Versprechungen, Schlägen, Drohungen, Bitten und Mutters Weinkrämpfen die bestimmte, ruhige Anweisung, das Zimmer erst wieder zu betreten, wenn sie sich anständig benehmen wollen, ist dies einerseits ein klarer Rahmen, andererseits befürchten vor allem die Kleinen, Mutter könne sie in der Zwischenzeit vergessen, verlassen, sie nicht mehr lieben. Der emotionale Aspekt, der bisher – wenn auch in Form negativer Gefühle – das elterliche Verhalten prägte und dem Kind die sichere Gewissheit grosser Dominanz und ständiger Beachtung verschaffte, fällt von einem Moment auf den anderen weg.

Eine drei- bis fünfminütige Auszeit im Treppenhaus ist dann für einen Zweijährigen eine sehr harte Strafe. Ihm scheint diese kurze Zeit unabsehbar lang, eine Ewigkeit. Das Zeitgefühl eines Erwachsenen ist ihm ja noch fremd. Die plötzliche mütterliche Distanziertheit und Konsequenz dämpfen zwar frappierend rasch seine Attacken etwa auf die kleine Schwester, die er soeben geschlagen hat; ob seine Zuneigung dadurch gefördert wird, ist jedoch zu bezweifeln.

– Es gibt Kinder, die fortan zu Überanpassung neigen und ihre natürliche Aufmüpfigkeit verdrängen.

Ferner:

– Was erleben Kinder, deren Schwierigkeiten eins zu eins an die breite Öffentlichkeit gezerrt werden, in der Schule?

– Heute sind Seelenstriptease und Familienbeschimpfungen vor Publikum ein Renner, Darsteller und Betrachter reissen sich darum. Das Bedürfnis, im Lichte der öffentlichen Aufmerksamkeit zu stehen, ist dabei grösser als jede natürliche Hemmschwelle. Doch: Halten die Eltern an den neuen Verhaltensmustern auch dann fest, wenn weder Fernsehen noch Supernannys regelmässig vorbeikommen, die Kids älter werden und die Familie nicht mehr im Fokus der Aufmerksamkeit steht? (Langzeiterfahrungen stehen noch aus.)

– Hohe Einschaltquoten sind vermutlich der eigentliche Beweggrund, den ausgepowerten Eltern eine Rettungsleine zuzuwerfen und das Eingreifen der Supermama ins destabilisierte Eltern-Kind-Gefüge unter den schadenfrohen oder entsetzten Kommentaren der TV-Gucker abzulichten.

Da der moderne Mensch jeder Sensation bald überdrüssig ist, wird über kurz oder lang die Serie ‹Supermama› den sinkenden Einschaltquoten zum Opfer fallen und die Eltern werden in ihrer Hilflosigkeit wieder allein gelassen.

- Bei allen Serien, die auf Kosten von aus der Norm gefallenen Menschen den Voyeurismus bedienen und daraus ihre positive Bilanz ziehen, ist grundsätzlich ein Fragezeichen anzubringen.
- Hausbesuche mit einem therapeutischen Ansatz wären bei total entmutigten Müttern und Vätern durchaus hilfreich. Praktische Erziehungshilfe vor Ort – aber ohne Fernsehen. Dafür vermutlich effizienter, nachhaltiger – jedenfalls viel günstiger als Scheidungen, Schulversagen, Jugendterror, Vandalenakte und neue Jugendgefängnisse.

Kinder brauchen Kinder

Inzwischen weiss man um die Bedeutung des frühen Kontakts der Tochter/des Sohnes zu Gleichaltrigen und anderen Kindern. Es ist zwar löblich, wenn Mütter sich die ersten Jahre voll auf ihr Kind konzentrieren, spätestens mit zwei Jahren gehört es aber zumindest stundenweise in eine Gruppe anderer Kinder. Die vielen Defizite, die Buben und Mädchen heute in ihrer Gesamtentwicklung und besonders im sozialen Verhalten aufweisen, indem sie sich entweder unbeherrscht und vorlaut immer nach vorn drängeln oder so schüchtern sind, dass sie sich überhaupt nicht unter anderen behaupten können, zeigen, dass die Einkind- und Kleinfamilie ein Hemmschuh für die Bildung sozialer Kompetenz sein kann.

Krippen werden daher von vielen Kinderpsychologen nicht nur für Babys und Kleinkinder von ausser Haus tätigen Eltern empfohlen. Im Verband mit anderen lernen die Dreikäsehochs Fertigkeiten, die ihnen daheim nicht geboten werden. Ausser einer früheren Selbständigkeit eignen sie sich auch eine gewisse seelische Robustheit an, eine Art Schutzschild in einer Zeit, in der Gewalt bereits im Kindergarten ein Thema ist. Kids mit einer grösseren Frustrationstoleranz, die gewohnt sind, mit anderen umzugehen, auch mal was einstecken, sich aber doch nicht alles gefallen lassen, werden in der Schule weniger häufig gewalttätig sein oder unter einer Opferrolle leiden müssen.

Eltern haben ihre Kinder auf die heutige Realität vorzubereiten. Buben und Mädchen kommen nicht in eine heile Welt, und die Bekanntschaft mit Ungerechtigkeit machen viele leider schon früh. Bereits die Allerkleinsten schliessen erste Freundschaften und müssen damit leben, Freunde zu ver-

lieren und neue zu gewinnen. Auch das Teilen mit andern ist eine grundlegend wichtige Erfahrung. Die Begegnung mit der Vielfalt ausserfamiliä-
rer Menschen und das Zusammensein mit Kindern aus anderen Verhältnissen und Kulturen ist eins der besten Mittel gegen Vorurteile. Je früher, desto
besser.

Mütter und Väter müssten im eigenen Interesse ihre negative Einstellung gegen familienergänzende Betreuungsangebote überdenken und verlangen, dass mehr Profis in Krippen und Spielgruppen eingesetzt werden,
sodass alle Eltern, die dies wünschen, Gelegenheit haben, wenigstens tage-
weise ihre Knirpse in gut geführten Kleinkinderkrippen betreuen zu lassen.

Kinder lernen am besten von Kindern, und die früh gemachten positiven Erlebnisse erleichtern ihnen den Eintritt in den Kindergarten und können bis zu einem gewissen Grad auch fehlende Geschwister ersetzen.

Krippen und Horte sind für eine grosse Zahl benachteiligter Buben und
Mädchen ausserdem der einzige Ort, der ihnen eine Chance bietet, dass
grobe pädagogische Fehlhaltungen und schwere Vernachlässigung im Elternhaus erkannt oder sogar kompensiert werden können.

Da die früher üblichen Grossfamilien bald nur mehr in Romanen existieren, lernen Kinder den Umgang mit anderen Menschen verschiedenen Alters und Geschlechts nicht unbedingt auf natürliche Weise. Allein lebende
Mütter werden wenig unterstützt und kommen darum so schnell an ihre
Grenzen. Gut betreute ausserfamiliäre Einrichtungen sind ein kleiner Ersatz
für die ehemaligen kinderhütenden Tanten und Verwandten und entlasten
jene Eltern, die keine einsatzbereiten Grosseltern in der Nähe haben.

‹Easy und cool›: kein Motto für Eltern und Lehrpersonen

Finden Schüler ihre Lehrperson cool, ist das ein Kompliment. Es bedeutet
aber nicht, dass sich Lehrer und Eltern wie ihre coolen Kids zu benehmen
hätten, im Gegenteil.

Halbwüchsige finden es ätzend, wenn ihre Eltern und Unterrichtenden
zu sehr auf jung machen, dieselben Klamotten tragen wie sie oder gar die
gleichen Piercings und Tattoos. Besonders wenn sie meinen, die Sprache
der Jugendlichen sei auch die ihre, und in ihrem ganzen Gehabe zum Un-
erwachsenen regredieren. Das kann arg daneben gehen.

148

Viele Mädchen klagen, wie peinlich es für sie sei, wenn ihre 35-jährigen Mütter so täten, als hätten sie den gleichen Jahrgang. Und 14-jährige Söhne nerven sich ungemein, wenn ihre Väter dieselben Sportarten ausüben, nämlich all die schnellen Fortbewegungsmittel ausprobieren, die mit Mut, Gleichgewicht und Geschicklichkeit zu tun haben und dem Papi zuletzt einen Knöchelbruch oder Schlimmeres bescheren. Stopp dem Kumpeltum! Dies können Eltern von Teenagern nicht genug beherzigen. Worauf 10-Jährige noch stolz waren, vielleicht auf ein jugendlich aufgemotztes Mami, das nervt Pubertierende.

Schliesslich sind Eltern eine andere Generation, also älter, nein: alt; in den Augen der Kids: Ihr seid anders, nämlich unsere Eltern, und ihr habt das zu akzeptieren. Alles andere ist ein Übergriff auf unser Territorium.

Eltern haben nicht easy und cool zu sein, sondern verantwortungsbewusste, verlässliche Anlaufstellen, wann immer ihr Kind sie braucht. Sonst dürfen sie sich ruhig zurückhalten und die Jugend nicht nur, aber auch sich selbst überlassen. Eltern haben nun einmal einen besonderen Status. Sie sind weder Geschwister noch Kollegen ihrer Nachkommen. Also: weder auf beste Freundin machen noch den Kumpel spielen!

Für Lehrpersonen gilt dasselbe. Lehrer sollen weder mit modisch zerschlissenen Jeans noch in Hip-Hop-Schlabberhosen vor ihre Klasse treten. Grüne Haarsträhnen sind ebenfalls unnötige Einschleimjoker. Bei Lehrerinnen erträgts mehr, doch die transparente Bluse aus der Teenieboutique weckt bei den Jungs die wildesten Fantasien. Kein Wunder, dass sie in der Stunde nicht bei der Sache sind.

In einer Welt, die zwischen der Generationen keine Unterschiede mehr kennt, sämtliche Tabubrüche in der Regel achselzuckend hinnimmt, haben jene Jugendlichen, die nicht im Mainstream mitschwimmen können oder wollen, es sehr schwer, sich mit anarchistischen Ideen und schrägen Aktionen abzugrenzen, etwas Anstosserregendes zu schaffen, um sich in ihrer Einzig- und Andersartigkeit endlich bestätigt zu sehen.

Beliebt macht sich also durch plumpe Anbiederung an die Jugend niemand, höchstens lächerlich. In Gesprächen äussern Halberwachsene immer wieder, wie peinlich sie den Jugendkult von Eltern und Lehrpersonen, ja überhaupt von allen Erwachsenen fänden. Denn 25plus sei nun einmal alt. Basta. Hier werden viele 40-Jährige leer schlucken. Heute können Erwachsene jedoch bis ins hohe Alter ihre jugendlichen Potenziale ausleben, ohne dass sie dafür Teenager imitieren müssen.

Am vordringlichsten ist für die jungen Menschen jedoch, dass Eltern und Lehrkräfte authentisch, sie selbst, also echt sind. Diese Echtheit kann auch Verständigungsprobleme mit jungen Menschen lösen und vor der Gefahr einer billigen Rollenvernebelung schützen.

Ein Kleidergeschäft für Jugendliche zeigte vor Jahren auf einem Plakat eine unsäglich hässliche Fellhose und warb dafür mit dem cleveren Slogan: ‹Wenn diese Hose deinen Eltern gefällt, kriegst du dein Geld zurück!› Die Werbung hat begriffen, was für viele Eltern und Lehrpersonen offenbar schwer nachvollziehbar ist: Jugendliche wollen und dürfen die Erwachsenen vor den Kopf stossen und schockieren und die Welt neu erfinden. Heute, da die Erwachsenen alles, was von ferne an Jungsein erinnert, megageil finden und übernehmen, können Jugendliche die erwachsene Generation noch am ehesten mit Fascho-Gedankengut, mit Übergriffen auf Asylbewerber und Schwule, mit versprayten Strassenzügen, Vandalismus oder brutalen Überfällen aus Spass und Langeweile erschrecken.

Haben Eltern ihren Kindern schon früh eine gewisse psychische Stabilität mitgeben können, sind sie eher in der Lage, der Zeit der Ablösung gelassen, ‹voll easy und cool› entgegenzusehen, ohne sich selber ‹easy und cool› – wie die eigenen Kids – verhalten zu müssen.

Dass Pubertierende sich aber auch an sämtlichen negativen ‹Erwartungen› der besorgten Eltern vorbeientwickeln können, zeigt folgendes Beispiel: *Nach dem Vortrag eines bekannten Erziehungsexperten stellten die Anwesenden verschiedene Fragen, vor allem zur Pubertät. Ein offensichtlich besorgter Vater meldete sich zu Wort: «Unser Sohn ist 16 und hat uns überhaupt noch nie Probleme bereitet, er geht gern in die Schule, macht seine Hausaufgaben, schwänzt nicht, raucht nicht, hält sein Zimmer in Ordnung, ist hilfsbereit und anständig, er hat Freunde und spielt in einem Orchester mit. Was ist mit ihm nicht in Ordnung? Haben wir etwas falsch gemacht?»*

Offenbar erwarten manche Eltern gottergeben, dass die Pubertät für Mütter und Väter ein Gang durch die Vorhölle sein muss. Vor Angst auf Vorrat kann daher nicht genug gewarnt werden, sonst provozieren Eltern vor lauter Besorgnis am Ende noch, was sie befürchten. Trifft dies dann eines Tages doch zu: die Motzereien und Unverschämtheiten der eigenen Kids niemals persönlich nehmen, sondern angemessen reagieren; als Vater oder Mutter, die auch mal einen erwachsenen Standpunkt einzunehmen wagen.

Die Orientierung an der Jugend offenbart, dass Erwachsene immer seltener ein eigenes Profil aufweisen. Die wenigen, die aus der juvenilen Masse herausragen, erleben darum eine nie dagewesene Publizität und Popularität. Der Zeitgeist begünstigt jede Art von Massenphänomenen. Sie sind das Gegengewicht zu unserer sonst so coolen, autistischen Lebensart, hinter der wir unsere Ängste verbergen. Sowohl der wachsende Zulauf junger Menschen zu Sektengurus als auch zu radikalen Führern, die Wallfahrt der Mittelaltrigen zum Dalai Lama und der internationale Papstkult der katholischen Jugend: All das zeigt, wie sehr sowohl die Jugend wie auch die Generation ihrer Eltern auf der Suche nach Orientierung an herausragenden Persönlichkeiten sind. Sie suchen mit Gleichgesinnten einfache Lebensregeln, die ihnen den Weg zu einem möglichst zufriedenen Dasein in einer total verunsicherten Welt weisen sollen.

Im Grund spüren auch viele Eltern sehr wohl, dass ‹cool und easy› kein Lebensleitmotiv ist, doch sie selbst haben nichts Profiliertes anzubieten.

Jugendliche wollen gar nicht immer verstanden werden

Heute herrscht fast ein Muss, alle irgendwo irgendwie Benachteiligten zu verstehen. Und wen betrifft das nicht! Keine Lebenssituation, keine Altersstufe, die nicht um Verständnis bittet. Senioren erwarten Verständnis, aber auch Behinderte, Gefängnisinsassen, Pädophile, Arbeitslose, Kriminelle, Männer, Frauen, Ausländer, Politiker, Schuldige und Unschuldige, Täter und ihre Opfer: niemand, für den oder die kein Verständnis aufgebracht werden soll. Sogar Verkehrsbetriebe «danken für Ihr Verständnis», wenn sie sich eine halbe Stunde verspäten. Der Begriff ist fast so labrig, abgegriffen und nichtssagend wie die Political Correctness und die noch ärger strapazierte Betroffenheit.

Doch wünschen auch Pubertierende Verständnis? Erwarten sie nicht vielmehr Beachtung und Widerstand? Möchten sie nicht aufrütteln, schockieren und den Erwachsenen den Spiegel vorhalten?

Lehrpersonen mühen sich um Verständnis für das oft nicht nachvollziehbare Verhalten ihrer Schützlinge. Sozialpädagogen brüsten sich damit, allen Problemjugendlichen Verständnis entgegenzubringen.

Doch wollen die Kids das überhaupt?

Sie wünschen wohl eher Vertrauen, Selbständigkeit, mehr Mitspracherecht und Verantwortung.

Die meisten Jugendlichen haben verständnisvolle Eltern, doch die authentisch gebliebenen Mütter und Väter gestehen offen, ihre Teenager gar nicht immer verstehen zu wollen. Und es ist nicht einmal das Schlechteste, um den Kindern wieder näher zu kommen: «Du bist mein Sohn, meine Tochter, ich liebe dich, aber wie du dich jetzt verhältst, das übersteigt mein Verständnis, ich kann das nicht nachvollziehen.» Diese Eltern reagieren ehrlich und direkt, ohne dabei die Jugendlichen zu demütigen.

Mütter und Väter dürfen und sollen auch schockiert sein, wenn ihre Kinder plötzlich lügen, in Läden klauen, den Unterricht stören, sich toll und voll saufen, zugedröhnt vom ersten Drogenkonsum herumhängen ..., also lauter Dinge tun, die sie ihnen nie zugetraut und die für sie ganz und gar nicht einfühlbar und darum unverständlich sind. Allzu Abwegiges ist sogar für Experten nur durch die grossen hormonellen Schübe und Schwankungen der jungen Frauen und Männer zu erklären. Neurologen bestätigen, dass im Gehirn von Pubertierenden im Rahmen der physischen und psychischen Veränderungen Prozesse ablaufen, die den Realitätsbezug der Heranwachsenden beeinträchtigen und ihr Verhalten negativ beeinflussen können. Mit andern Worten: Es gibt Pubertierende, die vorübergehend wirklich an einer Art verminderter Zurechnungsfähigkeit leiden. Wie wäre sonst zu erklären, dass Söhne, die nie zu Klagen Anlass gaben, plötzlich fremde Autos zu Schrott fahren oder ein schweres Motorrad klauen, ein Mädchen vergewaltigen, die Schule schwänzen, dem Lehrer mit der Faust drohen, Toiletten demolieren oder ‹happy burning› spielen, indem sie eine Lagerhalle anzünden und den Brand mit dem Natel fotografieren?

Wie sollen Eltern dafür Verständnis aufbringen, wenn die erst 15-jährige Tochter das Vertrauen missbraucht und ungeschützt mit ihrem Freund schläft? Eine andere Göre eines Tages einfach abhaut und aus einem Nachbarland von der Polizei zurückgebracht wird? Wenn Töchter und Söhne aus wohlsituierten Familien zu klauen, andere zu erpressen oder zu verprügeln beginnen?

Nicht einmal die Erinnerung an eigene Pubertätsentgleisungen kann zum Verständnis aller Eskapaden verhelfen.

Die jugendlichen Umhertreiber, Schulverweigerer, Diebe und Gewalttäter verstehen sich ja oft selber nicht. Sie verstehen nicht, warum sie sich plötzlich verlieben, die Eltern lästig und uralt finden, das Kinderzimmer ‹megadoof›, mit der Freundin dauernd über Jungs quatschen, sich in Popstars verknallen, so sehr, dass auseinander gehende Boygroups Scharen von Mädchen beinahe zum Selbstmord treiben und Krisenteams mit Notfallpsychologen aufmarschieren.

Eltern dürfen sich aber an Erfahrungen mit zahlreichen in der Pubertät Entgleisten halten: Nur selten werden die ‹Hormongestörten› später rückfällig. Im Allgemeinen bleibt es bei einem bis zwei groben Ausrutschern.

Neurologische Ursachenquelle hin oder her: Jugendliche haben trotz mildernden Umständen die Konsequenzen ihres Fehlverhaltens zu tragen: ein Schnuppertag in einem Gefängnis, zwei Wochen Einsatz im Kinder- oder Altersheim, Graffitis wegputzen etc. Es gibt eine grosse Zahl sinnmachender Strafen, die zum Wiedergutmachen beitragen und zum Nachdenken anregen.

Die Jugendlichen wünschen auch kein Verständnis. Wofür sollten ausgerechnet die Eltern, von denen sie sich ja lösen müssen, Verständnis haben? Junge Menschen brauchen vielmehr die Gewissheit, dass Mütter und Väter, auch ohne zu verstehen, ihr ständiger Rückhalt bleiben, ihr Ankerplatz. Um dieser Rolle gerecht zu werden, ist jede Art von Symbiose zu beenden. Denn ohne vollzogene innere Freigabe der ‹Kinder› ist eine spätere Gleichstellung auf Erwachsenenebene unmöglich. Sogar wenn die Bindung gelockert ist, bleiben längst erwachsene Söhne und Töchter für die Eltern ihre Kinder und sie deren Mütter und Väter.

Wenn auch die Pubertät für die meisten Kids und ihre Eltern eine zwar turbulente bis schwierige Phase bedeutet, ist sie doch zeitlich begrenzt und hinterlässt bei der Mehrheit keine bleibenden Schäden.

Der Ehrlichkeit halber muss aber doch darauf hingewiesen werden, dass beim Erwachsenwerden in einigen Fällen auch schwere psychische Krisen auftreten können, die wegen Suizidgefahr, psychopathologischen Erscheinungen oder schwerem Suchtverhalten plötzlich einen Klinikaufenthalt, zumindest aber eine fundierte Behandlung erfordern.

Eltern sollen darum bei auffallenden, andauernden und extremer werdenden Wesensänderungen ihrer Adoleszenten lieber einmal zu viel bei Profis Rat holen und mit Hilfe von Freunden Sohn oder Tochter dazu bringen, eine Vertrauensperson, eine Jugendberatungsstelle oder einen Psychiater aufzusuchen. Verschiedene telefonische Beratungsstellen für Jugendliche in Schwierigkeiten und ihre Eltern bieten in der ganzen Schweiz rund um die Uhr Hilfe für Betroffene an.

Dennoch: Im Vergleich zu den vielen ‹normalen› Störungen bei Pubertierenden und trotz der leider steigenden Suizidrate bei den Schweizer Jugendlichen gehören derart schwere Krisen zum Glück noch immer zu den Ausnahmen.

Über kurz oder lang ein Elterndiplom?

Schon mehrmals habe ich es geschrieben, und ich tue es noch einmal: Jeder Depp darf Kinder aufziehen, aber nicht ohne Vorbereitung und Prüfung Auto fahren. Letzteres ist mehr als in Ordnung. Es gibt noch immer zu viele Verkehrsopfer. Doch wer zählt je die psychischen Krüppel, die Eltern ohne geringstes pädagogisches Know-how hinterlassen? Die magersüchtigen, fetten, aggressiven oder depressiven Kids? Die unzähligen, in der Verwöhnungsfalle gefangenen Mütter samt ihren lebensuntüchtigen Söhnen und Töchtern? Wären sie Tiere, der Tierschutz hätte längst öffentlich gegen die unangemessene Behandlung protestiert. Für die wachsende Zahl von Eltern, denen sowohl Intuition, Zeit wie jede Erfahrung mit Kindern fehlen, die ständig gestresst, unter Druck und leicht reizbar sind, für sie müsste eine praktische Vorbereitung auf die verschiedenen kindlichen und jugendlichen Entwicklungsphasen ein Muss sein. Der simpelste Job braucht heutzutage eine Anlehre, anspruchsvollere Tätigkeiten setzen lange Aus- und Weiterbildungszeiten voraus. Und was gibt es Anspruchsvolleres und Vielseitigeres, als Kinder ins Leben zu begleiten?

Wäre es daher nicht eine Aufgabe der Bildungs- und Erziehungsdepartemente, überforderten Eltern zu zeigen, wie sie ihrem Nachwuchs sozial verträgliche Verhaltensweisen beibringen und die Ego- und Subitomentalität eindämmen können?

154

Bereits wurde erwähnt, wie unselbständig sich immer mehr Kinder beim Eintritt in den Kindergarten verhalten. Einige fühlen sich wie kleine Inseln in einem Meer der Unverständlichkeit. Vieles, das in ihrem Alter selbstverständlich wäre, ist ihnen ein einziges Fragezeichen und muss erst mühsam angeeignet werden.

Die Knirpse sind Experten für x-beliebige Fernsehserien, aber über ein Minimum an praktischen Fertigkeiten und sozialer Kompetenz verfügen sie nicht. Nebst einer gewissen Beherrschung der Motorik dürften bei gesunden Kindern in diesem Alter durchaus moralisches Primärwissen und ein paar Regeln für den Umgang mit anderen Kindern vorausgesetzt werden. Doch wie das hinkriegen, wenn die Kleinen zu Hause stundenlang mampfend vor der Glotze hocken, bewegungsfaul und dick, die Schularbeiten ‹vergessen›, und wenn von den Eltern immer öfter boykottiert wird, was die Schule anordnet? In höheren Klassen erscheint denn auch eine Reihe von wutschnaubenden Vätern, wenn die Lehrperson es wagt, ihre Kinder wegen wiederholter Regelverstösse zu bestrafen. Die Strafen werden sabotiert, mit dem Segen der Eltern.

Wird zum Beispiel Erstklässlern vor einem Klassenausflug eine Liste nach Hause mitgegeben, auf der alles steht, was sie benötigen (für fremdsprachige Eltern sogar illustriert), samt der schriftlichen Mahnung: «Geld ist unerwünscht, es soll unterwegs nicht eingekauft werden», kann die Lehrperson sicher sein, dass fast alle einen Notgroschen gegen das Verhungern dabeihaben und ein paar Knirpse mit Zwanzigernoten trotz Verbot an den Kiosk drängen. Dabei tragen sie haufenweise Proviant in den Bags, inklusive zahnschmelzfressende Süssgetränke. Unschwer, sich an diesem vergleichsweise harmlosen Beispiel auszumalen, wie sich Kids mit solchen Eltern bis zum Schulabschluss entwickeln, wenn die Verantwortlichen in diesem Stil weiterwursteln.

Wie kann leichtfertigen Eltern beigebracht werden, dass sie auch Pflichten, Aufgaben haben und einen Teil der Verantwortung am Verhalten ihrer Kinder tragen? Für viele genügt die Information über die ersten Lebensmonate nicht, die nach der Geburt den jungen Eltern mitgeliefert wird. Schon bei den ersten Schwierigkeiten verlieren sie den Kopf.

Eine halbwegs befriedigende Lösung wären ‹Elternführerscheine› oder ‹Diplome›, die für Eltern vor der Geburt des ersten Kindes obligatorisch werden. Männliche und weibliche Elternausbildner würden die Kurse begleiten, und am Schluss hätten Mütter und Väter wenigstens das theoretische Wissen über die kindliche Entwicklung intus. Rollenspiele und Diskussionen anhand vorgestellter Schwierigkeiten, Workshops und offene Aussprachen nebst entwicklungspsychologischen und pädagogischen Grundlagen würden über die wichtigsten Klippen im Elternalltag aufklären und mehr Sicherheit in schwierigen Situationen geben.

Wenigstens käme es dann nicht mehr vor, dass Väter und Mütter aus angeblicher Unwissenheit ihre schreienden Säuglinge schütteln, was schon mehr als einen das Leben kostete oder deren Leben und Gesundheit sonst wie gefährdet. Die Misshandlungen an Babys und Kleinkindern sind besonders hoch.

Es ist aber weniger das Babyalter, sondern die Pubertät, welche viele Eltern über alle Massen fürchten. Dann ist der Nachwuchs nicht mehr hilflos der elterlichen Willkür ausgeliefert, sondern die Jungs und Mädchen setzen sich alles andere als zimperlich selber zur Wehr. Neuerdings fühlen sich denn auch eher die Eltern misshandelt. Eine frühzeitige Einführung in den Umgang mit ihren Teenagern könnte Eltern manche falsche Reaktion und in der Folge Missverständnisse und familiäre Eskalationen ersparen helfen.

Elternvorbereitung und -weiterbildung könnte über kurz oder lang zu einem Politikum werden, es sei denn, die jungen Eltern lassen sich in Zukunft weniger von ihren eigenen Bedürfnissen leiten als von jenen, die zur gesunden Entwicklung ihrer Kinder gehören. Für die vielen entmutigten, da überforderten, resignierten Erziehungspersonen und die ‹bauchfühligen› und allzu naiven Mütter und Väter sind Krisenmanagements, Konflikttrainings- und Erziehungskurse eine Hilfe, die sie ohne Bedenken und falsche Scham annehmen sollten. Hier lernen sie, die Klippen, an denen sie bisher scheiterten, so zu umschiffen, dass sie weder von ihren Kids beherrscht noch dass diese sich zusammengestaucht oder unfair behandelt fühlen. Sie erfahren, wie ein Tagesablauf daheim oder in der Schule zu strukturieren ist, welche Nahrungsmittel gesund sind und Übergewicht verhindern. Es wird ihnen aufgezeigt, wie von den Kindern selbst aufgestellte Regeln und Grenzen die der Erwachsenen ergänzen können; wie wichtig es ist, sich daran zu halten und nach übertretenen Vereinbarungen bestimmt und konsequent zu reagieren. Ohne schlechtes Gewissen, mit einer Prise Humor und ohne Gewalt.

V Ohne Werte geht nichts

Werte sind grundlegende Orientierungsmassstäbe für Handlungen und Handlungsalternativen einer Gesellschaft. Sie geben dem Menschen Verhaltenssicherheit. Aus Werten leiten sich Normen und Rollen ab, die unser Alltagshandeln bestimmen.

Nach Humboldt-Psychologielexikon

Verbindlicher Wertekonsens zwischen Schule und Elternhaus

Die Zeiten sind vorbei, in denen Kirche und Staat den Bürgern Religion und moralische Werte diktierten, aber auch die Jahre, in denen Pädagogen Werte an sich als Relikte autoritärer Systeme aus vergangenen Tagen für schädlich hielten. Nach den Jahren des so genannten Wertezerfalls, der multikulturellen Lebensvielfalt und der allgemeinen Verunsicherung im pädagogischen Bereich ist die Wertediskussion jedoch plötzlich wieder hochaktuell. Man erkennt wieder, dass Werte nichts anderes als die ethischen Grundlagen menschlichen Zusammenlebens sind, die es braucht, will eine Familie, Klasse oder Gesellschaft nicht im Chaos verkommen.

Deshalb müssen humane Werte auch für die Zusammenarbeit zwischen Familie und Schule gemeinsam neu definiert und im Alltag umgesetzt werden. Einen verbindlichen Konsens zu finden, ist jedoch alles andere als leicht.

Eine der Errungenschaften unserer pluralistischen, offenen Gesellschaft ist, dass nebeneinander unterschiedliche Wertehierarchien gelten. Dies ist eine gegenseitige Bereicherung, aber nur solange gewisse grundlegende Werte respektiert werden.

Nach dem ‹Historischen Wörterbuch der Philosophie› (1992) besteht unsere abendländische Wertegrundlage in der so genannten ‹Goldenen Regel› nach Matth. 7,12: «Alles, was ihr wollt, das euch die Leute tun sollen, das tut ihr ihnen auch», und «Was du nicht willst, dass man dir tu, das füg auch keinem andern zu» (Tob. 4,5). Die Goldene Regel ist aber nicht nur Gemeingut der Juden und Christen. Sie findet sich als Spruchweisheit in den meisten Kulturen und Religionen, zum Beispiel im Konfuzianismus und auch im indischen Denkkreis: «Was ein Mensch sich nicht von anderen angetan wünscht, das füge er auch nicht andern zu, da er an sich selbst erfahren hat, was unangenehm ist.» Im Buddhismus und im Islam finden sich ebenfalls ähnlich lautende Sentenzen.

Um die Goldene Regel des menschlichen Zusammenlebens zu verstehen, braucht es weder hohe Intelligenz noch ein Studium. Sie leuchtet unmittelbar ein. Diese minimale gemeinsame Schnittmenge ist auch für einen funktionierenden Schulbetrieb und für das Verhältnis Eltern-Lehrerschaft unabdingbar. Da Bildungsstand, Alter, soziokulturelle Herkunft sowie die Weltanschauung von Eltern und Lehrkräften sehr unterschiedlich sind, können Väter und Mütter nicht erwarten, dass die Schule in allem dieselben Erziehungsgrundsätze vertritt wie sie und umgekehrt. Für Kinder ist das nicht weiter schlimm – haben sie doch zu lernen, mit verschiedenen Wertehaltungen umzugehen –, solange eine minimale Verständigung und Verbindlichkeit zwischen Schule und Elternhaus gewährleistet ist. Sonst führen die Unterschiede unweigerlich zu Spannungen, die sich für alle Beteiligten nur negativ auswirken können.

Werte sind Leitlinien und Normen für ein humanes Miteinander. Es sind keine starren Vorgaben, sie werden je nach Epoche und Zeitgeist unterschiedlich gewichtet. Wie fremd zum Beispiel heutigen Kindern nur schon charakterliche Eigenschaften sind, die vor nicht allzu langer Zeit noch als exemplarisch für die damalige Wertehaltung und als erstrebenswert galten, erfuhr ich neulich von einer Lehrerin: Von ihren 23 Zweitklässlern kannte kein einziges Kind die Bedeutung des Wortes ‹bescheiden› – und es handelte sich nicht um fremdsprachige Kinder.

Unbestritten: Neue Familienmodelle, Weichspülpädagogik, die Fixierung auf einen zeitgeistigen Lifestyle und eine Gesellschaft im Umbruch verlangen eine neue Gewichtung der Wertehierarchie. Vermehrt lebt jede Person heute ihr ganz persönliches Wertesystem, das sie auch in die Paarbeziehung einbringt und in dem Erfahrungen aus früheren Partnerschaften und familiären Beziehungen sowie Erlebnisse aus Kindheit, Schule und Beruf mitklingen.

Hohes Selbstbewusstsein, Ellbogenfreiheit, Prestigedenken, Narzissmus, Bedürfnisbefriedigung und Egozentrik: Diese Mentalität steht Männern nach wie vor zu; Schüchternheit und Unsicherheit wird darum schon kleinen Buben möglichst früh ausgetrieben. Der heutige Lebens- und Kommunikationsstil verlangt aber von allen Selbstbehauptung, Coolheit und Lässigkeit. Treue, Zuverlässigkeit, Empathie und Toleranz werden vernachlässigt. Und trotzdem verlangen Lehrpersonen und die meisten Eltern, dass Kinder sich nach Wertmassstäben verhalten, die jedoch für viele Erwachsene selbst weit herum gar nicht oder kaum gelten.

Welche Werte wollen, sollen und können wir also unseren Kindern überhaupt mit gutem Gewissen auf den Lebensweg mitgeben? Ehe wir von so genannt bleibenden Werten in einer unstabilen Welt sprechen, geht es zuerst mehr um einfache Regeln des Verhaltens im Alltag. Schule und Elternhaus haben noch stärker als bisher miteinander zu kooperieren und sich auf die Einhaltung dieser Regeln zu einigen. Zum Beispiel: faires Streiten, eine andere Meinung anhören, ohne den Kontrahenten zu beleidigen; eine anständige Umgangssprache pflegen, gewaltlos einen Konflikt lösen, Kompromisse schliessen, sich gegenseitig helfen, fremdes Eigentum respektieren, sich in eine Gemeinschaft einordnen, Schadenfreude und Gifteleien unterlassen etc.

Doch schon hier melden sich berechtigte Zweifel: Verlangt unser Anspruch auf Wertetransfer nicht auch, dass Erwachsene sich selber an das halten sollten, was sie von der jungen Generation erwarten und verlangen? Und ferner: Wo können die vielen Kinder, die ohne ethische und moralische Orientierung aufwachsen, überhaupt lernen, dass es diese Werte gibt?

Die dunklen Seiten der menschlichen Natur lassen sich niemals völlig ausblenden, und sie sollten auch nicht verdrängt werden. So oder so: Kinder und Jugendliche spiegeln hauptsächlich die Wertekultur von uns Erwachsenen. Und die ist oft alles andere als vorbildhaft. Wir alle, gleich welchen Alters, tragen düstere bis rabenschwarze Fantasien und Gedanken in uns. Die Gefühlspalette reicht von Liebe und Zuneigung bis zu Neid und Hass.

Doch diese Unvollkommenheit ist auch eine Chance für Eltern und Lehrpersonen. Als Erziehende haben sie reichlich Gelegenheit, dem Nachwuchs authentisch zu zeigen, wie trotz Unzulänglichkeiten, Schwächen und wiederholtem Versagen sozial verträglich miteinander umgegangen werden kann. Es ist wichtig, den Mädchen und Buben vorzuleben, dass und wie sie Ärger, Wut, Zurückweisung, Liebesverlust und Enttäuschungen ohne Prügel, Zerstörungswut oder gar Gefährdung von Leib und Leben aushalten, verarbeiten, Kompromisse bilden und Meinungsverschiedenheiten friedlich austragen können. Die Kids müssten nach und nach einen inneren Wegweiser entwickeln. Mit der Zeit internalisieren sie, was ein gutes Einvernehmen und die Versöhnung mit einem vermeintlichen Gegner auch für sie an Positivem bedeutet und dass es ihnen mehr Ungemach bringt, einem anderen Menschen wehzutun, als mit ihm verbal anständig zu streiten. Schon bei Tieren finden wir den reziproken Altruismus: Affen helfen zum Beispiel einem Kollegen bei der Jagd im Wissen, dass der umgekehrt ebenso zu ihren Gunsten handeln wird.

Allen Kids, Lehrpersonen und ihren Eltern gibt die Diskussion über und die Einigung auf wenige, dafür geltende Vorgaben in Sachen Werteerziehung neue Impulse in Bezug auf ein friedlicheres Miteinander und mehr Empathie für Kolleginnen und Kollegen. Gemeinsam festgelegte Regeln und Werte werden im ganzen Schulhaus hochgehalten und tragen bei zur guten Atmosphäre einer Schule, der so genannten Schulhauskultur.

Besonders im Hinblick auf die muslimische Kultur mit ihren in unseren Augen fast archaischen Wertevorstellungen wird – in Klassen mit hohem Ausländeranteil – von den Lehrpersonen zum Teil Erstaunliches geleistet. Oft herrscht ein gutes Klassenklima und erst noch ein ebenso positives Einvernehmen zwischen den einzelnen Lehrkräften und den fremdsprachigen Eltern. Das entwickelt sich nicht von heute auf morgen. Es gibt aber auch hier Familien, die sich mit der Zeit engagierten Lehrpersonen öffnen, vor allem aufgeschlossene Mütter, sogar Väter, die ihren Kindern die Freiheit lassen, sich unseren Wertvorstellungen anzunähern, sofern sie überzeugt werden können, dass die Werte der hiesigen Jugendlichen nicht nur aus sexueller Freizügigkeit, nächtelangem Herumhängen, Ausgehen und Saufen bestehen. Und dass ihre Kinder bessere Chancen haben, so sie gut Deutsch sprechen, sich anpassen, anständig sind, zuverlässig, fragen, wenn sie eine Aufgabe nicht verstehen, und ihre Messer zu Hause lassen.

Einleuchtend, dass ein ungezwungenes ‹Elternzmorge› mit Spezialitäten aus verschiedenen Ländern die Beziehung zwischen den unterschiedlichen Herkunftsfamilien und der Schule mehr fördert als ein trockener, theoretischer Elternabend über Werteerziehung. Eltern, die als schwierig gelten, können von anderen Eltern informiert und abgeholt werden. Es gibt viele Formen, gleichgültige oder aggressive Eltern zu aktivieren, sich für die wichtige Grundsatzdiskussion zu interessieren. Vielen Eltern und Lehrpersonen ist ein Wertekodex für Schule und Elternhaus durchaus ein Anliegen.

Anlässe, an denen alle Klassen einer Schule mitwirken, sind aufwändig, aber im Allgemeinen sehr erfolgreich. Mütter, Väter, Kids und Lehrende erleben Schule dann einmal von der unbeschwerten und lustbetonten Seite.

Im Anschluss an ein Fest kann zum Beispiel eine Themenfolge aufgegriffen werden, an der Grundlegendes zur Sprache kommt. In kleinen Gruppen können Fragen, die ausserhalb des schulischen Leistungsprinzips liegen, erörtert werden: Welche Werte sind mir ganz persönlich im Leben wichtig? Was möchte ich unter keinen Umständen missen? Wofür lohnt es sich zu leben?

Die Erwachsenen werden bestimmt über die Antworten der als oberflächlich geltenden Teenager staunen können. ‹Meine Familie›, ‹Freundschaft›, ‹eine Lehrstelle›, ‹Frieden›: In diesen Kategorien finden sich nämlich ihre Prioritäten. Kurz und gut: offen bleiben, sich überraschen lassen und sämtliche Vorurteile mal über Bord werfen. Dies braucht Mut, doch man wird dafür belohnt.

Werte leben, nicht labern

Die biologischen oder sozialen Eltern bleiben auch oder gerade in der Vielfalt der pluralistischen Lebensformen erste, wichtige Wertevermittler. Prägende Werte werden angeblich schon während der Schwangerschaft erfahren. Mütter und Väter vermitteln nach der Geburt hautnah die ersten Erfahrungen von Geborgenheit oder Verlassensein, je nach Empfang durch Mutter und Vater. Die ersten Eindrücke beeinflussen die Grundgestimmtheit eines Menschen entscheidend.

Ein Teil der familiären Leitlinien wird ebenfalls in den ersten Monaten und Jahren internalisiert. Schon kleine Kinder wissen bald, weshalb die Erwachsenen sich so oder so verhalten, was in den Augen der Väter oder Mütter gut oder schlecht ist, was ihnen und anderen schadet oder was ihnen hilft. Die Sensibilisierung für Verantwortung, für das Gewissen und Empathie etc. entstehen ja nicht erst im Jugendalter. Bei Adoleszenten ist dann die moralische Entwicklung mehr oder weniger abgeschlossen.

Werte weisen – ähnlich einem Kompass – dem Nachwuchs die Richtung im heutigen Wertedickicht; ohne lange Erklärungen und Vorträge, das Beispiel der Eltern genügt.

Knirpse im Vorschulalter überraschen immer wieder durch elterliche Zitate. Einer der Spiegel elterlichen Verhaltens ist das kindliche Rollenspiel. Wir können dann vielleicht hören, wie unser Töchterchen beim Familiespielen am Telefon sagt: «Mama ist weggegangen», dabei steht diese daneben. Oder die Puppenmutter sagt zu ihrem Kind: «Du fährst morgen mit uns zum Baden nach XY, ich schreibe dem Lehrer, dass du Kopfschmerzen hast.» Eine andere ‹Mutter›: «Also, wenn du morgen nicht endlich eine gute Note kriegst, hab ich dich nicht mehr lieb.» Kinder spielen echte Situationen aus ihrem Alltag, die elterliche Haltungen nachahmen. Für aufmerksame Mütter und Väter ein hilfreiches Signal, die Weichen – falls nötig – anders zu stellen.

Ein fast schon alltägliches Vorkommnis: Am ersten Ferientag eines deutschen Bundeslandes strahlten eine Mutter und ihre Tochter in eine Fernsehkamera der Tagesschau. Sie waren zwei Tage zu früh in Badeurlaub gefahren, in der Schule sei es so heiss gewesen, ganz anders als hier am Strand. Auf die Frage, ob sie kein schlechtes Gewissen hätten, ohne Abmeldung der Schule fernzubleiben, verneinten beide lachend. Weshalb auch? Die Tochter wusste ja, dass sie in die nächste Klasse versetzt würde.

Zufällig sah der Rektor ihrer Schule das Interview und sandte der Tochter unverzüglich eine vorwurfsvolle Mail. Sie habe die Stunden nachzuholen, und die versäumten Prüfungen würden alle mit einer ungenügenden Note versehen und angerechnet. Weder diese Strafe noch die angedrohte Busse vermochte jedoch die Ferienlaune der beiden zu trüben.

Mal abgesehen von der Frage nach dem pädagogischen Sinn von Strafen: Wenn eine versäumte Stunde mit einer schlechten Note bewertet wird, bröckelt die Alltagsmoral bedenklich. Bei manchen Kids ist es bald die Regel, dieses unerlaubte Urlaubgeniessen – ein Schnäppchen sozusagen.

Von Zeit zu Zeit müssten Mütter und Väter ihr persönliches Wertesystem wirklich einmal kritisch reflektieren: Bin ich mir gegenüber aufrichtig? Wofür gebe ich zu viel Geld aus, wofür setze ich mich ein, welche Feste feiere ich, wofür lohnt es sich zu leben? In welchen Situationen lüge ich?

Handle ich so, wie ich rede? Wie verhalte ich mich gegenüber Andersden-kenden, Ausländern, Behinderten? Trage ich Konflikte aus oder wische ich sie unter den Tisch? Bin ich launisch, verlange aber von meinen Kindern Beherrschung? Gebe ich meinem Kind das Gefühl, es nur auf Grund sei-ner Leistungen zu lieben?

Wachsen Kinder in einer grosszügigen, toleranten Familie auf mit au-thentischen und sich selbst hinterfragenden, aber dennoch konsequent handelnden Eltern, können sie später spontaner, mit weniger irrationalen Ängsten und Vorurteilen auf andere Menschen zugehen.

Kampf der Vor-Bilder

Vorbilder sind an bestimmte lebende oder historische Personen gebunde-ne Verhaltensweisen oder Rollenvorgaben, die Jugendliche als identitäts-stiftende Leitbilder bei ihrer Persönlichkeitsentwicklung unterstützen. Das Vorbild der Eltern ist erwiesenermassen nicht allein massgebend, um Kin-der und Jugendliche fürs Leben fit zu machen. Doch momentan wird die Vorbildhaltung allgemein zu stark unterschätzt. Kindheitserinnerungen be-legen nämlich, dass elterliches Verhalten im positiven oder negativen Sinn als beispielhaft oder abschreckend empfunden, nachgeahmt oder bewusst vermieden wird. Vorbilder können ausser den Eltern auch Geschwister, Lehrpersonen, politische oder soziale Grössen oder Künstler sein. Heute sind an ihre Stelle für viele junge Menschen Gleichaltrige, Popstars und Bandleader, so genannte Idole, und immer häufiger Helden aus Film und Videos getreten.

Eine Zeit lang war die Rolle des elterlichen Vorbilds ohnehin sehr umstrit-ten. In einer offenen Gesellschaft mit offenen Familienmodellen und mo-ralfreien Jugendkulturen, die Kids immer früher in ihren Einflussbereich zie-hen; in einer Gesellschaft, in der Bilder als Vor-Bilder Alt und Jung aus allen möglichen optischen Kanälen entgegenstrahlen, in der reale und virtuelle Welten kaum mehr auseinander gehalten werden können: In einem der-artigen Umfeld gibt es jede Menge andere Vor-Bilder (als die Eltern), wel-che Halbwüchsige begeistern und beeinflussen. Und nicht nur sie: Die bewegten Bilder üben in der heutigen visuell orientierten Welt eine Faszi-nation aus, der sich kaum jemand entziehen kann. Die Werbung hat das längst entdeckt und würde ohne Wirkungsnachweis kaum Unsummen in ihre Filme investieren.

Vorbilder vermitteln Werte. Untersuchungen über das Erziehungsverhalten der erwachsenen Kinder von 68er-Eltern brachten aber Erstaunliches zutage: In den 90er-Jahren wurde in Deutschland eine Untersuchung an Drei- und Vierjährigen, also an Enkeln der 68-er, durchgeführt. Alle Buben und Mädchen waren mit Aufnahmegeräten ausgestattet worden. Was konnte nach einer bestimmten Zeitspanne über das eingleisige Kommunikationsmuster ihrer Eltern festgestellt werden? 85 % des Gesagten bestand aus mütterlichen/väterlichen Anweisungen oder aus Kritik: «Spiel nicht auf der Strasse.» «Komm nicht zu spät nach Hause.» «Lass endlich Papi in Ruhe.» «Dein Zimmer sieht wieder aus wie ein Saustall.»

Kindgemässe Freiräume, Selbstverantwortung, Vertrauen, Grenzsetzungen und soziales Verhalten unter einen Hut zu bringen, scheint auch freiheitlich aufgewachsenen Eltern und Erziehenden heute offenbar schwerer denn je.

Und was belegt eine Untersuchung an 20 000 Oberschülern im selben Zeitraum in den USA? Von drei Schülern glaubt einer, Lügen und Schwindeln sei unerlässlich, um im Leben Erfolg zu haben, und 82 % lügen ohne geringste Skrupel ihre Lehrpersonen an.

Bei uns ists wohl ähnlich. Im trauten Heim wird ja öfter mal gelogen. Ausser dem Rektor findet es zum Beispiel niemand moralisch wirklich störend, schon eher witzig, dass eine Mutter und ihre schuleschwänzende Tochter sich sogar noch am Fernsehen mit ihrer Tat brüsten.

Jeder Elternteil – ob er will oder nicht – hat Vorbildwirkung. Selbst der abwesende Vater. Doch Kinder haben das Recht, das elterliche Vorbild zu kritisieren, zu negieren, abzulehnen. Denn: Sind Vorbilder immer nachahmenswert?

Die Gefahr elterlicher Vorbilder besteht darin, dass sie als Über-Ich eines Menschen dominieren. Sein Leben lang steht dann immer eine Elterninstanz neben ihm und sagt: Nein, dies darfst du nicht, jenes ist schlecht, damit erfreust du mich, das macht mich traurig ... Ein gutes Vorbild vermittelt eine Lebenshaltung, die es wert ist, aus eigener Überzeugung nachgelebt zu werden. Das Über-Ich dagegen ist eine rigide moralische innere Zensur, die noch nach dem Tod der Eltern unfrei und von ihnen abhängig macht.

Schlechte Vorbilder unterstützen negative Verhaltensweisen, genauso wie gute die positiven. Nachgeahmt werden die schlechten aber wesentlich schneller, und oft verhalten sich die jungen Erwachsenen von ihrer Wertehaltung bis zu ihrem Lebensentwurf grundsätzlich nicht so, wie es ihre Eltern gewürscht hätten.

Haben sich die Hitzköpfe aber endlich vom elterlichen Über-Ich befreit, dann entscheiden sie sich aus eigenem Willen vielleicht für das, was ihnen die Eltern an Positivem vorgelebt haben. Oder sie erstellen für sich eine neue, postpostmoderne Wertehierarchie.

Sicher ist, dass immer früher Gleichaltrige (bereits im Kindergarten), später die jeweiligen Peergruppen die Werte der Jungs und Mädchen bestimmen. Auch die Werbung würde am liebsten schon den Neugeborenen einen Abhängigkeitschip ins Hirn pflanzen. Von den (un)heimlichen Vorbildern – vor allem der Jungs – aus gewaltverherrlichenden Filmen und Games bis zu den braunen und rechtsradikalen Rattenfängern, die seit langem und momentan auch sehr erfolgreich vor Schulen ihren Propagandafeldzug betreiben: Eltern erhalten auf fast allen Altersstufen ihrer Kinder harte Konkurrenz von der Generation ihrer Töchter und Söhne. Da liegt es nahe, lieber klein beizugeben, als sich mit den Kids dauernd und erfolglos anzulegen.

Unzählige Teenager verwandeln zur Zeit der Vorpubertät ihre ehemaligen Kinderzimmer in Heiligenschreine von Boy- oder Girlie-Gruppen und schmachten deren lebensgrosse Poster an, während die Songs der Angehimmelten die Eltern bereits zu Ohropax greifen lassen. Doch inzwischen wissen Mütter und Väter: Alles geht vorbei, die Pubertät und mit ihr auch die Höhlenbärenzeit ihrer Söhne mit den versifften, miefenden, unaufgeräumten Schlafstätten. Viele Eltern hatten ehedem dieselben oder ähnliche Probleme und verhielten sich gegenüber ihren Eltern und deren hochgehaltenen Werten nicht viel kooperativer. Peergruppenwerte entsprechen selten dem elterlichen Wertekodex, viel eher vertreten sie das Gegenteil.

Einerseits sind die unterschiedlichen Vor-Bilder, welche im wörtlichen Sinn schon auf die Kleinsten einwirken, eine willkommene Gelegenheit, um mit Kindern einen sinnvollen Umgang mit den Verlockungen der Konsum- und Freizeitgesellschaft einzuüben. Und für die Kids besteht eine echte Chance, bei groben elterlichen Fehlhaltungen auch ausserhalb der Familie ein positives Identifikationsobjekt zu finden. Andererseits darf die

Fülle an Vorbildern nicht dazu führen, dass Eltern resignieren und sich ihrer Verantwortung entziehen.

Die vor ein paar Jahren aktuelle Studie vom Ende der Erziehung und damit auch der elterlichen Vorbildwirkung ist deshalb mit Vorbehalt aufzunehmen. Verkürzt lautet sie: Kinder entwickeln sich auch ohne Beeinflussung durch die Eltern nach ihrem genetischen Plan. Ob ‹erzogen› oder mehr sich selbst überlassen: Das Resultat bleibt dasselbe. Diese vor wenigen Jahren wissenschaftlich abgesegnete Theorie wurde in manchen Kreisen erleichtert aufgenommen, denn sie erlöste erziehungsmüde Eltern gleichsam von einem lästigen gesellschaftlichen Anspruch.

Nicht wenige Eltern überliessen dann ihre Kinder nur allzu gern sich selber.

Die Lehre von der Vergeblichkeit aller elterlichen Bemühungen ist in ihrer Absolutheit missverständlich und darum gefährlich. Zur Zeit des emotional-hormonellen Wirrwarrs die Jugendlichen in jedem Bereich ihren eigenen Entscheidungen zu überlassen – ohne gemeinsames Abwägen von Für und Wider –, ist bequem, aber unverantwortlich. Söhne und Töchter kennen und boykottieren häufig die elterliche Wertehierarchie, doch Eltern müssen trotzdem zu ihren Überzeugungen und sogar zu ihren Bedenken und Sorgen stehen. Erst nach einem eingehenden Gespräch können ältere Kinder dann frei entscheiden, etwa, ob sie diesen oder jenen Beruf wählen oder an eine Mittelschule gehen wollen, auch darüber, wann und mit wem sie das erste Mal schlafen. Weder kann die Mutter ihre 15-jährige Tochter zur Pille zwingen noch kann sie vom Freund einen Aidstest verlangen. Und striktes Verbieten ist der allerletzte Blödsinn; Eltern können ihr Töchterchen ja nicht einsperren. Der Hinweis auf das mütterliche Vorbild («Ich habe bis 18 gewartet») hat hierzulande weniger Chancen als etwa in den USA. So bleibt einzig das Vertrauen in die Eigenverantwortung der Tochter.

Mit Recht, aber allzu ausschliesslich wird propagiert, die Gleichaltrigen, die Peers, seien in der Wertevermittlung an Stelle der Eltern getreten. In der Tat sind für Jugendliche Altersgenossen entscheidende Vorbilder und Wertvermittler. Diese beeindrucken vor allem durch ihren Lebensentwurf oder ihr Unterhaltungspotenzial, kaum jedoch durch moralische Vorgaben. Darum gilt: Urvertrauen und Selbstregulation, Bedürfnisaufschub und Empathie sind Werte, die sich in den frühen Lebensjahren schon einprägen, und das geschieht meistens im Zusammensein mit Mutter oder/und Vater. Das heisst: Entscheidende Grundlagen des sozialen Verhaltens werden vorbildhaft positiv durch die Eltern erfahren, sofern diese nicht orientierungslos in den Tag hineinschlampen oder sich destruktiv gebärden. Wer aus purer Gleichgültigkeit oder bewusst seine Kinder– angeblich, um sie nicht zu unterdrücken – einfach wursteln lässt, verweigert ihnen damit das Recht auf emotionale und moralische Orientierung.

Eine Menge Kinder werden leider weder gefördert noch gefordert, sie fühlen sich von klein an als Versager und entwickeln sich trotz äusserst schlechter Vorbilder und wenig Unterstützung dank Begabung, eigenen Anstrengungen und grossem Willenseinsatz in jeder Hinsicht erfreulich. Eine Langzeitstudie aus New York belegt, dass über 30% aller Kinder aus miserablen sozialen und emotionalen Verhältnissen sich auffingen, einen guten Beruf lernten, nie mit dem Gesetz in Konflikt kamen, Familien gründeten und sich zu angesehenen Mitmenschen entwickelten. Diese Männer und Frauen fanden als Kind trotz ihrer elenden Herkunft jemanden, der an sie glaubte, sie unterstützte und ihnen zum Vorbild wurde. Fallen die Eltern aus, können Verwandte, Patinnen, Lehrpersonen oder Sporttrainer als Mentorinnen und Ansprechpartner in die Bresche springen. Auch in diesen Sonderfällen spielen Erwachsene eine massgebliche, positive Rolle.

Fassen wir kurz zusammen: Eltern, Geschwister, aber auch ausserfamiliäre Personen helfen den Heranwachsenden durch ihr Vorbild, sich im nahen und weiteren Umfeld, in der Gesellschaft und im späteren Leben zu bewegen. Sie leben Normen der sozialen Kompetenz vor: Respekt vor andern, Umgang mit Konflikten, wachsende kritische Reflexion, Selbstverantwortung, Zuverlässigkeit, Übernahme von Aufgaben u. a. m.

Neugeborenen schenken wir Zärtlichkeit, Liebe, Geborgenheit und dadurch inneren und äusseren Halt und Vertrauen in andere. Nur so lernt das Baby, den Eltern und Mitmenschen zu trauen. Es fühlt sich von ihnen angenommen. Dieses Urvertrauen ist eine wesentliche Grundlage der Wertebildung. So werden Jugendliche, die als Kinder geschlagen oder/und sexuell ausgebeutet wurden, öfter zu Aussenseitern, neigen eher zu Gewalt und zeigen später als Eltern häufiger ein weniger einfühlsames Verhalten als Kinder seelisch gefestigter Eltern.

Sich mit all seinen Schwächen akzeptiert fühlen, das sollte für Eltern wie für Kinder gelten. Erfahren Kinder Trost und Zuwendung, wenn sie sich verlassen vorkommen, ihnen etwas wehtut, werden sie auch ein offenes Herz für andere haben. Aus Mitgefühl wird Empathie, d.h. die reife Fähigkeit, sich in Mitmenschen zu versetzen und deren Situation aus ihrer Sicht zu empfinden.

Respekt vor dem andern heisst auch Respekt vor dem Kind

Ein äusserst wichtiger humaner Wert ist der Respekt, das heisst die Achtung, Akzeptanz und Wertschätzung, die wir den Mitmenschen, aber auch uns selbst entgegenbringen. So paradox es klingt: Nur wer sich selber achtet, kann auch andere achten. Schon in der Bibel steht: «Liebe deinen Nächsten wie dich selbst.» In unserer Zeit hiesse es eher: «Akzeptiere deinen Nächsten wie dich selbst. Nimm ihn ebenso ernst.»

Indem wir unsere Kinder von frühster Kindheit an als ebenbürtige Persönlichkeiten behandeln und ihnen mit unserer ungeteilten Zuwendung zeigen, dass sie einmalige Geschöpfe sind, aber keine Prinzessinnen oder Familiendiktatoren, fördern wir ihre Selbstakzeptanz. Nur selbständiges Handeln verschafft Selbstkompetenz, die Fähigkeit zur Selbstregulierung und das Bewusstsein seiner selbst. Verwöhnung verhindert soziales Lernen, das Finden eigener Lösungswege und wachsende Verantwortungsbereitschaft.

Auch billiges Lob fördert weder eigenes Können noch Selbstachtung. Beides entsteht erst durch eine gelungene Leistung, denn jeder kleine Erfolg stärkt das Ich. Und nur wer sich selbst respektieren kann, ist bereit, auch andere zu respektieren.

Bereits Kinder müssen mit vielen Frustrationen umgehen können. Zum Respekt vor Söhnen und Töchtern gehört, ihnen nicht auf billige Weise eine heile Welt vorzugaukeln. Jede Familie müsste offen über Angst, Kränkungen und Unstimmigkeiten reden können und nach Wegen suchen, mit Wut, Hass und Enttäuschungen umzugehen. Dialogfähigkeit und Ehrlichkeit werden am besten in einer Familie erlernt, in der die Meinung jedes Mitglieds respektiert wird, auch wenn man sie nicht teilt. Respektvoller Umgang untereinander ermutigt, zu seiner Meinung, seinen Bedürfnissen zu stehen, lehrt aber auch, auf andere einzugehen, und stärkt die Kompromissbereitschaft. Eltern und Kinder lernen voneinander. Auch Eltern fühlen sich oft schwach und niedergeschlagen, nicht nur Kinder. Das wird allzu gern vergessen. Schwachsein ist nicht a priori eine Schande.

Respekt beinhaltet auch die Balance von Nähe und Distanz. In zu grosser Nähe oder gar symbiotischer Umklammerung kann nicht nur eine Paar-Beziehung, sondern auch die Eltern-Kind-Beziehung ersticken, das Kind gerät in eine fatale Abhängigkeit. Es wird unselbständig, fordernd, verwöhnt, tyrannisch und auch aggressiv. Bei zu viel Distanz dagegen wirken Eltern kalt und desinteressiert. Ihr Kind fühlt sich abgelehnt, allein gelassen und minderwertig.

Im Allgemeinen haben Kinder die Intimsphäre der Erwachsenen zu respektieren. Manche Eltern dagegen betreten ungeniert die Zimmer ihrer bereits grösseren Kids, ohne anzuklopfen, schnüffeln bei Abwesenheit der Teenager in ihren Sachen herum und lassen jede Achtung vor der kindlichen Persönlichkeit vermissen, obschon oder gerade weil sie es doch so gut meinen und Tag und Nacht besorgt sind um das Wohl ihrer Nachfahren.

Die Freiheit des Einzelnen endet dort, wo sie die Freiheit des andern verletzt. So lautete eine der Hauptregeln der antiautoritären Erziehung. Sie gilt noch jetzt, nicht nur für Kinder, auch für distanzlose Eltern. Und sie ist der beste Schutz vor Verwöhnung und Überbehütung – aber auch vor unzulässigen körperlichen und seelischen Übergriffen. Unsicheren, allzu nachsichtigen Eltern mangelt häufig die Kraft zur Abgrenzung.

Respekt vor dem eigenen Kind ist ein zentraler, leider oft zu wenig beachteter Wert in der Familie: Den Mitmenschen zu achten ist eine Voraussetzung für Solidarität, das Gelingen einer Beziehung und ist überall dort gefragt, wo Menschen, Tiere und Pflanzen unbeschadet zu leben wünschen.

Zu den Dingen und zueinander Sorge tragen

Wenn Worte ihre Bedeutung verlieren, ändert sich auch unser Verhalten. Begriffe wie ‹Sorge tragen› oder ‹Sorgfalt› sind für die meisten Menschen bereits so fremd wie der Sinn von Demut, Scham, Ehrfurcht, Rücksicht und anderen Tugenden. Statt sich um ein Ding zu sorgen, wird es heutzutage entsorgt und subito durch ein neues ersetzt.

Marken stehen symbolisch für Wert und Ansehen einer Sache. Die Gier nach dem Neusten verunmöglicht einen persönlichen Bezug zum Objekt, sei dies nun eine Puppe, ein Kuscheltier oder ein Kleidungsstück, da die Vielfalt der Dinge die Sorge um ein einzelnes gar nicht erst aufkommen lässt. Wo zu einem Teddybären nicht Sorge getragen werden muss – das Kind hat ja noch drei andere Bären nebst einer Menagerie von Schmuse-tieren –, kommt auch keine Sorgfalt auf. Kinder lernen bald: Alles ist er-setzbar.

In der Folge wird auch der Mensch verdinglicht, entwürdigt. Er wird zum Klamottenständer für Etiketten, zum beliebig einsetzbaren Arbeitsmaterial – kündbar je nach wirtschaftlichen Bedürfnissen. Der Mensch wird zum Objekt. Als Schülermaterial, Krankengut, Asylfall, Auszuschaffender, Sozi-alschmarotzer, Simulant, Ausgesteuerter; er wird überwacht, eingekauft, entlassen falls nötig repariert, statistisch erfasst, sterbebegleitet, entsorgt.

Unsere Sprache mit ihren Neubildungen ist nicht zuletzt ein Indiz für das herrschende Menschenbild. Es zeigt sich auf Grund verdinglichter Bezeich-nungen für Menschen, dass sie wie Gegenstände behandelt werden. Diese Gleichsetzung wird noch problematischer, wenn es um Themen wie Ster-behilfe oder Klonen geht.

Entsorgen ist das Gegenteil von ‹sich um etwas sorgen›. Sich sorgen bedeu-tet Sorge tragen; sich sorgen um den Partner, die Partnerin, um die Kinder und auch um die Natur. Sorge tragen beruht auf einer inneren Beziehung: zu Menschen, Tieren, Zimmerpflanzen, Bäumen, aber auch zu gewissen Objekten, etwa zu einer Puppe, einem Kuscheltier.

Kleine Kinder sind diesmal die Lehrmeister. Sie leben noch in einer Welt, in der Gegenstände für sie lebendig sind. Sie befinden sich in der so ge-nannt animistischen Phase und switchen mühelos zwischen dem, was wir als Wirklichkeit betrachten, und ihrer Vorstellungs- und Fanatsie-Ebene hin und her. Kleinkinder schimpfen mit dem Tisch, an dem sie den Kopf an-geschlagen und sich wehgetan haben, und schlagen ihn. Der alte ver-schmutzte Bär, dem ein Auge fehlt, kann für ein Kind ein treuer Gefährte sein. Sein Geruch und sein abgeschabtes Fell vermitteln Geborgenheit und Heimatgefühl beim Einschlafen und in einer neuen Umgebung. Für kleine Kinder sind Spieltiere und Puppen lebendige Wesen. Sie werden gefüttert, gekleidet, zu Bett gebracht und so behandelt, wie die Mädchen und Buben

(!) es von ihren Müttern gelernt haben. Sie sorgen oft rührend für ihre Lieblinge.

Dieser Respekt auch vor den Dingen geht in unserer Überfluss- und Wegwerfgesellschaft leider immer früher verloren. Die Flut ständig neuer und noch perfekterer Spielsachen ist eine oft unterschätzte Gefahr, nicht nur fürs Portemonnaie der Eltern, sondern in erster Linie auch für die Fantasie der Kinder. Immer mehr Buben und Mädchen können gar nicht mehr hingebungsvoll spielen, da sie immer neues Spielzeug erhalten, dieses nur kurz begutachten, es dann gleich in eine Ecke schmeissen und sich langweilen.

Unsere Wegwerf- und Ersatzmentalität begünstigt die zunehmende und besorgniserregende Bindungsangst und ist auch die Folge eines verbreiteten Mangels an Für-Sorge.

Weil viele Eltern ihren Kindern nicht mehr vorleben, dass Bindung auch Verantwortung heisst und Sorge tragen aus Fürsorge für andere besteht, wird ein sorgfältiger Umgang mit Lebewesen und Dingen vernachlässigt. Bedenklich ist die Degradierung von Tieren zum Plauschgegenstand. Jedes Jahr werden Hunde und Katzen vor den Sommerferien vor die Türe gesetzt oder gleich entsorgt. Albert Schweitzers Leitmotiv hiess ‹Ehrfurcht vor dem Leben›. Im Zeitalter des Artensterbens und der Klimakatastrophen müsste dies ein Anliegen sein, dem grösste Aufmerksamkeit gebührt.

Respekt voreinander und vor der Schöpfung ist ein allgemein gültiger und gegenwärtig hochaktueller Wert. Würde mit Kindern respektvoller umgegangen, träten sie später einmal ihrem Umfeld auch mit Sorgfalt, mehr Respekt und Achtung entgegen.

Wenn Werte aufeinander prallen

Alle Eltern werden verunsichert, wenn ihr bis anhin unauffälliges Kind plötzlich unverschämt wird, Ansichten und Grundsätze vertritt, die den ihren diametral zuwiderlaufen. Meist kommen sie von Gleichaltrigen und sind in den elterlichen Augen schlecht. Verantwortungsbewusste Eltern erschrecken, wenn Teenager sich nichts mehr sagen lassen und die Werte der Eltern verhöhnen. Das Auseinanderklaffen von elterlichen Werten und denen der Jugend ist aber eine wichtige Phase im Prozess der inneren Ablösung von der Kindheit: ein erster Schritt in der Entwicklung zum jungen Erwachsenen. Nicht mehr Kind und noch nicht erwachsen, suchen Jugendliche ihre eigene Identität, und dazu gehört auch eine neue Werteskala. Vorübergehend finden viele Halt in der Wir-Identität einer Gruppe und übernehmen deren Verhaltenskodex.

Die Pubertät und damit auch der Selbständigkeitsdrang der Kinder beginnt allerdings immer früher, schon in der 5./6. Klasse der Primarschule; Mütter und Väter fühlen sich in ihrer Begleiterrolle immer mehr zurückgedrängt.

Elterliche Beeinflussung ist in der Pubertät nur mehr marginal. Jetzt ist es Zeit für die Phase des Vertrauens. Nicht blind, aber Eltern sollten nebst tatsächlich anzubringenden Bedenken vor realen Gefahren den Jugendlichen die Gewissheit geben, ihnen nach all den Jahren pädagogischer Bemühungen zu vertrauen, und ihnen endlich die Verantwortung für sich selbst und für ihre Lebensgestaltung übergeben – vorausgesetzt, sie haben ihnen bisher geholfen, genügend Ich-Stärke zu entwickeln und eigenständiges Denken und Handeln auszuprobieren.

In unserem hektischen Alltag ist Zeit ein unschätzbarer Wert. Zeit und ein offenes Ohr für die Söhne und Töchter und ihre Schwierigkeiten scheint vielen Eltern jedoch unvereinbar mit ihren beruflichen und anderweitigen Verpflichtungen. Ärger im Job und täglicher Stress wollen in der Freizeit abgebaut werden. Das gelingt vielen am besten bei einem spannenden Krimi oder einem sportlichen Ereignis vor dem Fernseher, einem Essen mit Freunden, einem Wochenendtrip ins Ausland etc. Auf wortkarge Teenager, die plötzlich mit einer für sie dringlichen oder auch ärgerlichen Nachricht den elterlichen Feierabend stören, haben wenige Mütter und Väter Lust. Dabei warten Jugendliche oft vergebens darauf, dass die Eltern signalisieren, sie hätten Zeit für Unvorhergesehenes, sogar mitten in der Nacht. Auch beim gemeinsamen Jogging kann sich ein ungezwungenes Gespräch zwischen Vater und Sohn, Mutter und Tochter entwickeln – eine günstige Zeit ist aber in der Nacht, wenn Schläfrigkeit die Hektik verdrängt und Jugendliche oft bereit sind, über gravierende Probleme, Pläne oder Frustrationen zu reden. Eltern sollen trotz Müdigkeit, trotz voller Agenda mit Terminen von früh bis spät daran denken, dass sie sich für weit weniger wichtige Dinge Tag für Tag Zeit nehmen, oft auch nachts – wie können sie dann ruhigen Gewissens behaupten, ausgerechnet für ihren Sohn, ihre Tochter jetzt keine Zeit zu haben? Oft ist aber genau dieser Moment entscheidend, denn nur dann sind die Kids offen für eine Aussprache. Morgen oder übermorgen ist es zu spät – nicht für die Eltern, aber für das Vertrauen ihrer grossen Kinder.

Trotz ihrer Coolness und Aufsässigkeit sind viele Adoleszente verunsichert, erwarten eine elterliche Stellungnahme und bei sehr wichtigen Entscheidungen auch mal deren Widerstand – selbst wenn die Jungs und Mädchen dann doch das Gegenteil tun.

Wer mit Halbwüchsigen zu tun hat, muss sich bewusst sein, dass von dieser Altersstufe Worte und Handeln der Erwachsenen besonders scharf und kritisch beobachtet werden. Jugendliche haben ein ungemein feines Sensorium, um Unechtes von Authentischem zu unterscheiden. Authentizität ist eine der Grundvoraussetzungen, um mit ihnen überhaupt in eine fruchtbare Diskussion zu kommen.

Die entwicklungsbedingte Anti-Einstellung zu den elterlichen Ansichten betrifft vor allem die heiss begehrte Freiheit in Bezug auf Ordnung, Schulleistungen, Liebe, Sex, Ausgang, Ferien mit Freund oder Freundin sowie allerlei andere coole Dinge, die bei jungen Leuten beliebt sind. Zurzeit sind es Partys, Suchtmittel, ganz besonders Rauchen und Alkohol. Thrill und Adrenalinkick faszinieren Halbwüchsige. Sie sind scharf auf jede Art von Grenzerfahrungen, machen sich vielleicht sogar vorübergehend strafbar und spielen manchmal auch mit dem Leben.

In früheren Kapiteln wurde mehrmals auf die hormonelle Umstellung als eine Hauptursache des schwankenden emotionalen Gleichgewichts der Pubertierenden hingewiesen, das zu einem unberechenbaren Verhalten führen kann.

Lehnten sich Adoleszente früher gegen familiäre Traditionen auf, löste das heftige Konflikte in der Familie aus. Mit dem Vornamen wurde auch der väterliche Beruf an den Erstgeborenen weitergegeben. Auf individuelle Neigungen nahm man keine Rücksicht. Doch in allen Epochen legte ein Teil der jungen Generation wenig Wert auf Althergebrachtes und rebellierte.

Auch Eltern werfen immer häufiger gängige Werte und Traditionen über Bord, nicht zuletzt den ihnen von der Biologie vorgegebenen Generationenabstand. Im übersteigerten Jugendwahn irren sich jene Mütter und Väter, die sich vorgaukeln, sie seien modern und jung, wenn sie sich kumpelhaft statt erwachsen benehmen. Einige verleugnen sogar jeden eigenen Standpunkt, aus reiner Bequemlichkeit, sie fürchten die heftigen Reaktionen ihrer Nachkommen. Jugendliche durchschauen in der Regel solche Täuschungsmanöver und empfinden ihre Eltern als unglaubwürdig, feige und schwach. Nur in einer ernsthaften, ehrlich gemeinten Auseinandersetzung mit den elterlichen Wertevorstellungen können die jungen Menschen aber zu einer eigenen Persönlichkeit und zu eigenen Werten finden und innerlich unabhängig und erwachsen werden.

Im Übrigen kennen viele Jugendliche auch Werte, die denen der Eltern in nichts nachstehen. Solidarität und Hilfsbereitschaft der Handy-Jugend ist oft beeindruckend. Teenager, welche sich scheinbar um nichts kümmern, von manchen Medien als apolitisch, konsumgeil, hedonistisch und egozentrisch bezeichnet werden, setzen sich plötzlich für ausländische Mitschüler und ihre Familien ein, die von der Ausweisung bedroht sind. Oder sie engagieren sich für bedrohte Tier- und Pflanzenarten. Sie demonstrieren weltweit und friedlich gegen den Irakkrieg und sammeln für die Tsunamiopfer. Regelmässiges Engagement dagegen, in Vereinen oder Parteien, ist bei den meisten unbeliebt. Ihr Verhalten zeugt aber davon, dass humane Werte trotz allen Unkenrufen von Generation zu Generation nicht vergessen gehen.

Eltern mit Kindern im Pubertätsalter muss zudem bewusst sein, dass wir ohne jugendliche Rebellionen und neue Ideen noch immer am Herdfeuer der Urmenschen sässen. Wissenschaftliche Erkenntnisse in Physik, Medizin, Biologie und Neurologie verändern unser vertrautes Menschenbild und damit auch unsere Ansicht über Menschenwürde.

Grundlegende aktuelle Fragen wie Kriege, Terrorismus, Organverpflanzung, Abtreibung, Manipulation am Erbgut sowie andere ethische Problemstellungen sind auch Themen für den Familienkreis. Die Meinungen werden und dürfen hart aufeinander prallen. Wenn aber darauf geachtet wird, gegensätzliche Ansichten zu respektieren, kann dieser Austausch für Alt und Jung anregend und lehrreich sein.

Es liegt in der menschlichen Natur, dass viele Kinder später als Erwachsene andere Grundsätze hochhalten als ihre Eltern. Diesbezügliche Enttäuschungen gehören zum Eltern-Sein. Wir haben nicht über unsere Kinder zu verfügen, sie sind nicht unser Besitz, wir dürfen sie nur ein Stück auf ihrem Lebensweg begleiten. Wonach sie ihr Leben ausrichten, liegt in ihrer Entscheidung und Verantwortung.

Bei der Wertevermittlung spielt der geistige Hintergrund eine zentrale Rolle.

Kinder und Jugendliche interessieren sich sehr für existenzielle Fragen. Sie fragen nach dem Woher und Wohin des Menschen, nach Geburt und Tod, nach Gott, warum er so viel Elend zulässt, und nach dem Sinn des Lebens. Und Eltern sollen dazu stehen, dass auch sie vieles nicht verstehen und erklären können. Aufrichtige Antworten auf schwierige Fragen – selbstverständlich der seelisch-geistigen Entwicklung der Kinder angepasst – lassen diese Mutter oder diesen Vater menschlich, aufrichtig und nicht allwissend erleben.

Auf keinen Fall sollten Kinder und Jugendliche aber unter Druck gesetzt werden, die Überzeugung der Eltern zu teilen. Werte sind keine absoluten Grössen. Über Werte darf und soll mit den Söhnen und Töchtern diskutiert werden. Auch kontrovers.

Widerstand gegen den Zeitgeist

Gegenwärtig entspricht dem Zeitgeist einerseits die existenzielle Verunsicherung vor der Zukunft. Bei jungen Menschen ist es die Angst, keine Lehrstelle und keine Arbeit zu finden; ein Problem, das sämtliche Lebenspläne tangiert und nicht wenige nach mehr als hundert erfolglosen Bewerbungen am Sinn des Daseins zweifeln lässt.

Auf der anderen Seite entspricht unserem Zeitgeist eine fast nicht mehr zu überbietende narzisstische Egozentrik und Unterhaltungssucht, an der Oskar Wilde seine helle Freude hätte. Nehmen wir als Exempel einmal die fünf F: Funk, Fun, Freak, Fan, Ficken. Oder die sechs S: Szene, Saufen, Skaten, Surfen, Sex, Simsen. Aus dem gegenwärtig nicht sehr hintergründigen Werteregister liessen sich mühelos weitere Stabreimfolgen ähnlichen Niveaus finden. Versuchten wirs aber mit Ehrlichkeit, Erbarmen, Eierlikör: «Ätzend öde, altertümelnd, igitt», hiesse die Antwort.

In Zeiten, die derart unsichere wirtschaftliche und politische Perspektiven bieten wie die unsrige, fällt es den Menschen leichter, das Leben zu ertragen, wenn sie sich in den Rausch von Zerstreuung und exzessiver Unterhaltung flüchten, eine Art Vogel-Strauss-Verhalten. Völlige Resignation und die Sucht nach Fun und Adrenalinkick schliessen sich keineswegs aus, der Tanz auf dem Vulkan hatte schon immer seinen Reiz. Ähnlich wars in den Roaring Twenties, den Jahren der grossen Wirtschaftskrise vor Hitlers Machtergreifung. Auch sie waren von Extremen geprägt: Ausgelassenheit und Verzweiflung, moralische Tabubrüche und die Sehnsucht nach Zucht und Ordnung.

Auch heute besteht der Zeitgeist aus einer explosiven Mischung totaler Enthemmung und einer Renaissance fundamentalistischer religiöser und moralischer Werte, die in unserem Kulturkreis aufeinander prallen. Die Mehrzahl der Teens huldigt eher den Propagandisten hedonistischer und juveniler Wertevorgaben.

Das Dilemma moderner Eltern besteht darin, dass ein totaler Ausstieg aus dem Zeitgeist weder möglich noch erwünscht ist. Die wenigen sturen bis fanatischen Eltern, die ihre Kinder vor dem angeblich verderblichen Einfluss der bösen Welt bewahren wollen und sie zu Hause unterrichten, jeden Fernsehkonsum verbieten und den Kontakt mit anderen Kids auf das absolute Minimum einschränken, diese Eltern schaden den Kindern eher und verbiegen sie womöglich zu lebensuntüchtigen seelischen Krüppeln. Doch auch das andere Extrem ist schädlich: Eltern, die selber vom zeitgeistigen Infantilismus angesteckt sind. Beide Erziehungsstile behindern mit ihrem Verhalten die Nachkommen an der eigenen Entfaltung.

Warum sollen wir aber dem Sog des Zeitgeists widerstehen? Können wir das überhaupt? Und was ist an diesem Widerstand wertvoll? Mitschwimmen im Strom ist an sich noch nichts Negatives, sofern wir nicht in trüben Gewässern untergehen.

Hier geht es aber um Wertehaltungen in Familien und Schulen, und deshalb ist es bedeutungsvoll, dem Nachwuchs vorzuleben, dass eine eigenständige und in ihren Urteilen unabhängige, weil kritische Person nicht jeden Modegag, jede Stilrichtung übernehmen und bei jedem Event dabei sein muss. Gerade weil heute die Menschen so sehr nach Äusserlichkeiten, den Klamotten, ihrem Styling, ihrer Musikvorliebe, dem Besuch von In-Lokalen oder bestimmten Feriendestinationen abgestempelt werden, Prestige zudem viel Geld kostet, können Eltern da etwas gegensteuern, indem sie ihre Kids lehren, nicht hirnlos allem hinterherzurennen, was gerade auf der In-Welle nach oben getragen wird.

Der Zeitgeist beeinflusst ja bekanntlich auch den Kleiderstil der Schulkinder. Deswegen kommt es nicht nur zu Klauereien, Schlägereien und Mobbing, sondern das Budget vieler Eltern wird durch den Klamottenzwang empfindlich belastet. Man will um Himmels willen kein Aussenseiterkind!

Der Ausweg heisst: Schuluniform, Einheitslook für die ganze Klasse. Ich höre schon den Protestschrei aus den Mündern zeitgeistiger Eltern und Pädagogen: «Doch nicht zurück zu Zwang und Sturheit, das ist ein Eingriff in die persönliche Freiheit.» Wie viel an Freiheit übrig bleibt, wenn Mütter für den Klassenklamottenterror abends putzen gehen, bleibe dahingestellt. Es sei aber daran erinnert, dass alle Eliteschulen Uniformen tragen. Ihre Schüler wirken weder tyrannisiert noch scheinen sie zu leiden. Sie fallen aber auf durch gute Leistungen.

Es gibt deutsche Schulen, die erfolgreich in Zusammenarbeit mit Lehrpersonen, Jugendlichen und Eltern eine Einheitskleidung entworfen haben, die alle Vierteljahre – je nach Wachstum – erneuert wird. T-Shirt, Hosen, Hemd, Bluse, Pulli, Jacke, Sneakers. Für alle trendigen Farben und Schnitte. Homogen, aber nicht altmodisch. Die Stoffe sind finanziell erschwinglich, die Kleider werden mit Rabatt abgegeben, da es sich um grosse Aufträge handelt. Unter dem Strich schont der Einheitslook auch die elterlichen Finanzen, denn die Schulkleidung kostet gesamthaft weniger als die immer neusten Markenprodukte. Bedürftige Eltern erhalten übrigens Zuschüsse.

Auch in diesen ‹gewöhnlichen› Klassen bessern sich die Leistungen. Jungs werden ausserdem nicht mehr vom Anblick halb nackter Mädchen-Pos abgelenkt, die Reize sind verpackt unter Shirts oder Blusen und hervorlugende Tangas verboten.

Nach ersten Protesten seien alle Versuchsklassen so begeistert, dass sie die Schulkleidung auch in der Freizeit trügen und andere Kids bereits neidisch seien.

Gegen den Zeitgeist handelt auch eine Schule für Hochbegabte in Leipzig, die ‹Osterwaldschule›. Ihre Direktorin hat die umstrittene ‹DDR-Leistungsideologie› in die Gegenwart gerettet und wird jetzt wegen ihrer Methode von Schulexperten von überall her besucht und bewundert. Offenbar entspricht sie genau den Bedürfnissen besonders begabter Kids.

Hochbegabte Kinder und Jugendliche jeden Alters und Standes werden nach einer Prüfung aufgenommen und befinden sich während der Schulzeit in einem pausenlosen Wettbewerb. Die Osterwaldschüler arbeiten einzeln, vor allem aber in kleinen Teams und gewinnen an sämtlichen Wettbewerben für technische, naturwissenschaftliche und mathematisch-physikalische Projekte oder Erfindungen: von ‹Jugend forscht›-Arbeiten bis zur Vorstellung technischer Neuheiten wie einem Roboter in Elite-Unis auf der ganzen Welt. Auch Musikpreisträger kommen von dieser Schule. Unbestreitbar ist der Unterricht mit Forschung und Wirtschaft eng verbunden, doch die Schüler haben die Aussicht auf Topstellen.

Alle Kids seien hochmotiviert und würden am liebsten rund um die Uhr arbeiten. Auch die Leher arbeiten weit über ihr Pensum hinaus, müssen in ihrem Fach stets auf der Höhe sein und sind ebenfalls vom Wettbewerbseifer angesteckt. Zu den Schülern herrscht ein kameradschaftliches Verhältnis. Diese seien ungemein rasch im Begreifen und zwingen die Lehrpersonen zu grösster Konzentration. Eine anstrengende, aber befriedigende Tag-und-Nacht-Präsenz.

Was dieser Schule fehlt, sind Gewalt und Probleme mit der Disziplin. Die Schüler arbeiten freiwillig so viel und würden gerne noch mehr, wenn genügend Lehrkräfte da wären. Jedenfalls wollen die Kids sich fast ununterbrochen messen: gegeneinander, aber auch im Team mit der internationalen Elite.

Die ‹Osterwaldschule› fällt natürlich aus jedem Schema: fast ununterbrochen engagierte Lehrpersonen ohne Zusatzlohn, höchstmotivierte Kinder, überdurchschnittliches Intelligenzniveau bei Alt und Jung, relativ homogener Wissensstand, stete Gelegenheit zum Forschen, Tüfteln, Ausprobieren und eine aussergewöhnlich starke Wettbewerbsmotivation.

Wird die Direktorin gefragt, ob Letzteres den Kids nicht schade und ob nicht wirtschaftliche Interessen im Vordergrund stünden, antwortet sie nur: «Was soll ich denn tun? Schon die Knirpse wollen an Wettbewerben teilnehmen. Und von vier sind drei Gewinner!»

Vielleicht sollte das Beispiel dieser Schule auch Lehrpersonen an weniger aussergewöhnlichen Schulen Mut machen: Der Zeitgeist bei uns legt vor allem Wert auf Weichspülpädagogik, auf Ja-nicht-zu-viel-Fordern, auf keine Notenbewertung in Zahlen, da Selbstwertgefühl gefährdet, aber eben auch auf keine Eliten in der Volksschule. Darum sitzen immer mehr schwache Kinder mit Höchstbegabten in unseren wieder grösser werdenden Klassen. Dabei kommen weder die Schwachen noch die einseitig oder sehr Begabten auf ihre Kosten. Die einen werden über-, die anderen unterfordert. Daran ändern nach wie vor auch die vielen Zusatz- und Stützstunden nichts. Denn dadurch wird ein Kind ebenso stigmatisiert, wie wenn es zu einer speziell ausgebildeten, motivierten Lehrperson in eine Kleinklasse oder Klasse für Hochbegabte geht. Nicht die Kleinklassen für Kinder mit grossen Schwierigkeiten sind das Problem, sondern der nach wie vor vorhandene Chancengleichheitsgedanke, der in dieser vereinfachten Form so nicht stimmt.

Erleben mehr Jugendliche, dass ein teilweiser Verzicht auf gewisse vom Zeitgeist vorgeschriebenen Dinge freiwillig und nicht säuerlich-asketisch erfolgt – etwa der Verzicht auf neuste Elektronikgeräte, ein neues Auto, das Super-Handymodell, den Kultfilm, hippe Events oder Urlaubsziele, TV-Shows, die alle sehen müssen, eine Shoppingdestination mit lauter Schnäppchen, Auftritte am Fernsehen, extreme Sportarten samt teurer Ausstattung –, und erleben sie in der Familie einen Ersatz für die Konsummentalität, so werden sie sich weniger vom Zeitgeist vereinnahmen lassen. Die partielle Weigerung, die persönliche Freiheit, nicht überall mitzuschwimmen, befreit, spart viel Geld und macht innerlich unabhängig, konsumbewusster und kritischer gegenüber jeder Art von Manipulation.

Vom Kennenlernen eigener Wurzeln

Familien, für die traditionelle Feiern und Rituale nicht sinnentleert sind, können anhand von Taufe, Hochzeit, Beerdigung, Ostern, Weihnachten u.a. die Bedeutung dieser kirchlichen Handlungen erklären und das Brauchtum ins Leben einbeziehen.

Schon beim Kleinkind bereiten Gutenachtrituale auf die Nacht vor und verschaffen Geborgenheit.

Rituale haben in unserer Gesellschaft ihre ehemalige Bedeutung verloren. Darum finden die wichtigen Übergänge im Leben immer öfter unter Ausschluss einer Gemeinschaft, im privaten Bereich statt. Gestorben wird in einer Klinik, Beerdigungen finden im allerengsten Familienkreis statt, Kinder werden selten getauft, Familienfeste nicht gefeiert. Unsere Jugendlichen schlingern ohne ritualisierte Schwellenübertrittsbegleitung von der Jugendzeit ins junge Erwachsenenalter, das aber lediglich eine Fortsetzung des Jugendalters ist und beinahe bis zur Lebensmitte dauern kann. Da legt jede Stammeskultur z.B. mehr Wert auf die zeremoniell geprägte Begleitung der jungen Menschen vom Mädchen zur Frau, vom Jungen zum Mann. Diese harten Initiationsriten markieren noch in manchen Völkern den Schwellenübergang zwischen Kindheit und Erwachsensein. Bei uns fehlt das Gemeinschaftserlebnis einer Initiation. Vor allem männliche Jugendliche kreieren als Ersatz eigene Rituale, die sich oft durch gefährliche, auch gewalttätige Mutproben auszeichnen. In den Familien könnten an Stelle eines offiziellen Rituals wenigstens der erste Samenerguss und die erste Menstruation festlich angekündigt werden. Das ist allerdings in unserer coolen Zeit gewöhnungsbedürftig.

Zwar ist auch in Europa eine Bewegung zur Wiederbelebung alter Riten entstanden: Labyrinthe werden abgeschritten, keltische Sonnwend- und Erntefeste gefeiert, buddhistische Zeremonien übernommen. Letztere stammen aber aus einem anderen Kulturkreis. Schon darum fehlt manchen der Bezug zu den uralten Symbolen. Eine Ahnung der wichtigsten Mythen unserer Vorfahren gehört jedoch auch in der abendländischen Tradition zur Bildung der kulturellen Identität, welche die individuelle ergänzt und unsere Gesamtpersönlichkeit ausmacht.

Ein falsch verstandener Toleranz- und Freiheitsbegriff kann bei Anhängern der Laisser-faire-Pädagogik dazu führen, die Kinder in einem historisch und weltanschaulich indifferenten Vakuum aufwachsen zu lassen. Aus Angst, sie zu manipulieren, erfahren sie nichts mehr über die Hintergründe ihrer geistigen und kulturellen Wurzeln. Rituale strukturieren die Zeit, doch sie müssen auch in den Alltag integriert werden. Kinder lernen anhand regelmässig wiederkehrender religiöser und volkstümlicher Feste und Bräuche, das Jahr rhythmisch zu gliedern.

Zur Vermittlung kultureller Hintergründe dient auch die Kenntnis der biblischen Geschichten, nebst unseren Märchen und Sagen. All dies gehört zum kulturellen Erbgut. Eltern sollten sich nicht darum drücken. Kinder lieben beides: Geschichten und traditionelle Feste. Jugendliche werden dagegen opponieren, später aber vermutlich einmal davon profitieren.

Unsere Söhne haben in der Pubertät die Art ihrer von klein an vertrauten Weihnachtsfeier plötzlich abgelehnt. Natürlich waren wir zunächst mal schockiert, als es hiess, sie wünschten weder die Weihnachtsgeschichte zu hören noch die alten Lieder zu singen, das sei nicht ihre Musik.

Wir einigten uns dann im Familiengespräch darauf, dass jeder für die nächste Feier einen Wunsch zugute hatte. Wir Eltern wünschten, dass einer der Söhne die Weihnachtsgeschichte liest, und die Jungen ‹Hurra, hurra, die Schule brennt› und den Klassiker der Pink Floyd, ‹We Don't Need No Education›.

Der Kontakt mit den Grosseltern ist zur Festigung der kulturellen Wurzeln nicht unbedeutend. Kinder werden vertraut mit dem Leben ihrer Vorfahren aus einer Zeit, die ihnen völlig fremd ist. Das Zusammensein mit der älteren Generation vermittelt in den meisten Fällen ein neues und durchaus positives Bild vom älteren und alten Menschen.

Auf dem Hintergrund unserer Buchkultur lernen Kinder Schriftsteller kennen und lesen, es gibt genug Bibliotheken, die jedem erlauben, die für ihn interessanten Bücher zu bekommen. Eltern können hier einen Beitrag zur Milderung des Pisa-Schocks leisten und damit eine lohnenswerte Investition in die Zukunft der nächsten Generation. Museen öffnen ihre Tore speziell für Kinder, und manche Künstler freuen sich über Atelierbesuche.

Heute, da in vielen Ländern ein Krieg der Religionen und Kulturen herrscht, ist es immens wichtig, auch den Angehörigen anderer Kulturen mit Neugier und nicht in Abwehrhaltung zu begegnen. Wer seinen eigenen historischen Hintergrund nicht kennt, ist durch das Unvertraute, Fremde rasch verunsichert, denn er fühlt sich in seiner weltanschaulich-religiösen und historischen Tradition zu wenig verwurzelt.

Immer häufiger wachsen unsere Kinder mit Kindern aus weit entfernten Regionen auf. Eltern hätten die wichtige Aufgabe, Kontakte zu ermöglichen, auf Unterschiede, vor allem aber auf Gemeinsamkeiten hinzuweisen und Vorurteile abzubauen. Ein Kleinkind, welches bei uns das Glück hat, hie und da z. B. von einer ausländischen, vielleicht dunkelhäutigen Person betreut zu werden, lernt ganz selbstverständlich, dass es Menschen verschiedener Hautfarben und Sprachen gibt. Der Keim zur späteren Ablehnung oder Akzeptanz der Fremden wird im Elternhaus gelegt.

Allgemein lässt sich festhalten: Es ist für Familien aller Modelle, Kulturen und sozialen Schichten heute nicht leicht, ihren Kindern gültige Werte mitzugeben. Die Weltlage ist explosiv, unsicher und chaotisch. Alte und junge Menschen kennen Zukunftsängste. Wer es aber schafft, Söhnen und Töchtern Orientierungshilfen vorzuleben, ermöglicht ihnen vielleicht, auch in schweren Zeiten innere Ressourcen mobilisieren zu können.

Werte leben heisst: eigene und fremde Grenzen kennen, über soziale Kompetenzen und Toleranz verfügen und den Mitmenschen solidarisch, aber auch kritisch, dialog- und empathiefähig gegenübertreten.

Schlussgedanken

«Ein Tag mit den Kindern macht mich mehr kaputt als ein Tag Fussball», so Johann Vogel, Captain der Nationalmannschaft, in einem Interview im August 2005. Das Zitat ist positiver, als es auf den ersten Blick scheint. Vogel sagte, er habe ein gutes Verhältnis zu seinen drei Töchtern und sei gern einen Tag mit ihnen allein, bemerkte aber richtig, der Job als Mutter oder Vater werde oft unterschätzt, er sei sehr anforderungsreich und brauche mehr Energie als ein Tag Sporttraining. Das heisst nichts anderes, als dass Kinder uns als Ganzes beanspruchen, uns viel abverlangen, aber auch viel geben.

Eine Familie ist eine Mann- oder Frauschaft im Kleinen, und wie beim Fussball kommt es aufs Zusammenspiel an. Jedes Mitglied wird nach seiner Stärke, seinem Können eingesetzt resp. gefordert, und damit alles gut läuft, braucht es Mutter und/oder Vater als Teamleader – wenn das Zusammenspiel harzt, auch mal einen Coach von aussen in Person eines Therapeuten oder einer Sachverständigen für Erziehungskrisen. So lernen die Einzelnen, sich einerseits als Individuen zu behaupten, sich am eigenen Erfolg zu freuen, aber auch persönliche Rückschläge einzustecken, andererseits zerfällt ohne gegenseitige Kooperation jedes Team in Einzelwesen. Im schlimmsten Fall erschöpfen sich alle Kräfte in einem zermürbenden Machtkampf und alle gehören am Ende zu den Verlierern, beim Fussball wie in der Familie.

Fühlen sich Eltern und Kids nicht als kooperative Gemeinschaft, sondern als ein Haufen von Einzelkämpfern, bekommt Mark Twain Recht, der schrieb: «Erziehung ist die organisierte Verteidigung der Erwachsenen gegen die Jugend.» Er meinte das witzig-ironisch. Heute erhält dieser Satz in manchen Familien und Schulen eine erschreckende Aktualität. Trotzdem ist (und bleibt) Gewalt zwischen Erwachsenen und dem Nachwuchs nicht die Norm.

Ich habe in diesem Buch versucht aufzuzeigen, wie Eltern und Lehrpersonen trotz grossen energetischen Aufwands mit Kindern und Jugendlichen leichter über die Runden kommen können: als eingespielte Mannschaft mit individuellen Verantwortlichkeiten.

Wer sagt da noch, Erziehung sei nicht spannend!